# 文化汉任城

胡广跃　高成丰　编著

三秦出版社

# 编 委 会

# 前　　言

　　任城是我国汉代文化的集萃之地，有着非常丰富的文化遗存，这是先民留给我们的财富，也是名城的宝贵资源。深入研究这笔优秀的历史文化遗产，发挥其在社会主义两个文明建设中的作用，对于提高城市知名度，扩大对外开放，发展当地经济，都有重要意义。

　　济宁市任城区汉文化博物馆自成立以来，在区委、区政府的关怀下，在区文广新局和区文物局的关心指导下，积极开展学术活动，为区委、区政府在两汉文化的保护开发方面提供了理论参考和决策依据，为我区两汉文化的研究提供了良好的服务，做了一定的工作。本书的出版，是任城区汉文化博物馆研究成果之一。

　　理论来源于实践，结论产生于调查。作为民非组织，任城区汉文化博物馆把研究工作作为办会的宗旨，同时为政府在两汉文化的发掘、保护、开发方面提供理论依据和决策参考，这应当是汉文化博物馆的一项重要工作。济宁是一个文化大市，历史文化名城，影响深远的古代文化主要有始祖文化、秦汉文化、运河文化、儒家文化等，其中秦汉文化的地位是在近几年经过深入发掘、不断探讨才得以确立的。这一文化体系逐步被学术界所承认，并产生了巨大影响，使我们深刻认识到文化对城市发展的作用。世界著名城市的知名度都是由其古代文化带动出来的，比如法国的巴黎、英国的伦敦、意大利的威尼斯、俄罗斯的莫斯科、日本的京都、奈良、中国的北京、西安、南京、苏州等。在这些城市中，无论是历史的，还是现代的，都蕴藏着深厚的文化底蕴。因此，可以说没有文化的城市，是缺少魅力的城市。任城秦汉文化是一个了不起的文化，单就碑刻而言，它集中了中国最优秀的雕刻工艺，碑刻数量之多、品类之齐全、文化内涵之厚重，令人叹为观止。这是任城的，同时也是世界的，是文化考察与观光旅游的拳头产品，是别人无法比拟的。因此，我们作为研究工作者感到身上责任重大，要把秦汉文化的研究升华到一个高度，要从理论上加以阐述，在实践中加以说明。

任城区汉文化博物馆在推动学术研究、服务经济建设等方面，发挥了积极作用，取得了丰硕成果。今后，我们仍一如既往地继续努力，做好秦汉文化这篇大文章，把秦汉文化研究推向一个新的高度。

济宁市任城区汉文化博物馆

二〇一八年十二月十六日

# 目　　录

附：汉文化研究成果论文

一、任城城历史概况

# 一、任城城历史概况

据古籍史书记载，古任城城有四座。一是远古夏、商、周经秦、汉至南北朝时期的任城城，二是始于北魏末年经隋、唐至北宋时期的任城城，三是金、元时期的济州、济宁府、济宁路之任城城，四是明、清、民国之建国初期的曾先后名为任城县、济宁府、济宁州、济宁直隶州、济宁县、济宁市的任城城，即今济宁市任城区所在的城。从夏、商、周经秦、汉至南北朝北魏末年的任城城，据有关资料记载，持续存在近两千年之久。这一时期的古任城城的位置在今济宁市任城区东南四十里的微山县仲家浅处，其城池大致呈正方形。根据2009年对济州城墙基础的发掘和朱承山先生的研究成果结论，证实了先秦时期的任国、秦代的亢父是任城县驻地，西汉以迄今日的任城县、任城国、任城郡、济州、济宁路、济宁府、济州、济宁直属州、济宁道、济宁县、济宁地区行署、济宁市等历代治所均在济宁城区。所以"仲家浅任城说"是清人的错误论证。根据2009年的发掘和朱先生的研究成果，两汉任城县城和任城国驻地，在今济宁城区，即老运河北岸。济州故城的部分墙段与汉晋城墙相重叠。东晋十六国时期的战乱，这座城已失修颓废。

1948年摄　古南门城楼、城墙 民国时期城上的四个楼角已折 1951年拆除。

北魏末年始建"小南门处"的任城城，今老运河之南，经隋、唐、五代十国至北宋时期建设发展，其建筑轮廓大致如下：该城的南门，即小南门；北门，在今南门口桥南，"玉堂酱园"门市部附近；东门，应为"小闸瓮城"处；西门，在考院街南首，南水口子街北首路东，旧称"下洼"的地方。四门均系单城门，城门顶的平台上均应有城门楼一座。该四城门和四城门楼均应有名，由于没传下来，所以已不知晓了。"小南门上建三官阁"系明朝隆庆年间重建的一座城楼，另起的名字，已不是原城楼的名字了，虽经清、民国时期多次修缮，如今已不复存在了。该城除城门所在地系石基砖砌外；

1948年12月摄济宁宣阜门——南门口城楼

城墙均系土筑，现有的地方仍有木桩夯打的痕迹。

1948年摄 古太白楼

太白楼是济宁第一景观，据《州志》记载，太白楼原为唐代开元年间，人称"贺兰氏酒楼"李白于开元二十四年（公元736年）同夫人许氏及女儿平阳，由湖北安路移居济宁，就住这里。原酒楼存在400多年，后来由于战乱失修和地震，楼已倒塌。元代（公元一二八五年）十一月对太白楼第一次重建，明朝洪五二十四年（公元一三九一年）将土城改为砖石城墙时，按原样将太白楼移建在南城上，即现址，原来上太白楼从东马道西上。解放后，于1952年由政府拨款重建。

城的形状系"长方形"，南北长约二里，东西长约三里。南北城门相对，南北大街较直；东城门偏北，西城门偏南，因而东西大街不直。现今通过任城区的一段老运河，依其走向，从草桥东流经河湾南下新桥，其走向形如一直角，当系取道当时该城北门、东门外的护城河道，只是加宽了河身加深了河床罢了。今越河中心闸至坝口桥入老运河的一段，形如一条直带，当时为该城南门外的护城河。这可从唐朝大诗人杜甫来任城游南池（王母阁湖）后，作的一首《与许主薄游南池》中的一"秋水通沟洫，城隅进小船"诗句来证实。由南

1954年11月老南门外运河

水口子南首起，经考院街，五衢巷北首入老运河的一条大阴沟，应是该城西门外的护城河。正对四城门的护城河上，均有"吊桥"飞架，正如李白说的："石桥横波，惊彩虹而不去"。

金、元时期的济州、济宁府、济宁路之任城城，是指金时"依北魏末年始建的任城城郭"的北面，隔护城河而新建的一座"土筑"新任城城。南宋和金南北对峙时期，任城系金统治区，据有关资料记载：由于"自来东方必争济州"，又因济州治地巨野常有水患，故于金天德二年（1150年）为加强济州军事战略地位，和避免"水患"，便"迁济州治任城"。也就是说，为了把济州治由巨野迁来任城，在靠着古任城北城墙的护城河的外圩，"渔山"高阜处又土建了一座新任城城。于是，这座新土筑的任城城，就成了济州治驻地了。

元朝统一中国后，据《元史地埋志》载："元世祖（忽必烈）至元八年（1271年），升济州为济宁府，治任城。复还府治巨野"。至元十二年（1275年）复置济州，至元十六（1280）年，济宁府改为济宁路(治巨野)，"因任城，地势高亢，关津险阻"，能保安宁，于是就"安居定籍"，在"任城"城先后置济宁府、济州和任

老南门口桥（原名飞虹桥）始建于元代，60年代重建，现为第四次扩建 1969年摄

城。尤其，自从元政府于至元二十年（1283年）至元二十六年（1289年）、至元三十年（1293年），相继开凿了济州河、会通河和通惠河之后，隋炀帝时开凿的大运河，便由徐州直接北上，不再绕道河南了，从此北自大都（北京），南至杭州的"京杭大运河"便通过任城了，地处大运河中段的任城，便成了沟通南北水路的大码头。不仅每年经此由南方调往北方的"皇粮"约占全国的三分之一，而且是帆樯往来

北门城外大石桥 摄于1949年

繁忙、河岸两旁货物堆积如山。不仅城里城外出现了商铺作坊，而且还成了江南的竹、瓷器，北方的毛皮和周围农副产品的集散地。尽管后来元时的济州治、济宁府治，虽然时迁巨野，时还任城，但这时的任城，正如明大司马徐标在《西湖记》中说的：有"两城犬牙相错"，同时并存。一座是北魏神龟元年始建的旧城，一座是金天德二年的新城，旧城、新城均系任城县治，新城有时是济州驻地，所以志书上说："任城依郭而界定"，不说"新济州依郭而界定"，就是这个道理。这座金时期的新任城城，其规模、形状，虽无史书记载，但由明初在"州城旧

老洋桥 始建于1943年木质桥，1953年重建，当时唯一通往鲁西南咽喉要道。1969年10月摄

以土筑的基础上重建，易以砖"的城的情况，可以知其概况。

明朝初期的任城城，据《济宁直隶州志》记载，由于金天德二年建的新城，虽处在"地势高亢的"渔山"，但其"城旧以土筑"，为了不被"河水淹没"，

西大寺望月亭 始建于明代中期，清道光年间多次修建，该寺坐落济宁南关大寺街段路西，规格很高，文革时期拆除。

确保安宁，因而在朱元璋安定天下后，为了巩固他的江山，在全国大筑砖城的盛风中，也"易土为砖"。其城"易土为砖"的时间系"明洪武三年（1370年）"，由"济宁左卫指挥使狄崇重建"的。当时狄崇组织民工去王母阁取土烧砖（每块城砖约30公斤左右），砖窑设在今济宁糖果食品厂院内，至今城南关老户人称"窑头"。砖城（外砖内土）建成后，明洪武"十八年（1385年）改府为州，以州治任城，县省"。即自从明洪武十八年"置济宁州"，"任城县之名遂废"。从那之后，人们就不称其为"县城"而称之为"州城"了。可见，从明洪武三年任城城"易以砖"后，到洪武十八年，这段时间里，该城虽为济宁府治所在地，还仍名叫任城县城，不叫济宁州城；叫"济宁州城"，是由"改府为州"，废任城县，由县升州后的事。

那么，明初名为任城县城，不久名为济宁州城的砖城，后经五百多年的兴衰变化，其砖城的概况是什么样子的呢？

状元桥 文庙南面有状元桥广场，解放前每到农历冬至这里举办传统庙会，主要销售木板年画、年历。香烛、对联等年货。摄于1951年11月。

据《济宁直隶州志》和《济宁直隶州续志》以及《山东通志》记载：该城"高三丈八尺，顶阔两丈，基宽四丈，周长九里三十步。外砖内土。四面各二里九十七步有余，东三百七十丈六尺，南四百三十八丈二尺，西四百三十三丈八尺，北三百九十二丈四尺，共长一千六百三十五丈。符合"三里为城"的古制。是个

观莲亭 摄于1948年 "南池荷净"为济宁八景之一，太白楼下"南池"植莲数亩，并建"观连亭"，连亭照相馆因此得名。1948年摄

不大正规的正方形城。该城的四门，均系双重门，内四门两侧筑有军、马道。城上筑有城楼、炮台、女墙、垛口，下有护城河，四门外各有"吊桥"，城墙内四角各有"海子"。此外，还有外城（土圩子）、"为（圩）门"和外壕。可见，这座城堡气派不凡，非同一般县城和州城。所以，在全国"古名城"，榜上有名，誉满全国。

其城的概况大致如下：

城门：该城四门均由内外门（城门和月城门）之分，系双重门。四门之外均建有子城（即瓮城）。南门，名"宣阜门"，匾题"野入青徐"；北门，名"宗翰门"，匾题"云连海岱"；东门，名"绥华门"，匾题"邹鲁接壤"；西门，名"萃成门"，匾题"获麟古道"，又易"湖山毓秀"。由于该城，系按"八卦"的序列建造。东西门按"伏羲八卦"：东门为艮，西门为震，内含双井（故有双井街），因而东西两门不在一条轴线上，东门偏北，西门偏南，东西大街不相对。南北门按"文王八卦"：南门为离，北门为坎，因而南北

凤凰台 摄于1969年夏 凤凰台位于城西八里，任城区南张乡南部。凤凰台初名为"风花台"，早在北宋时期，因开凿赵王河，积土成台，土台环水荇蓼野花，嫣红姹紫，风吹化舞，袅娜多姿，故名"风花台"。后于南宋年间，有一游方道士看中此地，乃在台上建庙供神，因林木繁茂，常有许多美丽的珍禽异鸟飞来栖于林中，被人们誉为"凤凰"因而得名。台基为斗型。高11.8米，底阔65米，顶宽35米，37级台阶通向台上，十年动乱，遭到严重破坏。

东大寺东门 原名顺河东寺，始建于明，占地6000平方米，由序寺、大殿、望月楼三部分组成，后来序寺被毁，现只存望月楼，大殿两部正殿供礼拜诵经的地方，进深23米，面宽27.5米，高26米，内有粗大柱子26跟，檐下斗拱，工艺精细。

小闸口桥 为了连通被河道隔断的街巷，一座座桥梁正架河上。济宁老城区有60多做桥梁 原为木质桥，过去这里捕鱼者很多，用捕鱼叫"搬罾"。1949年摄

西关老夏家桥 摄于1950年

普照寺——天王殿　在旧城西北隅普照寺街（现光明街）北首，是当时济宁古城仅存寺庙之一，该寺为北魏始建，号"齐梁古刹"殿堂房舍200多间，规模很大，内有金代建筑石塔，院北建"天王殿"后院中央建"八角罗汉殿"，北院"藏经楼"1946年开始被国民党拆除。公园现在的石塔原在普照寺。摄于1948年秋

门在一条轴线上，两门基本，故而南北大街较直。而且在"四门左右"的子城"旧各有小门"，后来"惟南东北三门有之"，尤以南门的东角门为大，甚至相当于一般县城的城门。城门均系内木外用铁皮包裹，并用每枚重八两（半斤）的圆头铁钉，按横九竖十三排列铆钉钉在每扇门上。每扇门约重三千斤。另外，在"东门迤南"还有"水门一处，铁窗"。并筑有"四门马道"于每座城门内两侧各一条。

城楼：该城四门的内外城门的顶台上各有门楼一座，城的四角上也各有戍楼一座，南门城楼左右和北门城楼又各有楼一座。总计，在城墙上共建楼十五座。南门城楼，名"翔凤楼"，匾题"金汤永奠"，月城楼名"会通楼"，并挂有一幅"任城古郡，亢父名邦"的对联；北门城楼，名"望岳楼"，匾题"拱翼神京"。月城楼名"拱辰楼"；东门城楼，名"圣化楼"，匾题"气连海岱"，月城楼名

文庙　1959年7月摄　坐落于学门口街，坐北朝南（现济宁市委党校）过去是奉祀孔子及历代"贤哲"的地方，元时建，占地23亩，红墙碧瓦，宫殿式建筑。路北门东西侧各有"文武官员一切人等至此下马"石碑，南门前为"状元桥"即高出地面两米多石拱桥，南面为木质"礼门义路"坊，背面"宪章文武"四字，日伪时期每年2月8月举行祭孔。1948年拆除，建成党校。

"慈孝兼完"牌坊　坐落在翰林街南首，系乾隆五十一年（1786年）奉敕"旌表"奉直大夫王怀远之妻孙氏建造的，"慈孝坊二层中有工部郎中史大伦所提字而得名，其石条正中央嵌"圣旨"二字，宽3.5米，高九米，现为全国重点文物保护单位。

竹竿巷街　源于元代　盛于明清，已有700年历史，竹竿巷伴随运河而生，毛竹运销带来方便，逐渐形成竹业一条街，最多时有170多家，"济州之花"之称。1959年12月摄

"宾肠楼"；西门城楼，名"思麟楼"，匾题"汶济澄清"，月城楼名"近治楼"。东南城角戍楼，名"凫峄楼"，后名为"五奎楼"；东北城角戍楼，名"洗泗楼"；西南城角戍楼，名"凝翠楼"，后名为"曾子楼"；西北城角戍楼，名"耀金楼"。并在南门城楼左有"太白楼"，右有"元武楼"，即"玄武楼"；北门城楼左有"得胜楼"也名"文胜楼"，又名叫"奎光楼"。楼均各二层，雕梁画栋，朱甍映日，宏伟壮丽，称雄一世。

另外，在四门处还建有"影壁"，俗称"影门墙"，即所谓"四爻"。南爻，在南门城上面里；北爻，在内外城门之间；东爻，在东门外与月城门相对；西爻，西门里与城门相对。这正如民谣中形容的："南门高，北门低，东门外，西门里"，是济宁城的又一特景。

炮台，知名的有四：一名"壁宿台"，在"得胜楼之西"；一名"牛宿台"，在"北门之东"；一名"箕宿台"，在"西门之北"；一名"井宿台"，在"西门之南"。加上无名的，共

"炮台二十一。"

女墙，原"凡三千六百"，后"并一千八百"。"垛口七百"。

城河，名为"环城隍池"，即护城河。其河"周长十三里二百三十五步"。《城工册》上说：其河"长一千六百七十丈，阔一丈五尺至三丈三尺不等，深一丈五尺"。

桥，护城河上有"吊桥四"：南门桥，名"飞虹桥"意为"飞虹南渡"；北门桥，名"朝天桥"，意为"朝天北趋"；东门桥，名为"通泗桥"，意为"通泗之架"；西门桥，名为"通津桥"，意为"通津之架"，并曰："济民望仙是知津矣"。

海子，即城墙内四角处各挖有一大蓄水坑。（今人民公园内的一天门坑，就是东南城内角的"海子"）。东南角和西南角蓄水坑内还铺筑了穿城墙而过的下水沟，与护城河、府河、运河相通。

原名顺和东寺，始建于明代，原来由序寺、大殿、望月楼三部分组成，后来序寺被毁，现只存大殿和望月楼两部分，正殿供礼拜诵经的地方，深23米，宽27.5米，高26米，内设粗大柱子26根，檐下斗拱，工艺精细。　1956年10月摄

南门外太白楼下老护城河旁边的居民棚户区摄于1947年11月

另外城外还有外城，即"环城外郭"，又名"土圩子"，"土城"，现在的金城街道办事处原名土城，即是以此得名。据考，土城修筑，是明末天启二年（1622），济宁州知州方应瀚（江西新建人）为防农民起义军白莲教首徐鸿儒攻城，始筑土圩，至清代咸丰年间，因年久失修，已成断壁残垣，面目全非了。当时农

一天门摄于1952年　坐落于东南隅，一座四柱三楼硬山式木质牌坊，背北面南，正面镌刻贴近楷书"一天门"三字，建于明万历年间，文革时期被拆，现是九十年代的"再生文物"。

枣店阁（元帝阁）始建于清康熙年间，"小学"大门北，坐北朝南，长宽20米，高8米，北门额上方楷书镌刻北"北极门"，南"太和宫"阁南面的上檐下方高悬"元帝庙"匾额，系康熙御笔。文革时期被废。1950年摄

民起义军一捻军声势日盛，鲁西一带，风鹤告警，济宁知州卢朝安（广东新会人）建坚壁清野之议，视察近郊，度其地形，筹划度支，修筑土圩，深沟固垒，以卫城防。咸丰九年（1859）春兴工，开始于西南济安台，至慈灯寺经中心闸到兴隆门悬吊桥，建望楼。又东至王母阁分置炮台，再往东自运河东岸韦驮棚（今津浦南街）向北转向文昌、观音两阁，再往北由半截阁至杨家闸（即杨家坝）而止。再从闸西（府河西岸）北经林家桥（今秦庄附近）西折至北关火神庙（今大石桥南）。再从府河北岸略北由天仙阁（奶奶阁）至常清观（三官庙）设楼砦吊桥，由此南折至西关夏家桥。也建有望楼、炮台、木桥。过桥顺河西南至济安台相衔接。当时土城的规模及其所经路线大致如此。垣墙全长共五千四百三十三丈（每丈10尺），顶宽五尺，女墙高二尺，长二尺，其砦顶宽约一丈，城壕深一丈，宽二至三丈（宽于旧圩河一倍）墙上垛口，炮墩约四千个，靠墙植柳树万余棵，当时绅商居民捐款四万八千贯（每贯制钱千文），历时三个月竣工。全圩墙共建砦门十八个，各依名工书刻石嵌于门额。

1、济安门在济阳桥

2、忠信门在中心闸南

铁塔寺 摄于1957年 铁塔，塔身全为生铁浇筑，为我国珍贵浇筑铁艺术遗产。铁塔所在佛教寺院崇觉寺，始建于北齐皇建年间（公元560年）宋崇宁年间，徐永安之妻常氏为夫还愿，出资在寺内建塔七级，自此更名为铁塔寺。到明万历九年（1851）在济宁道台龚勉倡导下，增建至九层，高23.8米，共36个门。 声远楼始建北宋中叶（1353）楼上悬巨钟，高2.2米，周长4.5米，重7.5吨，音质挥厚而响亮，声传十里之外。

黄家街基督教堂《浸信会》。1959年摄

县前街 姜家牌坊 当年济宁石牌坊中较好的一座，清代乾隆四十三年（1778年）为旌表姜姓妇人贞洁建造，坐东朝西，高8米，四柱三间五楼式，石雕技法包括镂雕，高浮雕，浅浮雕，阴线刻，圆雕等，图像精致生动，弥足珍贵。 1953年摄

清华洞 清华洞是济宁著名的道教庙宇，位于任城区廿里铺镇鹿鸣山庄内，据《州志》记载，此地原是明代举人王敦临的别墅，清代由差琦改建庙宇，后经多次修缮，石拱的上方镌刻贴金"清华洞" 清华洞前院正中设有大型方亭，高约8米，面阔，内深各9米，前院北部有正殿，为吕祖殿，内祈"纯阳真人"，（吕洞宾）的泥塑彩绘坐像。前部垒土砌石洞，洞上筑大型石龛，亦供吕祖，名曰"纯阳洞府"，后院背面建"斗姥阁"（玉皇阁）院中遍植苍松翠柏，过去此庙，终年络绎不绝，香火不断。 1955年，建清华洞小学。

1975年摄　竹竿巷商店

老南门里大街，路面全是石板铺成，主体建筑物是过去济宁最大的百货商店"恒顺成"，现在孙家街口路西，已不存在　1947年8月摄

解放前小闸口 拉人力车的、乞讨者随处可见。摄于1947年

原济宁一中 济宁一中具有一百多年的历史，清光绪三十年（1904年）是我省最早举办的新学之一。1978年，国家恢复重点中学制，一中被省政府定为省级重点中学。恢复高考20多年来，为国家各类高等院校输送了大批人才。摄于1949年

济宁各界人民庆祝第一个国庆。
摄于1949年10月1日

太白楼，1952年，经人民政府重建 摄于1957年

1958年11月土法炼铁

建于1954年的济宁市人民电影院，2001年拆除重建现在的济宁影城。摄于1962年8月

不爱红装爱武装 摄于1972年

原山西大寨党支部书记国务院副总理陈永贵来济宁传经送宝，先后在济宁曲阜作艰苦创业报告，全区34万人聆听其讲话。图为原地委书记朱其民交谈 1965年12月拍摄

1973年7月，微山湖上电影队

老西门大街 摄于1977年8月

1983年春节将至玉堂酱园门前排起长长队
伍购置年货

老云路街摄于1986年11月

太白小区广场建设奠基 1986年5月9日

翰林街摄于1989年11月

济宁市首次培养少儿体操队，摄于1982年4月

望球兴叹 我国著名队员亚洲巨人穆铁柱来济宁参加全国篮球赛。1984年7月摄于西关体育馆

山东射箭比赛在济宁召开 摄于1985年10月西关体育场比赛现场。

幸福晚年 济宁市任城区第一个率先建起的敬老院 1985年8月李营镇

前国务院总理赵紫阳来曲阜视察，市领导接见 1985年9月摄

我国著名辽宁运动员世界竞走冠军陈跃玲来济宁参加全国竞走邀请赛获冠军。1990年10月摄

"亚运之光"1990年9月17日圣火传到济宁，当日下午4点点燃仪式在太白小区举行传递仪式。

蒸蒸日上　1992年9月摄

琼楼玉宇　2000年国庆节 儿童乐园

南门运河桥　摄于1987年月12月

1986年全国政协副主席钱伟长（左一）来济宁视察工作

3、兴隆门在南辛庄

4、顺河门在运河西南柴禾市街

5、关帝阁在运河东即今顺河门

6、文昌门在南文昌阁街东首

7、观音阁在今解放路中段

8、演武门在大教场

9、通济门在清华洞北

10、太平门在半截阁南

11、春秋门即半截阁

12、望鲁门在林家桥今秦庄南

13、碧霞门即奶奶阁

14、常清门在三官庙东

15、都顺门在三官庙西

16、永安门在牛市街

17、阜安门在夏家桥

18、永通门在运河北岸与济安门隔河相望，而且围绕土圩挖有"外壕"，俗称圩子壕。

由上所述，据史书记载，可以看出，明初期"易以砖"的济宁府任城县城，后名为济宁州、济宁直隶州、济宁县以及济宁市城，可谓安如磐石，坚不可摧。

尤其自"旧城土筑，易以砖"之后，不仅如《明史》所说，济宁已成了"高堑深隍，水路交会，南北要冲之区；襟带汶、泗，控引江淮漕运咽喉；河督建节，宿兵于此"的重镇。还如《山东通志》所说，明时的济宁已是"东临四达之衢，商贾集五都之市"。据朱绍侯主编的《中国古代史》中说，明时的济宁不仅是国内的"重要的工商业城市"，而且是与日本等国"进行贸易的运河沿岸七个主要商埠"之一，已是一个对外开放的先进城市了。可见，明

1992年李鹏总理为曲阜题词

全国人大副委员长费孝通来视察　1993年5月

洪武十八年，朱元璋之所以把济宁"改府为州"，"废任城县"，是为了提高它政治地位，以便发挥它的经济作用，是有眼光的。所以，到了明朝的中、晚时期，济宁的商品经济便迅速地发展了起来。据《济宁直隶州志》云：这时不仅出现了"小民游手逐末"和"乔栖而转徙之民"，还出现了地主经营商业、手工业，大、中、小商人兼营手工业作坊。从而说明了明朝时期的济宁，已在封建母体内部孕育了资本主义的萌芽，社会向前发展了，时代进步了。

该城的鼎盛时期，当在清康熙或乾隆年间。这时的济宁城池，几经修缮，更是"名噪山东"。由于运河的畅通，据徐宗干的《济宁州金石志》载，康熙时期，济宁已成了鲁西南地区的商品集散地，每天出入济宁的"车者、舟者、负者、担者，日不下千万计"。到了乾隆四十一年（1776年）升为"济宁直隶州"后，据《山东通史》说，这时的"市区规模不断扩大，如在老城区，原有45条街道，此时又新增了59条；在郭城区，原只有43条，这时更猛增了140条。在新增加的街道中，有相当一部分是工商专业化街道。而且由于济宁"作为山东南部的漕运码头，发挥着商品集散的重要作用"，它不仅把"来自江南及中原地区的各种商品，通过运河至济宁，然后向兖州、东昌、曹州、沂

2002年10月国务院副总理田纪云来济宁视察

州及河南、河北等地输送；同时，它还把吸收山东南部地区的各种土产商品，集中输往江南及其他各地"。由于商品经济的繁荣，因此，"吸引了大批外商及官僚缙绅侨寓此地，或经商、或游玩，从事各种活动"。所以，到了乾隆末年，城

市人口已达10万以上。从而出现了"人物殷富",店铺作坊"鳞次栉比",酒楼瓦舍,市面大千,"冲繁遂甲山东"。加上运河穿过繁华的闹区;河内帆船繁忙,岸上车水马龙,颇有江南苏州的风光,因而获得了"江北小苏州"的美称。无怪乎乾隆皇帝每次巡游江南,必驾幸济宁了。

时至清末民初,济宁不仅已成为鲁西南的门户,军事重镇,并且已成了鲁西南的政治、经济、文化

東埔寨国家元首诺罗敦西克努克亲王和夫人莫尼克公主与孔子像留影。摄于1993年4月

中心。商品经济有了较大的发展,不仅出现了近代工业,而且传统的手工业、商业以及对外贸易均有了进步发展。城市里里外外、老街新巷、官署衙门、寺庙古刹、林园亭榭、高楼凤阁、青堂瓦舍、茅屋花圃、学堂文苑、茶馆书棚、土山戏院、店铺酒楼互相争辉,互为衬托,使人们的物质生活、文化生活丰富多彩。可见,济宁被称之为是欣欣向荣的"礼仪之邦"、"文明之乡",是当之无愧的。

可是,风流一世的济宁城,据《济宁直隶州志》、《济宁县志》载,到了清咸丰年间,土圩虽较完备了,但城楼已缺"两座",西城的子城"两小门已无"。民国时期,由于经多次战火的洗礼,城上的四角成楼均已拆掉,土圩的十八门也剩下不多了。时至建国初期,城上所剩城楼,除南门城楼较为"完好"外,其余已破旧不堪;土圩之门除阁楼外,所剩更是寥寥无几了。尤其由于社会主义建设的需要,于1951年该城开始被陆续拆除,所剩东南城墙角,已改造成了人民公园中的假山,其土所建的"凫

1995年新加坡驻华大使郑东发被授予济宁荣誉市民。王仁元市长颁发证书

原全国政协常委、现中国书法家协会主席苏士澍
（左一）来济宁市任城区汉文化博物馆视察。

峰楼"，系1985年仿古新建的（后拆除）；西北城墙角，现还只留有一段短墙；太白楼所在的城墙一段，经1952年重建"太白楼"之后，已于原来的面貌大不一样了。

社会主义建设时期，济宁城基本围绕古城向四周扩张，九十年代以来，济宁城进入了大规模的旧城改造，几百年逐渐形成的城市建筑经过二十余年的建设尤其是房地产开发，除了保留了寥寥无几的名胜古迹以外，旧城踪迹基本看不到了。

2006年市委市府围绕我市的远景规划总体目标，按照"孔孟之乡、运河之都、水城风貌、生态宜居"城市发展定位，提出了济宁城"东拓西跨南连北延"城市发展布局，以强化济宁中心城市的辐射能力，市委市府这一宏伟目标，拉动了济宁城建设的新一轮高潮。《济宁市城市总体规划》（2008-2030年）在市委市政府的直接领导下，由市规划局牵头组织，委托代表我国城市规划界最高水平的中国城市规划设计研究院承担规划的编制工作。经过大量深入细致的工作，历时一年，最终较高水平地完成了编制任务，并于2009年5月20日获得了省政府批复，随后我市根据省政府批复意见，认真做了进一步修改。目前该规划已正式批准实施。

总之，由古任城城演变而来的济宁城，历经了三、四千年的沧桑变化，几经迁徙、兴废和建设，可谓旧貌换新颜，济宁城逐渐由一个小城逐渐向中等城市、大城市过渡、迈进。

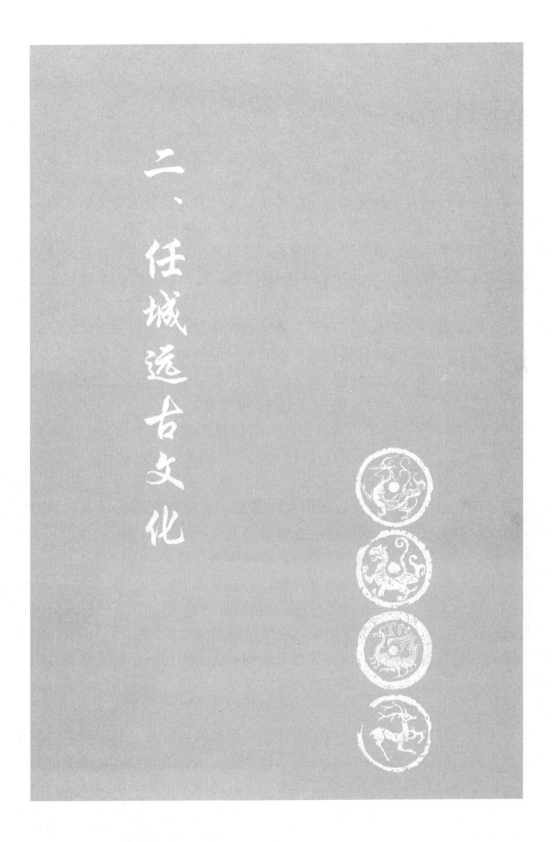

二、任城远古文化

# 二、任城远古文化

　　任城一带早在一万年前就有古人类居住。那时古人类使用的是细石器，考古学上称为细石器时代。在这很久以前的第四纪（亦称更新世），距今250万年，在任城区李营镇内发现了更新世中晚期的菱齿象、猛犸象化石。在任城区长沟镇张山发现了更新世晚期（距今20万年—2万年）的东北斑鹿、羚羊、黄鼬、犬科动物等化石，但一直没有发现古人类早期化石。据考古研究，细石器文化是目前任城境内发现最早的人类活动遗迹。有了人，便有了人类历史。任城细石器时代原始先民的生活，揭开了任城历史的序幕，透射出任城历史的第一道曙光。

## （一）细石器文化

　　据1999—2000年由济宁市考古研究室和任城区文物管理所对长沟镇张山洼遗址的两次发掘考证，该遗址是细石器时代人类活动的地区。出土的文物有长三角形石镞（箭头），呈棕红色，保存完整，上尖下凹，用硬物碾压挤制而成，精致锋利，工艺独特，为细石器文化时代的实物精品。从采集的石器标本可分为石核、石片、石器及加工石器剩下的石块、石屑等四大类，用途分为刮削器、尖状器、石钻、石核等。刮削器、尖状器用来切割、剥离兽类、兽皮，采集野生植物果实，石核、石镞用于狩猎，具有浓厚的地方特色。

　　任城地区细石器时代的先民还没有发明农业，他们游移漂流，居无定所，但却有着相对稳定的活动区域。其生活来源完全依靠采集、渔猎。野果、野菜、草实、河渠水产及猎取的动物肉食是他们的日常食物。由于他们的食物具有偶然性，故生活温饱不均，时常遭受饥饿。那时的人们还没学会搭建房屋，不能抵挡风雨寒暑的侵袭，因此生活十分艰苦。

　　细石器时代的人们由于生产力极为低下，过着共同劳动、共同生活的原始公产制的群体生活，是以女性为世系的母系氏族社会。人们的劳动收获很少，生活条件极为艰苦，没有剩余劳动产品，没有私有观念，血缘纽带是细石器时代人们维持氏族内部团结、争取生存、保持氏族战斗力的神圣力量。

## （二）新石器文化

任城区的新石器时代由细石器发展而来，是人类获得突破性发展的历史时期。境内已发现的文化遗址有长沟镇张山、党堌堆、城子崖，李营镇的贾庄、耿村，二十里铺镇的郑家堌堆、潘王营、义合堌堆，唐口镇的范李庄、寺堌堆，安居镇的史海，喻屯镇的兴福集等12处遗址。文化堆积深厚，内涵丰富，表明这个时期的任城先民已进入了原始农业阶段。农业的产生使人们有了较为稳定的生活来源，故人们开始了定居，而定居又促进了农业及手工业的发展。因此，新石器时代中后期是任城历史上第一个辉煌时期，经济文化均得到了较快的发展。考古发掘资料证明，任城新石器时代文化经历了四个发展阶段，早期是北辛文化，中期是大汶口文化，晚期是龙山文化，最后是岳石文化。这四个考古学文化是依时期先后直接继承发展而来的文化，每个文化都是任城新石器时代文化的一个发展阶段。经过70多年的学术争鸣，并据碳14化学年代的测定，这四种文化的年代如下：北辛文化：约公元前5500年—公元前4300年；大汶口文化：约公元前4300年—公元前2400年；龙山文化：约公元前2400年—公元前2000年；岳石文化：约公元前2000年—公元前1500年。

### 1、北辛文化

北辛文化是黄河下游地区新石器时代文化中较早的文化遗存。因最早发现于滕县官桥镇北辛村而得名。主要分布于鲁中南和苏北地区。任城区境内长沟镇张山洼发现的北辛文化遗址，距今6300年至7500年，经历了1200年的历史，是从母系氏族到父系氏族社会时期，先民们从游移漂流的年代到定居后产生的第一个历史文化。该遗址发掘出水井一口，井内发现泥质红陶双身壶一把，出土文物有陶器鬲、盆、碗、罐；骨器有骨锥、骨匕、骨簪、骨镞、骨耜（农具）；石器有石刀、石镞、石镰、石轮纺车和蚌刀。有石房茅舍，均为半地穴式，有圆形、椭圆形、瓢形，面积4—10平方米，结构为块石、木柱，缮有茅草，墙壁是草拌泥，铺垫是干草或木板。狭小低矮的房屋应是当时生产力低下、人口较少的客观反映。同时还发现先民死亡后采用了竖穴瓦棺葬的习俗。

从张山的北辛文化遗址可以猜想，张山之下怀抱着一座古老的小村庄，背靠彭祖山、果老山，安详地被阳光温暖着。村庄的石房茅舍都是半地穴式的，冬暖夏凉，住着男女老少。茅檐下，挂着石刀、石镰。豆内放着石镞、骨镞和其他狩猎用的箭头、弹丸。房前窗下，纺织的石轮纺车在咕噜咕噜地转动着，那是头带骨簪（已有爱美意思）的女人们在纺织，有的拿着骨锥、骨针在缝补毛皮和衣服。村中

央有一眼古井，井旁有几个成年妇女带着孩子，用红陶双身壶从井里汲水，孩子们提着罐在帮着运水。村外的田地里，男人们拿着石镰、石刀，操着骨耜在收割庄稼或耕作。远处的荒野丛林里，不时传来男人们兴奋的叫喊声，雄浑而尖劲，他们手持石匕，手握石镞，正在围猎一头梅花鹿。村西有一片很大的柏树林，苍苍莽莽，那里是村里人的灵魂寄托之地，坟高冢耸，比肩而邻。那时，流行瓦棺，墓穴由东向西，当时人死后的葬俗是仰身直肢，枕东蹬西，大概是因为东方为日出之向，希望亡灵早日轮回。流行单身葬或多人合葬。经现代人骨鉴定，单葬系男、女分葬，合葬为同性合葬，没有夫妻合葬的现象，说明当时仍处在母系氏族社会时期。

北辛文化在任城区的发现，文化内涵丰富，表明这个时期的先民已进入原始农业。农业的产生使人们有了较稳定的生活来源，人们开始定居，而定居之后又促进了农业和手工业的发展。

**2、大汶口文化**

大汶口文化因最初发现于泰安市大汶口遗址而得名。大汶口文化渊源于北辛文化，距今4400—6300年，历时近2000年。专家认为，大汶口文化可分为早、中、晚三个时期。

目前，任城区境内已发现大汶口文化遗址7处，即：长沟镇张山、党堌堆，李营镇贾庄、耿村，安居镇史海，唐口镇范李庄，喻屯镇兴福集等。通过发掘，发现了房基、墓葬、灰坑、窖穴，出土了钵形鼎、鼎足、高柄杯、红陶鼎、簋、壶、罐、豆、盆、鬲、石凿等数千种文物及陶片。

当时房屋有两种样式，一是规则圆形，房基半地穴式，房门面西，属大汶口文化早期的建筑。二是方形建筑，由地平面起建，坐北面南，利于采光，属大汶口文化晚期出现的建筑形式，为我国农村数千年的长方形建筑模式开启了先河。在长沟镇张山洼的遗址中发现了水井，是济宁地区发现最早的水井，说明先民们的居住设施逐步得以配套，生产生活基本稳定。

从出土的墓葬看，大汶口文化早期，流行长方形土坑竖穴墓，多为仰身直肢葬，盛行单身葬。另有合葬墓及二次葬、迁出葬。这种墓葬风俗，是由于当时生产力低下，血缘纽带还起着维系氏族成员关系的重要作用。氏族成员的婚配关系还实行着族外群婚制，即氏族内的一群女子是另一氏族一群男子的共同妻子。他们死后，集中迁葬一墓，寓意达到死后团聚的目的。没有发现夫妻合葬的墓穴。因而，大汶口文化早期，还处在以女性为世系的母系氏族社会。到了大汶口文化中、后期，人们开始使用棺椁葬具。随葬有生前的使用品和冥器，多少不等。这种现象说明，氏族内部已出现贫富分化，产生了阶级，步入了父系氏族社会。

1980年文物普查中，在任城区安居镇驻地村南玉皇顶遗址东侧发现陶窑7座，其中两座保存完好。窑址是在修筑济菏铁路取土时挖出的。陶窑为圆形，窑膛平面直径1.2米，有火道、火膛、箅子、窑室等组成，箅子上有孔与火膛相连，残留最高的窑室壁达40厘米。能够烧制鼎、杯等陶器，一窑可装20件以上，烧制规模已不算小。根据窑内出土的陶片分析，该批陶窑的使用时间距今约有5000年，属大汶口文化中期。

### 3、龙山文化

龙山文化最早是1928年在章丘县龙山镇城子崖发现的，故因此而得名。又因这一文化遍布于河南、陕西、山西等中国北部地区，其时代相同，而文化面貌差异较大，故将以"磨光黑陶"为基本特色，以出产"蛋壳陶"为精品的山东龙山文化称作"典型龙山文化"。

任城区也是"典型龙山文化"的发达地区之一。

城区至今发现龙山文化遗址6处，其中长沟镇城子崖，二十里铺镇郑家堌堆、潘王营遗址、义合堌堆，唐口镇的寺堌堆等。通过发掘出土的文物有蛋壳陶、磨光黑陶、鼎、足、陶罐、杯、鬲、鬶（饮具）、甗、盘等，在潘王营遗址发现灰坑、陶窑。

龙山文化的房屋比大汶口文化时期又有发展。房屋以方形、长方形为主，前期流行浅穴式，后期流行从地平面起建，每间房屋一般在10平方米左右，墙体则是木骨泥墙结构，明显看出人们在居住条件方面的改善。

墓葬的发现证明了社会的发展与变革。这时期的墓葬仍以长方形土坑竖穴为主，但大、中型墓葬的主人均使用了棺木，有的棺、椁同用。

长沟镇城子崖遗址，原为乘邱故城遗址，位于城子崖村内，面积4.5万平方米，因地势隆起，突出地面三四尺，四面高阜环绕，宛如城垣，故名"城子崖"，属"亚"字形小城。1956年，村中群众取土，挖出石刀、石斧、陶鼎、蛋壳陶片等。经考古专家鉴定，被定为龙山文化。这对了解任城区龙山文化的面貌具有十分重要的资料价值。

龙山文化陶鼎、岳石文化尊形器

1981年山大师生调查尹家城遗址

1981年山大师生调查尹家城遗址

泗水尹家城出土文物

泗水尹家城出土文物

泗水尹家城出土文物

泗水尹家城出土文物

微山尹洼遗址发掘现场（一）

微山尹洼遗址发掘现场（二）

汶上南旺考古发掘清理出的河堤

汶上南旺考古发掘清理出的河堤上的带铭文的砖

汶上南旺考古发掘清理出的河堤台阶

济宁任城区玉皇顶遗址发掘工作现场

济宁任城区玉皇顶遗址出土文物

济宁任城区玉皇顶遗址出土文物

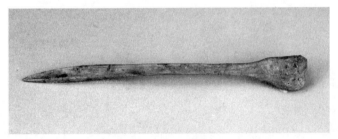

济宁任城区玉皇顶遗址出土文物

济宁任城区玉皇顶遗址出土文物

西发掘区M7出土瓷罐

遗址东发掘区远景

西发掘区M7出土瓷盘

任城区长沟镇城子崖出土文物

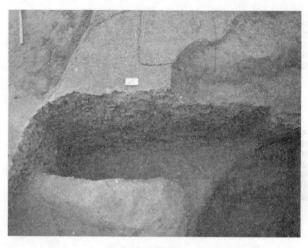

东发掘区H5
任城区长沟镇城子崖遗址发掘现场

## （三）始祖文化

始祖文化，主要是指原始社会晚期，"三皇"（太昊伏羲氏、炎帝神农氏、黄帝轩辕氏）、"五帝"（少昊、颛顼、帝喾、唐尧、虞舜）等部族在任城一带角逐争雄过程中创造的文化。主要始祖为伏羲、神农、黄帝、少昊、颛顼、虞舜等部族首领。

伏羲氏又称太昊，俗称"人祖"，其部族活动在以任城为中心的鲁西南地区。他是任城人的直系祖先。据《帝王世纪》载：炎帝"初都陈，后徙鲁"，部族活动于任城。据《史记·索引》载："黄帝生于寿丘（今曲阜城东旧县村）。"少昊生于穷桑（今曲阜市），他们的部族也活动在任城一带。先秦郳国是颛顼的后裔建立的国家，其国都先在今任城南唐口镇刘林村，后迁往邹县峄山之阳。虞舜也是任城人的先祖。蚩尤是古代东夷部族的首领，曾与黄帝部族大战，以黄帝部族胜利而告终，蚩尤在交战中阵亡，今汶上县西南的南旺（原属任城）有"蚩尤冢"。"三皇"、"五帝"及部族在任城一带创造的业绩与文化，是中国原始社会历史的一大亮点，北辛文化、大汶口文化、龙山文化是东夷族不同时期创造的文化，主要表现在以下几个方面。

### 1、农业的产生与发展

据考古资料，距今7500年前后，任城区的先民们就有了原始的农业，开始定居生活，再加上采集、渔猎的补充，生活条件有了改善。农业生产的标志首先是农业生产工具的制造和利用。北辛文化遗址中的主要生产工具是石器、蚌器。石制

伏羲和女娲交尾图

工具有两大类，一类是打制石器，主要用于铲土播种、砍伐树木；另一类是磨光石器，有用于耕种有石斧、石铲、石锛，用于收割的是石镰、石刀，用于谷物加工的是石磨盘、磨棒、磨石。其他材料的农业生产工具还有蚌刀、蚌镰、蚌铲等。到了大汶口文化时期，农业生产工具的制造又有了发展，产生了石器钻孔技术，方法是采用琢钻和管钻，施用于石铲、石刀和扁平式工具上。通过石器钻孔，人们可以把石制工具绑缚到木棍上，增强了工具的实用性。至龙山文化时期，石制工具普遍使用，耕地用的木制耒、耜开始出现，这种翻土耕作工具，材料多，易制作，使用轻便，促进了当时生产力的发展。

武氏墓群石刻黄帝像

武氏墓群石刻神农躬稼穑像

武氏墓群石刻帝尧

武氏墓群石刻颛项

（1）、农业种植业

最早培育成功的是粟（谷子），距今6300—7500年，任城先民们种植的作物主要是粟。大汶口文化中期，距今约6000年，开始种植禾本植物水稻、黍子。龙山文化晚期，距今约4000年，小麦由中东地区传人任城，使种植业的作物品种不断扩展。

蚩尤冢

（2）、家畜饲养业

家畜饲养业是农业的重要组成部分，据遗址标本鉴定，任城区先民早在距今7000年前后的北辛文化时期，已经分别将猪、牛、狗驯养为家畜，将鸡驯养为家禽，野猫也被驯养为家猫，成为先民的宠物。至龙山文化时期，又将羊驯养成功。在家畜饲养中，猪为饲养主体，猪肉已成为人们的主要肉食来源。

**2、史前手工业**

任城区在原始社会晚期，随着农业的发展和社会的进步，手工业从农业生产中分离出来。独立生产后，专业分工强化了技术进步，促进了手工业的发展。突出的有制陶业、制石制玉业、骨蚌牙器制作业、纺织业等。

（1）、制陶业

距今7500年前后的北辛文化时期起，任城区先民就学会了制陶。陶器的产生适应了人们的定居生活。那时的陶器全部手制，制作粗糙，厚薄不匀，露天烧制。从长沟镇张山出土的陶器分析，有泥质陶器，质地较为坚硬，估计这时已产生了炉窑。进入大汶口文化时期，陶器烧制普遍使用炉窑，从出土的陶器经上海硅酸盐研究所测定，烧成温度在千度左右，这时人们已掌握了烧制陶器的火候及高温技术。制作由手工转为慢轮制造、修整、加工，制陶水平不断提高，制作精美，温度增高，数量增加。大汶口文化中期，常见的陶器种类已达20多个，数量较多的有：折腹鼎、实足鬶、空足鬶、背壶、高柄杯、镂孔杯、觚形杯、高杯豆、盆、罐、钵等等。大汶口文化晚期，快轮制陶技术开始采用，到龙山文化时期，这种技术得到普遍应用，成为制陶史上的鼎盛时期，制陶技术已达尖端，名牌产品是"薄如纸、坚如玉、亮如漆、声如磬"的黑色"蛋壳陶杯"，达到炉火纯青的程度。这种陶杯在任城发掘的龙山文化遗址中均有出土。

任城区史前3000多年的陶器发展中，陶器由红陶、红褐陶发展到灰陶、磨光黑陶，由露天烧制到窑膛烧制，再到窑炉烧制，证明陶器产品制造技术含量持续上升。

（2）、制石制玉与骨蚌加工业

细石器时代常见的石器类别有刮削器、尖状器、石核、石钻等，以刮削器最多。制作技术均为直接打击法。到北辛文化时期，出现了一批砍砸石器和磨光石器，标志着任城境内新石器时代的开始。至大汶口文化时期，石器磨制技术得到广泛应用和发展，主要表现在三个方面：一是打制石器减少，磨制石器占主导地位；二是石器的管钻穿孔技术产生，取代了琢孔技术，到大汶口文化中期得以普及；三是石器种类基本定型，常见的有斧、锛、铲、凿等。任城境内发掘史前的文化遗址中，发现了少量玉器，主要是装饰品，有玉坠、玉环、玉珠等，还有石制作的石环、石坠、石镯、石璧、石串等，反映出当时玉石雕刻技术及人们的爱美观念。使用骨器、蚌器、牙角器起源于北辛文化时期，流行于大汶口、龙山文化时期。常见的有骨锥、骨针、骨匕、骨镞、骨矛、骨簪、鹿角松土器、蚌刀、蚌镰、牙矛等，常用的材料有牛骨、猪骨、兽骨、獐牙、鹿角、鹿骨、蚌壳、螺壳等，丰富了原始人群的物质生活。

（3）、纺织业

纺织手工业是在原始人穿树叶兽皮的实践过程中，随着生产力的不断提高而逐步发明的。学术界认为，纺织业是由编织业发展而来。文献记载：伏羲氏"结网罟而渔"。那时人们已经发明纺线织网技术。距今7000年前后的北辛文化，任城境内发掘出纺轮、柳叶形织梭，说明先民已经学会纺线、织网、编织粗布。到大汶口文化时期，遗址中发现一批骨针、骨锥缝纫工具，反映出先民在穿衣服饰方面的进步。

（4）、木材加工业

距今五六千年之际的大汶口文化时期产生了木材加工业。加工的木材用于建房，墓葬用具出现了棺、椁之后，木质葬具数量逐渐增多。在此期间的遗址中，发现木板及其板痕，说明木材加工技术已广泛使用。

## （四)东夷族在任城区域的形成及其文化

原始社会晚期，海内民族开始产生，经过母系氏族社会到父系氏族社会的发展及变故整合，形成了有影响的势力集团。除中原地区的民族外，分别将四周的民族称作夷、蛮、戎、狄，或统称为"夷"。发展最早、最有影响的是东夷族。东夷族以鲁中南地区为中心，包括山东全省、江苏、浙江、河北等沿海地区。任城是东夷族生息繁衍活动的中心地带，太昊、少昊是东夷族中先后两个强大的部落集团首领。学术界认为，任城地区一带的北辛、大汶口、龙山文化是东夷族不同时期创造的文化。经济发展到较高水平，人口有较快增加，民风民俗也形成了自己的特点，这些发展与变化，已经得到考古工作的证实。考古学家称作"昊族文化"。

### 1、两昊光天

两昊：即太昊、少昊。少昊晚于太昊，因其"执太昊之法"，故称少昊。两昊是任城一带人们的直系祖先，也是中华民族的共同祖先，在中国文明史中占有极其重要的地位。

太昊，风姓，又称伏羲。《左传·僖公二十一年》载："任、宿、须句、颛臾，风姓也，实司太昊有济之祀。"任城区南张镇凤凰台是先民祭祀"太昊祭祀台"。任城是四个风姓古国之首，伏羲作为东方青帝诞生于任城无疑，李白在《任城县厅壁记》中说："青帝太昊之遗墟。"据专家考证，任城确为"伏羲圣皇之故里，龙凤图腾之源头"。《左传·昭公十七年》载："太昊氏以龙纪，故为龙师而龙名。"意思是说，太昊伏羲，风姓之祖，有龙瑞，所以用龙名官。太昊部落信奉的图腾是龙。龙由蛇演变而来，据《帝王世纪》说："伏羲蛇身人首。"任城西南武氏祠汉代画石像中有伏羲和女娲交尾图，人首蛇身。

太昊氏族开始崇拜的是蛇，而后以龙作为氏族部落的标志。伏羲后裔将信奉龙的图腾扩展到中原及中国北部地区。经过夏商周以至秦汉，中华民族崇拜龙的文化观念正式确立，华人则成了龙的传人。伏羲曾对中华文明作出重大贡献，故被奉为"人祖"，成为炎黄子孙世代参拜的偶像。他的主要贡献是：定纲常人道，立父权伦理；画八卦以治天下，教化民人，预测未来；知天文气象，用干支历法；开创纺线织网，结网罟而捕鱼；掌握音乐知识，发明弦琴陶埙。伏羲处于大汶口文化中期的父系氏族社会，距今5000多年。传说他在位115年，寿197岁。任城汉文化博物馆藏有伏羲女娲画像石。

少昊是继太昊之后又一部落首领，在任城一带活动，因其"执太昊之法"，故称少昊，名挚，号金天氏，黄帝的后裔，赢姓。著名史学家唐兰将大汶口文化认定为"少昊文化"。他除了继承太昊的文化外，少昊部落集团的图腾是凤鸟，属下有五种鸠（鸽子一类的斑鸠）、九种扈（古为雇，农桑候鸟）、五种雉（野鸡）、凤鸟命名的四个胞

曲阜少昊陵

族，每一胞族又有若干以鸟命名的氏族。具体如下：

鸠胞族有五个氏族，祝鸠、鴡(音居，鱼鹰)鸠、鳲(音尸，布谷鸟)鸠、爽(鹰类)鸠、鹘(音胡，山雀类)鸠。并分别以鸟命官，祝鸠氏任司徒(掌管土地)，鴡鸠氏任司马(掌管军政和军赋)，鳲鸠氏任司空(掌管建筑工程)，爽鸠氏任司寇(掌管刑狱)，鹘鸠氏任司事(掌管农事)。

凤胞族有五个氏族，凤鸟、玄鸟(燕子)、伯赵(鸟名)、青鸟(黑色传信使者)、丹鸟(丹顶鹤)。分别以鸟命官："凤鸟氏历正也，玄鸟氏司分者也，伯赵氏司至者也，青鸟氏司启者也，丹鸟氏司闭者也。"雉胞族下分五个氏族，"五雉为五工正，利器用，正度量，夷民者"。扈胞族下分九个氏族，"九扈为九农正，扈民灭淫者也"。

从上述看出鸠胞、凤胞族以鸟命官的职守很明确，雉胞、扈胞族不够具体。少昊部族的24种官职都是以鸟命名，构成了其凤鸟图腾氏族这一庞大的社会组织。通过这一血亲社会网络，可以确知三点：一是以凤鸟图腾崇拜为向心力，紧密联系着诸多胞族、氏族及氏族成员；二是反映出少昊部族的繁荣与强盛；三是显示出文化的发达、天文历法的进步，如计算春分、秋分的玄鸟氏，计算夏至、冬至的伯赵氏。少昊时期是父系氏族社会发展的龙山文化时期，距今4000多年。少昊被后世尊为先祖神帝，相传在位84年，寿百岁。

**2、炎黄与任城**

炎帝、黄帝是华夏子孙公认的祖先，他们曾先后活动于黄河下、中游地区，尤其在中原地带创立了不朽的功绩。文献记载．炎帝曾在曲阜建立国都，因而任城一带曾是炎帝部族生产生活的区域。因先后与黄帝、蚩尤部族交战，后败退西部，其部族也随之迁于姜水流域，成为姜姓的始祖。黄帝在战败炎帝、蚩尤部族之后，成为部落联盟的首领，号称"天下共主"，他在统一中国各部族和社会发展中作出过重大贡献。

炎帝神农氏是农业和医药的发明者。他用木制末、耜耕耘，教民播种五谷；"尝百草之滋味……一日而遇七十毒"。从而区分出宜农植物及中医药物，开医药先河；创立市廛，首辟市场；治麻为布，民着衣裳；制五弦琴，以乐百姓；削木为弓，以威天下；制作陶器，改善民生；台榭而居，安居乐业。炎帝时代处于父系氏族大汶口文化向外影响和扩展时期，距今5000年前后。传说炎帝在位120年崩。

黄帝轩辕氏，生于寿丘(今曲阜城东旧县村)，长于姬水，以姬为姓。黄帝和炎帝是近血缘氏族，而且还是力量非常强大的一个民族。黄帝时期处于大汶口文化中期，距今5000年前后。当时，黄帝征师诸侯与蚩尤逐鹿在东起曲阜和兖州一带、经任城西至河南东部的古代黄河泛滥地区，这就是他们交战的主战场。黄帝最终擒杀了蚩尤，分尸而葬，故有蚩尤四冢之说，现已知的汶上南旺（原属任城）、曲阜、巨野及河南境内各一处。可见黄帝蚩尤逐鹿大战的主战场正是蚩尤四冢一线。传说，黄帝时期有许多文化发明创造，如舟车、弓矢、房屋、衣服等。黄帝令大挠作甲子，以十天干配合十二地支以纪时，沿用至今；令隶首作数，定度量衡之制；令风后衍握奇图，始制阵法；令伶伦取谷之竹作箫管，定五音十二律；黄帝与岐伯论病理，作《黄帝内经》；令仓颉始制文字，具六书之法；采首山之铜以造货币等等。传说黄帝的妻子缧祖，教妇女养蚕，发明了丝帛。相传黄帝寿百岁，弃帝位，从列仙游，与务光子、容成子、广成子等人，采首山之铜，铸鼎于荆山之下。鼎成，黄帝恰百岁，有龙从天降，引黄帝升天而去，成为上天五帝之一，称为元圃真人轩辕黄帝。黄帝有子二十五人，其得姓者十四人，其中就有任姓，散于各地。传说尧、舜、禹、汤等古代圣君，均为黄帝的后裔。因此，黄帝被奉为中华民族的共同始祖。

### 3、蚩尤

是东夷族一位著名的部落酋长。据《路史·后纪四·蚩尤传》载："蚩尤姜姓，炎帝之裔也。"蚩尤是炎帝氏族发展起来的一个分支。其年代与炎黄二帝同时，所居之地为邾娄（任城区南刘林村）。蚩尤之名，亦出邾娄，"蚩"与"邾"、"尤"与"娄"音近。故蚩尤以地名为人名。他在炎帝氏族中任"分正（司政）上卿"，享有很高的地位。由于蚩尤的势力不断扩大，与炎帝发生矛盾，遂将炎帝逐出曲阜。炎帝不甘心被逐。便于黄帝联合起来，与蚩尤部族大战涿鹿之野，擒杀了蚩尤，将其分尸。其身冢在汶上南旺（原属任城），肩、腿冢在巨野重聚，首（头）冢在曲阜许高，另外一座蚩尤墓在河南境内。据《世本》记载：蚩尤制作了兵器，有戈、矛、戟、酋矛、夷矛，称为"五兵"，给后人留下了宝贵财富。他的那种勇武善战、不屈不挠的精神形象为世人弘扬光大。秦始皇、汉高祖都立祠祭奉蚩尤，把他作为战神、兵主加以崇敬。

## (五)风姓渊源

据《左传·昭公十七年》载："太昊氏以龙纪，故为龙师而龙名。"杜预注："太昊、伏羲氏。风姓之祖也，有龙瑞，故以龙名官。"由此可见，太昊部落信奉的图腾是龙。《帝王世纪》载："太昊帝，庖羲氏。风姓也。燧人之世，有巨人迹于雷泽。华胥以足履之。有妊，生伏羲于成纪，蛇身人首，有圣德。"意思是说，伏羲的母亲是华胥，在雷泽踩上巨人的脚印后生伏羲。华胥之世当是母系社会的末期，知其母而不知其父。据考古学文化则是济宁任城地区的大汶口文化中前期。到伏羲之世，向父系氏族过渡，伏羲成为"三皇"（伏羲、炎帝、黄帝）、"五帝"（少昊、颛顼、帝喾、唐尧、虞舜）中最早的始祖，俗称"人祖"，距今五六千年前。

太昊部落集团的居住地和活动范围，在今鲁西、豫东地区，济宁则是太昊部族居住活动的中心地区。太昊是东夷族的强大部落集团的首领。《左传·僖公二十一年》载："任、宿、须句、颛臾，风姓也，实司太昊与有济之祀，以服事诸夏。"意思是说，以上四个风姓古国是太昊后代建立的国家，他们祭祀的是其先祖太昊及其济水之神。按杜预（222—284，西晋将领、学者，《集解》是其《左传》的注解）注，"任，今任城县"，即今济宁市任城区；"宿、须句均在今东平县"；颛臾在"武阳县东北"，今济宁市东邻平邑县境内。四个风姓古国，任国在首位。任国自原始社会晚期形成，历经夏、商、周三个时代，延续时间近两千年，战国中期被楚国所灭。

太昊伏羲曾对中华文明作出过重大贡献，主要是：1、定纲常人道，立父权伦理。据《白虎通》载："古之时，未有三纲之纪，民人知其母，不知其父，能复前而不能复后。卧之去去，起之吁吁，饥即求食，饱即弃余，茹毛饮血而衣皮革。于是，伏羲仰观象于天，俯察法于地，因夫妇、正五行，始定人道。"《新语·道基》并说：伏羲"以定人道，民始开悟，知有父子之亲，君臣之义，夫妇之别，长幼之序。于是百官立，五道乃生"。2、据《淮南子·修务训》载："伏羲书八卦以治下。"是说利用八卦教化人民，预测未来，并以八卦原理分析处理生活中遇到的问题。3、开始注重天文气象，区分季节。《历法典》认为，伏羲氏族已知干支相配为十二个时辰，"六甲天道周也"，一甲六十日，是干支的一次循环，六甲合三百六十日，为"天道周"，人们有了一年三百六十天的概念，是天文历法的较大发展。4、掌握一定音乐知识，开始发明音乐乐器。据《拾遗记》载："丝桑为瑟，均土为埙，礼乐于是兴

黄龙

也。"伏羲氏族发明了五十弦琴及陶埙。5、《周易·系辞下》载："伏羲作结绳而为网罟，以佃以渔。"即是教民捕猎。6、驯化野生动物，如猪、牛、羊、狗等豢养驯化为家畜。可以看出，东夷民族的风姓氏族创造了丰富的始祖文化。

## （六）任姓氏起源考

任姓的起源历史悠久，来源说法不一。相传黄帝有二十五子，其得姓者十四人，为十二姓：姬、酉、祁、己、滕、箴、任、荀、僖、姞、儇、依。其中被赐以任姓者，其后裔就以任为姓。然而，也许是由于这个姓氏的历史实在太久远了，所以历来对于任姓的姓源，也有好几种不同的考证。譬如，《唐书宰相世系表》上说："黄帝少子禹阳，受封于任，以国为氏"；《通志氏族略》则说："任，为风姓之国，实太昊之后，今济州任城即其地"。任姓的所出，真是众说纷纭。因任姓起源甚早，且均属传说，莫衷一是的情形，实际上可以归纳为两大类。一为源自黄帝，一为源自更古远的伏羲氏。那么，究竟哪一种说法才是正确的呢？关于这个问题，在《辞海》所提供的答案是这样的："任姓之任，与任国之任，子孙皆以任为氏。"以上关于任姓姓源的考据，全部都是正确的。也就是说，数千年来的任姓，有黄帝的后裔，也有伏羲的后裔，他们有的是因被赐姓而得姓，有的是以国为氏。

邿国是周代东方一个附庸小国。邿国，妊姓，位于今微山县一带的小国，受鲁国控制。鲁襄公十三年即公元前五六〇年夏，邿国发生内乱，分裂为三，鲁国出兵救援邿国，乘机吞并之。

薛国在今山东滕州市南。薛为任姓国，黄帝的后裔。薛国是古代黄河下游的一个历史悠久的小国。据《通志·氏族》称："颛帝少子阳封于此，故以为姓，夏朝时期，阳的第十二世孙奚仲亦封于薛。"《左传》载"薛之皇祖奚仲居薛以为夏车正"，故后人称奚仲为中国造车鼻祖。 西周初年，"周武王封任姓后裔畛，复于薛国，爵为侯"。周显王46年，为齐国所灭。任姓薛国自薛畛开始，第二代为任初，相传31世。齐灭薛以后，齐威王少子田婴封于薛，谥靖郭君。田婴去世后，田文继封薛地，招贤纳士数千人，诸侯国君主竟相求其辅助，他曾先后被齐泯王，秦昭王和魏昭王封为相国。孟尝君居薛后，对薛国城池扩建加固并发展商贾，重农桑，减赋税，使薛国经济繁荣，国力强盛。薛国被秦灭亡后，设薛郡，汉至魏晋设薛县，隋废薛为滕县属地。薛国故城虽然历经沧桑3000余年，但雄姿依在，历代文人墨客写下了许多迫追思怀古的诗词文赋。明代徐天博在《过薛》中写道："西去官桥旧薛城，城中百亩春田平，三千食客皆尘土，十二侯邦就战争，林鸟有声应

吊古，汀花无语自含情，千年野庙荒碑在，行路犹能说姓名。"清代满秋石在《春日过薛城怀古》诗中写道："车正遗封弈代承，杳茫人鬼两无证，河山依旧还有薛，名分于今终长滕"。

任国后裔有仍氏（亦称有任氏，任和仍古时同音）就在这里建立了仍国。周朝时期，仍国被封为任国，首都在今山东济宁市境。任为风姓国，太皞的后裔。 春秋战国时代任国先后隶属于鲁、宋、齐国，至战国时期任国犹存。秦统一中国后，废任国而改为任城县。

归根究底，所获的结论是："任姓是一个源远流长的古姓。"但在习惯上，人们把历史上第一个任氏大名人任不齐作为其得姓始祖。

任不齐春秋时期楚国人，孔子七十二贤弟子之一，被唐朝皇帝追封为任城伯，宋朝天子加封为当阳侯。

任仁发：元朝水利家、画家。他曾主持修吴凇江、大都通惠河、青浦、练湖和海堤工程。善画马，其鞍马与赵孟頫齐名。著名的《二马图》是他的代表之作。

元代（1271—1368）大臣王信的儿子名子宣，由于受到迫害，逃离了自己的家园，为了避害，将自己的王姓改为任姓，于是他的后代就继承了任的姓氏。

任伯雨：眉州眉山（今属四川省）人，北宋著名经学家，宋哲宗的驸马都尉。其深通经述，文力雄健。与寇准、李纲、赵鼎、文学家诗人苏轼、苏辙、秦观、名臣胡铨、李光、王岩叟九人，世称"十贤"。著有《春秋绛圣新传》。

任嚣：任不齐七世孙，在距今二千二百零五年。他肩负着开发岭南的重任，率领秦军挺进岭南。他文武兼备，治粤七年；善于安抚土著居民，搞好民族团结，促进民族融合。为岭南历史由原始社会末期飞跃到封建社会，作出了杰出贡献。

任敖：（公元前？——公元前179年），秦代沛县人，西汉开国名臣。初为沛县狱史，素与刘邦相善。刘邦初起时，敖以客从，为御史。亡秦后，刘邦立为汉王，与楚霸王项羽争天下。刘邦东击项籍，敖迁为上党太守。高后当政时，封任敖为御史大夫。孝文元年，任敖卒，皇赐谥号"懿侯"，葬于广阿县丘底村前，清乾隆年间隆平县知县袁文涣曾吊以诗曰：

> 广阿城外夕阳愁，太息茫茫土一天。
> 古墓寒烟分野色，残碑衰草冷荒洲。
> 千秋事业光青史，十载勋名起汉刘。
> 丰沛当年成往事，萧萧叶落老松揪。

任敖墓位于隆尧县城东偏北2.5公里处的丘底村南。此墓高10米，占地12亩。

该墓系土封墓葬，虽经两千余年的风吹雨打，迄今仍若岑丘，肃穆壮观。该墓墓顶有树木数株，并立有隆尧县"重点文物保护"标志。墓地附近的地面上有汉代筒瓦和卷云纹瓦当。墓地原有明嘉靖三十二年（1553年）的"乡贤汉御史大夫任公之墓"石碑。该碑现已搬迁到隆尧县文物保管所保存。现在，任敖墓基本完好，属县级重点文物保护单位。

任安：字少卿，曾任益州刺史、北军使者护军等职。司马迁因李陵之祸处以宫刑，出狱后任中书令，表面上是皇帝近臣，实则近于宦官，为士大夫所轻贱。任安此时曾写信给他，希望他能"推贤进士"。司马迁由于自己的遭遇和处境，感到很为难，所以一直未能复信。后任安因罪下狱，被判死刑，司马迁才给他写了回信《报任安书》。关于此信的写作年代，一说是在汉武帝征和二年（前91），另一说是在汉武帝太始四年（前93）。

任光：南阳宛（今河南省南阳市）人。东汉云台二十八将之一。后人又将二十八将配入古代天文学四方二十八星宿之中，任光为南方"朱雀"柳宿。古代将星空分为四组，四方和四种动物：东方苍龙，北方玄武（龟蛇合体），西文白虎，南方朱雀。每组有七宿（宿一星的位次。柳宿系南方朱雀的第三位次，有星八颗）。任光曾跟刘秀在昆阳大战，破王莽（外戚王莽篡位，建新王朝）兵百万立过功。刘玄迁都洛阳，派任光为信都太守。任光在战争中能争取民心，为汉光武帝左大将军，土阿陵侯。

任峻：字伯达，河南中牟人，三国时魏国典农中郎将。曾主持屯田，数年中，所在积谷，仓廪皆满。《三国志卷十六•魏书十六》载："峻宽厚有度而见事理，每有所陈，太祖多善之。于饥荒之际，收恤朋友孤遗，中外贫宗，周急继乏，信义见称。官渡之战，太祖使峻典军器粮运。贼数寇抄绝粮道，乃使千乘为一部，十道方行，为复阵以营卫之，贼不敢近。军国之饶，起于枣祗而成于峻。太祖以峻功高，乃表封为都亭侯，邑三百户，迁长水校尉。建安九年薨，太祖流涕者久之。子先嗣。先薨，无子，国除。文帝追录功臣，谥峻曰成侯。复以峻中子览为关内侯。"

任棠：上邽（今甘肃省天水市）人，东汉著名学者。有学问，不做官，修居教书，有气节，因他曾以物暗示太守广行仁政，故有"任棠水"之佳话。《后汉书•庞参传》载："（庞）参拜为汉阳太守。郡人任棠者，有奇节，隐居教授。参到，先候之。棠不与言，但以薤一大本，水一盂，置户屏前，自抱孙儿伏于户下。主簿白以为倨。参思其微意，良久曰：'棠是欲晓太守也。水者，欲吾清也；拔大本薤

者，欲吾击强宗也；抱儿当户，欲吾开门恤孤也。'"唐高适《东平旅游奉赠薛太守二十四韵》赞其事："不改任棠水，仍传晏子裘。"

任延：字长孙，宛城（今河南南阳）人，东汉名吏。十二岁时，熟读《春秋》、《易经》等，有"任圣童"之称。二十三岁时任九真（今属越南）太守，延教以垦关配匹之道，五年之后，粮食丰收，婚嫁有度，人民生活大改善，生了子女，多以任为名。《后汉书》载《任延善政》：显宗拜颍川太守。永平二年，征会辟雍，因以为河内太守。视事九年，病卒。

任询：字君谟，易州军市人。金代著名书画家。父贵，有才，善画，喜谈兵，宣、政间游江、浙。询生于虔州，为人慷慨多大节。书为当时第一，画亦入妙品。评者谓画高于书，书高于诗，诗高于文，然王庭筠独以其才具许之。登正隆二年进士第。历益都都勾判官，北京盐使。年六十四致仕，优游乡里，家藏法书名画数百轴。年七十卒。

任昉（460-508）：南朝梁著名文学家，字彦升，乐安博昌（今山东寿光）人，仕宋、齐、梁三朝。16岁举秀才，为太常博士。南齐时，官至中书侍郎、司徒右长史。他与萧衍都是"竟陵八友"中人，并相友善。永元三年（501），萧衍进军建康，任昉为记室。次年，萧衍代齐立梁，禅让文告即出自任昉手笔。入梁，拜黄门侍郎、吏部郎，出为义兴（今宜兴）太守，召为御史中丞、秘书监。又出为新安太守，逝世于任所。追赠太常，谥号敬子。任昉是南朝的散文大家，以擅长表、奏、书、启等实用文体知名于时，与诗坛圣手沈约齐名，史称"任笔沈诗"。其藏书多至万余卷，与沈约、王僧儒并称为三大藏书家。《隋书·经籍志》有《任昉集》34卷，已佚。明代张溥辑有《任彦升集》，收入《汉魏六朝百三家集》。又《文章缘起》及《述异记》二书，旧均题为昉作。"（事见《南史·任昉传》）。

任雅相：唐高宗时宰相，在位时间不长，六五九年，以兵部尚书同中书门下三品，封安乐县公，两年后卒于军中。

任仁发（1255-1327）：元朝水利家、画家，字子明，号月山道人，松江青龙镇（今上海青浦）人。曾主持疏浚吴淞江、大都通惠河、青浦、练湖和海堤工程。官至浙东道宣慰副使。善画人物，尤长画马，常与赵孟頫并提，著名的《二马图》为其代表作。

任环：今山西长治人，明代著名抗倭将领。一五五五年，与俞大猷在陆泾坝等地连破倭寇，以敢战著称。著有《山海漫谈》。

任熊（1823-1857、一谓1820-1856）：清代画家，字渭长，号湘浦，浙江萧山人。工书善画，长于人物、花鸟、山水。继承陈洪绶的传统，造形古硬，敷彩鲜艳，富有装饰意趣。《大梅山房诗意图册》120幅，是其代表作。史上与任熏、任颐合称"三任"，又加其子任预（1853-1901），合称"四任"。

任熏（1835-1893）：清代画家，任熊之弟，字阜长，又字舜琴，工人物、山水，尤擅花鸟。

任颐（1840-1895）：清末名画家，初名润，字小楼，后改字伯年，浙江山阴（今绍兴）人。师任熊、任熏，工人物肖像、擅花鸟。

任大椿：江苏兴化人，清代著名学者。任礼部主事，兼《四库全书》修纂官。有《弁服释例》、《字林考逸》等。

任伯年：浙江山阴（今绍兴）人，清代著名画家。擅画鸟、山水、人物，技法上有独到之处，所作写照，神采奕奕，其与任熊、任熏合称"三任"。

任化邦（？-1867）：又名任柱，安徽蒙城人。清末捻军起义首领，太平天国鲁王。1865年在山东曹州歼灭僧格林沁军，1866年粉碎曾国藩围剿计划，屡败湘、淮清军。后在江苏赣榆被叛徒杀害。

## （七）伏羲女娲庙

站在任城区济宁北湖阁上，往东南眺望，不远处的东西凫山、凤凰山、磨盘山依稀可见。这里原属古泗河流域，是上古风姓氏族的故乡。风族的首领就是"三皇"之一的太昊伏羲，他也是"三皇"之首。

相传，很久很久以前，世界混沌一体，就像一个大鸡蛋，万物都在里面，各种精灵也都在里面悄悄孕育。不知过了多少万年，终于生出了盘古这个巨人，玉皇大帝赐予他一把板斧，砍开了混沌黑暗，辟出一个光明的世界，他的身体化为世间万物：一双眼睛变成了金光灿烂的太阳和银光柔和的月

伏羲女娲画像石拓本

伏羲女娲庙

亮；四肢蠕动生长，变成了冲天的五岳高山；筋络蠕动延长，变成了四通八达的道路；血液的四溢流淌，变成了奔腾不息的千江万河；头发和胡须纷飞四面八方，变成了稠密的树林、如茵的芳草、缤纷的鲜花；汗珠飞向天际，变成了晶亮的星斗；呼出的气流变成了化育万物的和煦春风；牙齿和骨骼分散开来，变成了闪光的金属、洁白的美玉、晶莹的珍珠、美丽的玛瑙……但是这时还没有人类。

伏羲、女娲是玉帝遣下人世的兄妹，负责创造人类。怎样创造人类？他俩能结为夫妻，生儿育女吗？他们决定由上天来决定，来个"滚磨定亲"，就是兄妹二人分别站

在东西伏山（即现在的东西凫山）上，分别将一块巨大的石磨盘从山上滚落下来，如果两个磨盘滚在一块，就结为夫妻，繁衍人类；如果滚不在一起就再想他法。结果两个磨盘没有滚在一起，看来上天也不赞成他们结婚的。他们就和泥捏人。捏的人有男有女，晒干后就成了活人，男女结合，一代代繁衍生息。所以，我们人类称为泥人。

后来，水神共工和火神祝融打起仗来，共工失败不服，头撞不周山，天倒下半边，出现了一个大窟窿，大地也裂了一道大缝，烈焰从地心迸发，洪水从渊底喷涌，亿万生民处于水深火热之中。为了拯救人类，女娲采五彩石（青石、白石、黄

石、红石和黑石），在大荒山无稽崖下，炼石补天，共炼成高12丈、宽24丈、顽石36501块，补天用了36500块，剩下一块弃在青埂峰下（后来吸天地之精华，投胎贾府生下了贾宝玉。还有一说：补天剩下的碎石块堆在了一起，就是现在的峄山，仔细看看峰头，确实像一个个大石头垒起来的）。女娲补天后，又过了几千年到了商朝，商纣王荒淫无道，周武王兴兵讨伐。纣王七年三月五日到女娲宫降香，一阵清风吹过，卷起了女娲娘娘圣像前的幔帐，纣王看到女娲长得端庄秀丽、国色天香，顿时神魂飘荡，起了淫心，就在女娲宫的墙壁上题写了一首诗：

凤鸾宝帐景非常，尽是泥金巧样状。
曲曲远山飞翠色，翩翩舞袖映霞裳。
梨花带雨争娇艳，芍药笼烟聘媚妆。
但得妖娆能举动，取回长乐侍君王。

女娲娘娘回宫，看到粉壁上的诗句，心中大怒，大骂商纣王昏庸无道，不能修身立德治理好天下，反而写出这样的诗来侮辱她。女娲娘娘随即取出招妖幡，将轩辕坟中囚禁的千年狐狸精唤出，命她变幻成美女，打入纣王宫中，惑乱纣王的朝政。正巧当时商纣王听说冀州侯苏护有女妲己，长得非常美丽，下令送人宫中。苏护大怒，起兵反抗失败，被迫将女儿送人朝歌。这一天，车马走到恩州驿馆住下，夜晚三更天，九尾妖狐趁机潜入驿馆将妲己的魂魄吸去，自己变成了妲己来到京城，成了纣王的妃子，整日甜言蜜语，迷惑纣王，大兴土木，残害百姓，杀害忠臣，致使纣王众叛亲离，后被周武王灭掉。女娲娘娘惩恶扬善，暗中帮助周武王取得了江山。

伏羲、女娲死后就葬在湖东的凤凰山下。今天，凤凰山南麓刘庄村西（原属任城）的伏羲庙就是后人纪念伏羲女娲修建的，现在保存基本完好，为省级重点文物保护单位。伏羲庙坐落在6米高的基台上，大殿高14米，歇山式，琉璃瓦。殿内供奉着伏羲塑像，衣着兽皮，手捧八卦，塑像上方是写着"人伦之始"的匾额。伏羲殿后是女娲殿，硬山式，殿内供奉着女娲塑像，身披树叶，怀抱男女二童，上方是"女娲补天"匾额。凤凰山西边的东西磨盘山，就是伏羲、女娲"滚磨定亲"的地方。再往北是东西遥望对应的凫山。在东凫山的西麓，后人还建造了羲皇庙来纪念先人。当地老百姓亲切地称羲皇庙为"爷娘庙"，山下的两个小庄叫东、西爷娘村。

这充分说明，我们鲁西南这块土地是华夏神州率先进入人类文明的地区之一是古文明的重要发源地。

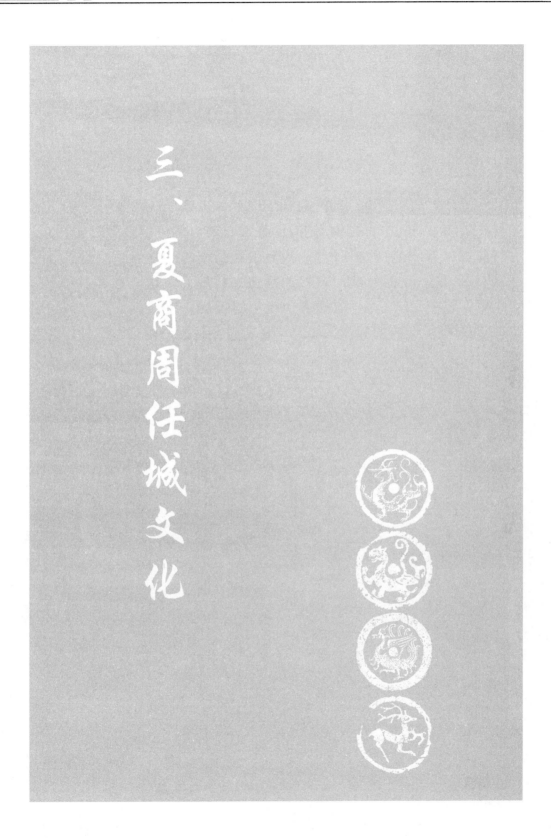

三、夏商周任城文化

# 三、夏商周任城文化

夏、商、周时期（前2070—前771），历时1300年。任城区是这三朝的势力范围。夏朝（前2070—前1600）之际，这时的任城一带文化遗存属岳石文化。

商代（前1600年—前1046）任城成为商王朝疆域的组成部分，到了公元前14世纪为商朝政权腹地。夏商时期，任城的经济文化较为发达。周朝（前1046年—前771）为了巩固周王朝的统治，安抚古代帝王的后裔，对大多数原有诸侯国予以追封认可，如在今任城区内的邿国、邾国、任国被分封为诸侯国。这种分封制度促进了社会的稳定与经济文化的发展。

从任城区历史所属辖区内，已发现的夏商周三朝遗址有20余处，即：南张镇凤凰台、潘庙、吴家、石家洼、前店、赵庙、东陈，长沟镇城子崖、张山，李营

崇觉寺考古发掘现场

崇觉寺考古发掘现场

镇宋庙、夏营、辛庄，二十里铺镇伊庄、段街，柳行街道办事处蔡营、许庄街道办事处常利村，喻屯镇瓦屋张，唐口镇刘林、天齐庙、寺堌堆等。发掘出土的文物众多，石器类：斧、钺、锛、凿、锤、刀、镰、铲、臼、箭头、纺轮、做陶器拍子等；陶器类：甑（蒸饭用陶器）、罐、盆、壶等；骨器类：骨簪、骨针、骨坠等；

凤凰台

铜器类：镞、矛、戈、酒器等。张山遗址出土的卜骨、龟甲十分完整，上面刻有甲骨文，卜骨、甲骨文的发现，为济宁地区首次发现，全国也极为罕见，对研究商周文化提供了宝贵的资料。

夏代任城区的文化遗存为岳石文化。岳石文化是夏王朝时期东夷族的地方文化，年代为公元前2000年至公元前1500年，时间跨度为整个夏王朝及商代前期。到了商代中晚期，公元前1500年至公元前1000年，遗存的文化特征、基本面貌与夏代东夷族的地方文化相一致。任城区发现的商代遗址及其遗存，多数属于商代晚期，即考古学中所说的"殷墟期"。如南张镇的凤凰台、潘庙，唐口镇的寺堌堆、刘林等遗址，均为商代晚期的遗存。

## （一）诸侯方国

夏王朝建立后，加快了政权建设步伐，根据当时的山水走向，在全国设立了"九州"（冀、兖、青、徐、杨、荆、豫、梁、雍），并把各地氏族方国划归九州之中。任城属徐州之域。夏商之际，任城区域的东夷族各部落发展不够平衡，有的处于氏族部落原始社会阶段，有的处于向奴隶社会的过渡阶段，也有的已进入阶级社会。与社会变革相伴而

原市中区济州城墙考古现场

原市中区济州城墙考古现场发掘的古墓

来出现的一些诸侯方国，形成了地域性的国家组织。

### 1、任国

任城是"有仍"氏族建立的国家，太昊后裔黄帝轩辕的幼子禺阳于公元前21世纪（距今4000多年）受封于"仍"国，亦称"任"国。任国是太昊伏羲后裔生存繁衍的中心地区。任国是与夏王朝联姻的方国，第五任国王少康的母亲后缗是任国之女，嫁给夏代第四任国王相为妻，她为夏王朝的复兴起了重要作用。到了夏代后期，任国也不断参加夏王朝的宫廷事务，议决国家大事。夏代最后一任国王夏桀在任国大会诸侯，稽查各方国的贡赋，任国成为东道主，充分说明它所处地位的重要性。任国在战国中期被楚国所灭。任国自原始社会晚期形成，历夏、商、周三个朝代，延续时间近两千年。秦始皇统一中国后，设立任城县，汉、唐设立任城封国，直属朝廷管理，不受地方制约。直至明代前期，历代均设任城县，今为任城区。

任国的经济文化比原始社会有了较为丰富的发展。农业已发展到锄（耒）耕农业后期，夏代农业的发展主要表现在农具的改进、创新两个方面。如石器由长方形双孔为主，演变成半月形双孔为主，创制了石镰。到了商代出现了木质耕作农具耜。当时人们种植的粮食作物主要是粟（谷子）、稷（黍子）、菽（大豆）、小麦等。蔬菜品种主要有葵（小白菜）、油菜、韭菜、姜、瓜类等。果品有桃、李、杏、梨、柿等。原始社会驯养成功的猪、牛、羊、鸡等畜禽成为人们发展养殖业的主要品种。这时的农业已经成为人们获取生活的主要来源，采集、渔猎仅是一种生活补充。

早在大汶口文化时期，部分手工业已从农业中分离出来。至夏代的岳石文化时期，人们生产的农产品有了剩余，商业又从农业中分离出来。至此，经典作家论证的三次社会大分工全部完成，这就促进了手工业的发展。任国地区夏商时期的手工业主要是原始社会已经形成的制陶业、冶铸业、建筑业、纺织业、石器制造业和木材加工业等。商代开始建立了冶炼青铜业，青铜器的使用已在社会中普及，表明铸铜技术有了很大进步。

### 2、邾国

邾国是本地民族建立的国家，它的民族属于东夷族的一支。据史载：邾人的祖先是陆终氏，陆终为黄帝之孙昌意之子颛顼的后裔。陆终娶妻鬼方氏，生有六子，第五子曰安，赐以曹姓，名为曹安，至夏代建立邾国（原称邾娄，今任城区南20里刘林）。因资料缺乏，夏商时期的邾国历史无据可查。至周朝宣王十年（前818），封其苗裔曹侠为邾国国君。在金文中，"邾"字有多种写法，但多为蜘蛛形。从虫

朱声，即今蛛字，后为书写方便，改为从邑朱声之"邾"字。可以得知邾国先人曾以蜘蛛为图腾。到了鲁文公十三年（前614），邾国都城从邾娄迁至峄山之阳（今邹城市南13公里处）。

邾国是一个重要的诸侯国，它虽未能列入大国之列，但在中小国家中却是自强好斗特色的国家。它利用外交与战争两张王牌，灵活变换地战略和策略，顽强地在大国夹缝中生存，创造了颇具特色的邾国文化。当时，邾国贵族普遍使用了青铜制品，在青铜制品上镌有邾国自造铭文。

### 3、郝国

郝国，任姓，周代诸侯国。为鲁国的附庸。在任城区唐口街道寺下郝村，其城址至今仍存，高出地表5米，平面略成圆形，直径100米，面积约8000平方米。文化堆积内涵丰富，以岳石文化、商周文化为主，发掘文物有石刀、石斧、石镰、纺轮、鬼脸鼎足、陶罐等。1977年，被公布为省级重点文物保护单位。《左传·襄公十三年》载："郝国内乱，分裂为三，鲁国军队救邻取之，邻国被灭，降为邑（县）。"

## （二）少康中兴

少康，夏后氏第五代君王，仲康之孙，相之子。出生于有仍氏之国（今任城区）。在位28年（一说在位21年），史称其为"夏代中兴祖"。

夏启死后，儿子太康继承王位。太康昏庸，不理政事，经常沉溺于狩猎，甚至因打猎着迷一百天不回宫室理政。因此，黄河下游少昊氏分离出来的一个氏族——有穷氏部落的首领后羿不能忍受太康的行为，便趁太康狩猎的机会，亲自带兵守住洛水北岸，准备杀掉他。当太康狩猎返回时，发现后羿的军队已经拦住了他的归路，无奈之下只好在洛水南岸流亡。太康失位后，后羿立太康的弟弟仲康继任王位，而实际权力则操控在后羿手里。

后羿是个著名的射箭神手。《山海经》有后羿射日的传说。仲康死，后羿总揽大权，将仲康的儿子相撵出宫室，把国家政事交于他的亲信寒浞，寒浞则趁后羿狩猎之机设伏杀了后羿，夺了王位，霸占了后羿的妻室。寒浞惧怕夏后氏卷土重来，派儿子浇将相杀害。相死之时，相的妻子后缗氏为保住遗腹子，从墙洞逃跑。后缗氏是有仍氏之女，有仍氏居于今济宁任城区。后缗回到有仍，生下相的遗腹子少康。

少康自幼聪明，懂事后，知道了自己是夏后氏宗裔和祖上失国的经过，立志

报仇雪恨，光复夏王朝。他奋发图强，先做了有仍氏的牧政(管理畜牧的官员)。后来其身世被寒浞的儿子浇知道，派兵来追杀他。于是，少康就投奔有虞氏部落。有虞氏的首领是虞思，是舜帝的后裔，世代与夏后氏亲善。虞思知道少康是夏后氏宗裔，就让少康做了有虞氏的庖正(管理膳食的官员)。虞思因少康胸有大志，认为其复国之志必成，便将两个女儿嫁给他，还给了他一成(十里见方)之地、一旅(五百人)之人为军兵。

少康有了自己的复兴基地，又有了自己的军旅，便秘密召集夏王朝旧臣，积蓄力量，准备复国。与此同时，有个逃居在鬲(山东德州)地相的旧臣伯靡，应少康之召，招集流亡旧部，并联合有鬲氏的军队，会合斟寻、斟灌两地的复仇之师与少康联合进攻寒浞。少康先派自己的亲信女艾刺探寒浞的儿子浇的情况，又派自己的儿子季杼去攻寒浞的另一个儿子豷，少康则自率大军与伯靡、斟寻、斟灌的军队联合讨伐寒浞。少康的部队先消灭了浇，后攻下了夏邑，诛杀了寒浞，季杼则攻灭了豷。夏后氏贵族、旧臣及斟寻、斟灌、有鬲氏、有仍氏、有虞氏等方国都拥立少康继承夏王，史称“少康中兴”。

从“太康失国”到“少康中兴”为时近百年。各地的方伯诸国得知少康光复了夏邑，纷纷前来朝贺。少康因经历过流离生活，复国后首先恢复管理生产的稷官和管理水利的水正，任人唯贤，励精图治，使夏朝进入兴盛时期。少康在位28年，死后，葬于阳夏。东汉许慎的《说文解字》记载：“古者少康作箕帚，秫酒。少康，杜康也，葬长洹。”少康即为杜康，后世所谓的“酒圣”应是少康。晋代的江统作《酒诰》说：“酒之所兴，乃自上皇，或云仪狄，一日杜康，有饭不尽，委余空桑，郁积成味，久蓄气芳，本出于此，不由奇方。”因此，少康被后世尊为“酒圣”。

## (三)任国美女

任城区地处鲁中南泰沂蒙山麓倾斜平原与鲁西黄泛平原交接中心地带。四季分明，气候温和，阳光充足，土地肥沃，育人靓丽。故任国是出美女的地方。夏代时期，任国就有两位美人成为夏王朝的王后。一位是夏代第四位国王相的王后后缗，另一位是篡夺夏王朝政权的后羿的王后玄妻。

**1、后缗**

有仍氏(任国)之女，夏代第四位国王相的王后，是夏代第五位国王少康的母亲。她自幼典雅文静，身材高挑，容颜俏丽，如花似玉，对人善良，忠于国家。在

夏后相即位时，反叛势力寒浞派人追杀后相，相心知灾祸难免，便拔刀自刎，死于帝丘（今河南濮阳）。夏后相的王后后缗这时已经怀孕，她从宫墙洞里逃脱追杀，千辛万苦回到娘家任国，生下遗腹子少康。她对少康精心抚养，专心施教。少康长大后，当了任国的牧正，管理畜牧。寒浞的儿子浇听说夏后相的儿子少康在任国当了官，便亲自带领兵马前来任国抓捕。少康的母亲后缗便让儿子逃往虞国（今河南虞城）积蓄力量。虞国国君虞思收留了少康，并将两个女儿嫁给了他，还让他当了虞国的庖正，并倾力帮助少康复国。少康在有仍氏、有虞氏、有鬲氏等方国和夏王朝遗臣的帮助下，一举消灭了寒浞及其儿子浇、豷等反叛势力，恢复了夏王朝的统治，成为夏代的第五任国王，国都迁移到夏邑（今河南夏邑县）。夏代任国是"太康失政"之后的可靠根据地，而"少康中兴"离不开他母亲后缗的功绩。

**2、玄妻**

据《左传》载："昔有仍氏（任国）之女，鬒黑而其美，光可以鉴，名曰玄妻，后夔娶之。"玄妻的意思是说黑中含美。恰似一朵娇艳清丽的黑牡丹。任国玄妻生长在夏代前期的"太康失政"、"少康中兴"之时，她美貌无比，嫁给夏朝宫室主管音乐的"乐正"后夔为妻。后羿驱逐太康后，取代了夏王朝的政权。他掳走了乐正后夔的夫人玄妻作为妻子。可是，后羿的嫡妻嫦娥早就知道后羿久慕玄妻的美貌，有心霸占。嫦娥经常劝说，但结果玄妻还是被后羿霸占了，一气之下嫦娥离开了后羿，吃了王母给的不死之药奔上了月宫。

## （四）凤台夕照

"凤台夕照"这一景观是说站在凤凰台上"每逢清明、白露节、日夕时，日影照北城；芒种、小暑节，日影照南城"。凤凰台位于济宁市任城区南张镇凤凰台村，京杭大运河北岸不远处。

《济宁县志》记载："凤凰台距城八里，周一百四步，台二层，上层高三四丈，下层二丈奇，上锐下宽。"凤凰台是以商代为主的典型遗址，历史悠久，文化内涵丰富，早在商周时期，这里即呈现中华文明之光。济宁古为任国，乃四个风姓古国之一，凤凰台即太昊祭祀台，就是祭祀先皇始祖伏羲的地方，此台坐南面北，正面为三层，其余三面皆二层，台高11.5米，底面4241平方米，顶面1341平方米，底阔上窄，逐层递减，北有石阶可至顶端，周围皆用砖石垒砌，中为夯土而成，西南亦有石砌台阶曲径而上可通顶部。

北宋初开挖赵王河时，该地正当河道转弯处，又复土加高。因此台三面环水，荇蓼野花杂草丛生，风景宜人，人们叫它"风花台"。以后人们又在台上种植树木，松柏挺拔，郁郁葱葱。到了南宋时，有道士在台上建寺居住，常有绚丽的珍禽异鸟飞来栖息树上，传说凤凰曾飞来台上，因此称为"凤凰台"。从南宋到明代，凤凰台都有修建，明代万历年间，由运河总河军门刘东星首倡，并集当地数村之力，在台上创建观音堂。到了清代光绪年间，募捐集资，大兴土木，修整有序。总体建筑似凤凰，结构以旧时的"三纲"（君为臣纲、父为子纲、夫为妇纲）、"三光"（日、月、星）、"三才"（天、地、人）、"五行"（木、火、土、金、水）、"两仪"（天地或阴阳）、"四象"（春、夏、秋、冬）、"八卦"（乾、坤、震、巽、坎、离、艮、兑，象征天、地、雷、风、水、火、山、泽八种自然现象）而建成，并以此累计砌成三十六级石阶，意为三十六天罡。石阶顶门楼为凤头；左右有两块出水石，为凤耳；门楼南三米处，东有鼓楼，西有钟楼，为凤眼；大殿为凤背；翠绿林木为凤身；殿后有一片紫竹林，为凤尾；东西两庑建筑为凤翅；鸟瞰俯视很像一只展翅欲飞的凤凰。观音堂重檐双脊，覆以琉璃瓦。台上殿宇共24间，僧舍10余间。寺院内还有明、清雕龙石碑10余块。殿内正堂供有檀木精雕祥凤一只（现保存在北京国家历史博物馆），两庑还塑有彩色神像，雕梁画栋，辉煌壮丽。宋、元、明、清以来，凭运河水运优势，经贸繁华，南北商贾云集，东西贩运辐辏。每年农历二月十九日逢观音圣诞，凤凰台庙会更是热闹非凡，成为鲁西南春会之首，繁华景象达数百年不衰。在凤凰台北面18米处，还建有戏楼一座，每年春节，附近村民都来朝凤，敲

任城凤凰台

锣打鼓唱大戏。

明代末年，大司马徐标（任城安居镇人）回家探亲，游凤凰台写诗赞美道：

> 湖堤之傍。合有凤凰。
>
> 数仞之台，数尺之墙。
>
> 楼台殿宇。雄伟壮观。
>
> 香烟缭绕，气味芬芳。
>
> 湖水相映，碧波荡漾。
>
> 松柏苍翠，荷花飘香。

明代诗人潘呈念七绝诗《凤台夕照》两首：

> 百尺高台夕照斜，村名此前误风花。
>
> 朝阳自是丹山凤，莫赋孤凫与落霞。
>
> 突兀高台水一方，夕阳无限好渔庄。
>
> 百年误作风花主，旧事何人说凤凰。

清代康熙皇帝南巡时曾到凤凰台一游，写了七律《咏凤凰台》一首：

> 台高数仞凤凰来，身入云天石磴开。
>
> 岚气拥时平殿角，烟波阔处绝尘埃。
>
> 西连山势窗飞翠，南听渔歌月在怀。
>
> 莫负凭栏霄汉伴，湖光山色任徘徊。

凤凰台历经4000多年保存下来，是宝贵遗产。1985年，济宁市人民政府公布为济宁重点文物保护单位。

斗转星移，沧桑变迁。凤凰台几经荣枯，在20世纪70年代已是台基沟壑纵横，台上断壁残垣。进入21世纪，任城区委、区政府审时度势，为弘扬中华传统文化，保护历史文化遗产，决定重筑凤凰台。文化文物部门积极努力，凤乡贤达及社会各界慷慨解囊捐助800万元，从2005年秋季开工到2006年秋季落成，历时一年，修复台基，建成大殿、配殿、山门、钟鼓楼、凤凰亭，并精刻檀木祥凤一只，使飞檐鎏瓦再现高台，晨钟暮鼓重荡河谷，鸟鸣翠树，妙律蒙耳，空高远眺，树木葱葱，良田万顷，运河滔滔，汽笛声声。2006年，山东省人民政府公布为山东省重点文物保护单位。

重修后的凤凰台古貌新姿，巍峨壮观。在凤凰台以北，竖立了木质"凤凰台"牌坊。向南立有青铜铸造的重8吨、高5.08米、长4.64米、宽3.2米的"任城宝鼎"。正门两侧各立一方形石柱，每柱重达7吨，顶端雕刻翔凤，四面刻有清代康熙皇帝及历代名人题咏凤凰台的诗词佳句。北面正门中间铺设长15米、宽3米的石雕"御道"，雕有七龙两凤，为目前全国之最。两旁分别有拾阶而上的36级石阶，暗合"三十六天罡和七十二地煞之数"，御道四周镶有汉白玉雕花护栏。凤凰台顶部面积1600平方米，仍按"两仪"、"三光"、"三纲"、"四象"、"五行"、"八卦"建造，暗合"三才"、"天罡"、"地煞"之数，建有古式建筑数十间，雕梁画栋，金碧辉煌。凤凰台四周分为三层，每层铺有行人平台和石雕护栏，均采用凤凰图案。

大殿五间，名"圆通殿"，全部楠木结构，殿内供奉三尊菩萨像。中间为观世音菩萨，法像为毗庐观音，即法身观音，代表慈悲；左边上首为文殊菩萨，坐骑为狮子，代表智慧；右边下首为普贤菩萨，坐骑为六牙白象，代表行愿(实践)。

西配殿，名"卧佛殿"。供奉释迦牟尼卧佛像。表示涅磐(圆寂)，佛教所指的最高境界。经过长期"修道"，就能熄灭一切烦恼和具备一切"清净功德"。

东配殿，名"观音殿"，供奉千手观音像，她能广化众生，有三十二应身，慈眉善目，和蔼可亲，象征救苦救难、情满人间的大慈大悲精神。

山门内塑有"四大天王"和韦驮尊天像，表示庇佑众生，护持佛法，风调雨顺，国泰民安。

山门两旁建有钟、鼓二楼。

大殿的彩绘壁画，内容丰富，造型逼真，人物栩栩如生。内容为，从释迦牟尼降生、长大、出家、成道，直至弘扬大法、涅槃，反映了佛教的起源，以及西方极乐世界的经变场景和大量佛教飞天、伎乐等。殿内栋梁上，均以龙凤彩云为图案，体现出龙凤图腾文化，寓意壁画描绘了太平盛世龙凤呈祥。东殿壁画采用传统文化中的"二十四孝"图，反映儒家倡导的孝道思想，展示了人类社会至孝行善的人间亲情。西殿壁画内容为观音菩萨三十二应身，表示了观世音丰富多彩的慈善形象。

在台上东南角立有凤凰亭，内安檀木凤凰(原檀木凤凰被国家历史博物馆收藏，今为复制)。高1．62米，形神俱备，精雕细琢，是目前全国最大的一只檀木凤凰。凤凰下方是一香樟木雕刻的百鸟座，寓意"百鸟朝凤"。西南角原有一水井，现安装青石雕刻龙井，井内喷水注入钱眼。台南墙安立巨型石雕"凤凰古松"，气势雄伟。

凤凰台这一珍贵的历史文化景点，承载了三大文化内涵，即"始祖文化"、"运河文化"和"佛教文化"是一处国内独有、文化丰厚的人文景观，是旅游观光的好地方，其前景必定灿烂辉煌，光明无限。

## （五）民风民俗文化

周代列国时期，任国一带以鲁文化为代表，主要表现在醇厚的民风民俗、儒学的产生与传播、教育科技的进步发展。自夏商以来，任国地区的居民逐渐形成了独具特色的民风民俗；儒学产生于春秋时期的鲁国，孔子是儒学的创始人，这种学说传播影响中国达2500多年；科技教育主要是建筑技术、天文历法，教育由周朝官办的"国学"和"乡学"，春秋战国时期创办的"私学"，促进了古代教育的发展。

### 1、民风民俗

鲁国、任国是周王朝可靠的东方根据地。同时，鲁国又是周公的封国，周公制定的周礼在鲁、任周围地区得到顺利推行，习礼、守礼成了人们的自觉行动。

（1）礼俗

人们知礼守礼，维护礼制的尊严，是社会文明的标志。任国深厚的礼乐传统主要包括仁爱诚信、崇德尚义、尊老爱幼、孝悌恭惠、重农为民、爱乡爱国等内容，这些传统美德和周礼是一致的。周礼有"经礼"和"曲礼"之分。俗话说："经礼三百，曲礼三千。"意思是说，凡是大的礼仪，如国家大事、祭天祭祖、对外交往、君臣礼仪等归于经礼；凡是日常生活中的礼节，如婚丧迎嫁、长幼相处、衣服车饰、人情往来等归于曲礼。不论是经礼、曲礼，都有一定的礼仪形式和规则。正是由于这些醇厚的礼俗氛围，使社会处在一个和谐的运行之中。

（2）婚俗

任国的婚俗在西周时已经进入文明健康的范畴。婚嫁的习俗主要表现在以下五个方面：其一，"同姓不婚"。这种做法主要是为了防止近亲繁殖所造成的生理弊端，从道德、生理角度看，均有益于社会，促进了民族的身心健康。其二，正妻制。上层贵族不受一夫一妻的约束，可以纳妾，无论妻、妾多少，必须确定一位正妻，主管家庭内务。其三，媵（音应，陪嫁）妻制。主要盛行于国君及其贵族阶层，即正妻出嫁时还要有其他女子作为陪嫁，嫁给正妻的丈夫，比较常见的是由正妻的妹妹或侄女作为媵妻陪嫁。其四，自找婆家。男女双方可以谈情说爱，但在当时却遭到父母的干预，而相爱的男女当事者以自愿为前提终成眷属。据《左传•昭公十一年》记载，泉丘女与孟僖子相识相爱、"盟于清丘"、结为良缘的故事。其五，出妻（即休妻）再醮（即改嫁）习俗。妻子有不孝不慈、不守妇道等行为，丈夫可写休书修妻。丈夫死了，妻子可以改嫁，均不受任何歧视。

四、儒家文化

# 四、儒家文化

　　儒学产生于春秋时期的鲁国，孔子（前551——前479）是儒学的创始人。孔子之后，曾参、子思、孟轲等后学继承发展了儒学。这一文化形成后，汉代的经学派，如任城人魏应、何休等一批思想家对儒家文化进行了阐明和发展，将儒学推向一个又一个新阶段。儒家文化博大精深，自汉代起被历代帝王所重视，成为封建统治阶级的正统思想。由此，儒家文化以特有的深度和广度迅速得到传播。民间的道德伦理、风俗习尚也逐渐与儒家思想相结合，使儒家文化成为扎根于社会的文化体系。随着社会的发展，时代将赋予儒家文化新的生命力。

## （一）孔子思想学说

　　儒家文化是伟大的思想家、政治家、教育家孔子创立的。孔子之所以伟大，是因为他善于治学、育人、从政、军事、资政、外交、著述，更重要的是在我国思想史，上第一个创立完备思想体系的思想家。在政治思想方面，主张"仁政德治"、"为政以德"、"以道事君"、中央集权、反对独裁，把"大同"作为最高政治思想；在经济思想方面，主张"均无穷，和无寡，安无倾"，还主张"薄敛"、"节用而爱人，使民以时"，实现"小康"；在军事思想方面，主张"有文事者必有武备，有武事者必有文备"、"足食，足兵，民信之矣"，以礼治军，教民习战，军事与政治相辅而行；在教育思想方面，有独到之处，对教育对象，主张"有教无类"，培养"志于道"、"谋于道"，能辅佐国君推行仁政德治的人才。教育内容以道德教育为中心，涉及道德、知识、美育、体育诸多方面，推行"文、行、忠、信"，把"六经"（《诗》、《书》、《礼》、《乐》、《易》、《春秋》）、"六艺"（礼、乐、射、御、书、数）作为教材。教育方法是"因材施教"，"循循善诱"。注重启发，

孔子像

孔子见丈人

"举一反三"，学思行相结合，提倡"学而时习之"，"敏而好学，不耻下问"，"学而不厌，诲人不倦"，"知之为知之，不知为不知"的学习态度；在法律思想方面，主张"以德礼为主，辅之以刑罚"，反对"不教而诛"；在伦理思想方面，把"仁"作为根本，其主旨是"爱人"、"己欲立而立人，己欲达而达人"，主张"修己以敬"、"修己以安人"、"修己以安百姓"；在心理学思想方面，主张"志于学"、"博学"、"多闻"、"多见"、"每事问"、"温故知新"、"慎思"、"明辨"、"笃行"；在美学思想方面，主张既"尽美"又"尽善"，美与善和谐统一，以"中庸"为至德，既不

孔子见老子

能"过"，又不能"不及"；在逻辑思想方面，主张"正名"、"名正言顺"；在人生观思想方面，主张"修身、齐家、治国、平天下"；在外交思想方面，主张"和为贵"、"仁爱友邦"、"平等相待"、"保尊严"、"护主权"，同时还要增加国力，仁政礼治，百姓拥戴，发展生产，而不能靠扩张侵占。历来，国家之间的战争有两类，一类是抗击入侵的正义之战，另一类是恃强凌弱的非正义之战。

孔子讲学图

孔子的思想学说，早在两千年前的秦汉时期就已超越了国界，逐渐传播到许多国家。孔子作为中国文化巨人、世界文化名人的地位是不容置疑的。至今，他的思想学说对中国和世界上许多国家仍发挥着重要作用。

孔子一生的主要贡献有三个方面：

一是从事教育，培养了一大批人才。孔子一生培养弟子达三千人之多，其中身通"六艺"者七十二贤人。

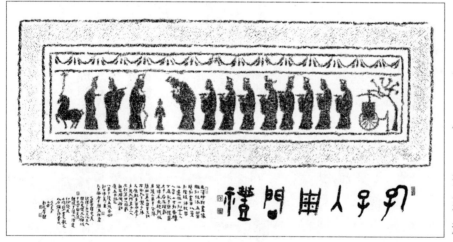

孔子见老子画像石拓本

二是整理《诗》、《书》、《礼》、《易》等古代典籍。他删撰《诗》、《书》，修定《礼》、《乐》，到晚年喜赞《周易》，曾达到"韦编三绝"的程度，使之传于后世。

三是著书立说，作《春秋》一书，创立儒学，他整理的古籍也包含了其丰富的思想主张。他的言行，经其弟子和再传弟子整理编纂成《论语》一书，传留至今，成为后世儒家学派的经典。

孔子自西汉汉高祖刘邦开始受到尊崇，汉平帝以至明、清的许多皇帝，曾为孔子追加封号。其中宋真宗赵恒于大中祥符五年（1012）封孔子为"至圣文宣王"。自此以后，历代均称孔子为"至圣"，意为最高的圣人。民众尊称他为孔圣人。

## （二）樊迟知仁重农

樊迟（前515～前454），亦名樊须，字子迟，春秋末年鲁国樊（今任城区南张镇）人。孔子弟子，小孔子36岁。樊迟是一个有勇力的武士，曾参与伐齐之战，任副将。公元前484年春，齐王发兵伐鲁，御敌战于郎（今滕州西），大败齐军。他对于"仁"、"知"、"义"、"孝"等的学习和认知不如其他弟子，悟性并不高，但他学习刻苦。《论语·子路》载：樊迟问什么为仁，孔子回答："在家能恭敬规矩，办事能认真谨慎，对人能重视诚恳。虽然到了夷狄，这三种品德也不可放弃呀！"正因为樊迟需要详尽的指点，所以孔子才将仁的要求谈得很具体，不仅限于他力所能及的几个方面，而且还规定得具体明确。

樊迟求知心切，上进心强，对"仁"与"知"也很关切，和孔子也有过这方面的思想交流。据《论语·雍也》载，樊迟问："什么是明智？"孔子说："致力于人世间该做的事情，对鬼神存有敬而远之的态度，这就可以说是明智了。"樊迟又问什么是仁，孔子说："有仁德的人总是先付出艰苦的努力，然后才有所收获，这就可以说是仁了。"《论语·颜渊》云：樊迟陪着孔子出游至舞雩台，说："请问，怎样提高品德？怎么消除邪恶？怎样辨清迷惑？"孔子回答："首先努力去做该做的事情不计较后来的收获，不就是提高品德吗？改掉自己的错误，不以己之长，攻别人之短，不就是消除邪恶吗？忍不住一时的气愤，而忘记自身安危，甚至连累自己的亲人，不就是迷惑吗？"因为他也有从政的愿望和经历，所以"仁"有时也落实在"务农"等有关政事的问题上。

对于樊迟，最引人注目、也最能引起争议的地方就是他的学稼学圃之问。《论语·子路》记载：樊迟向孔子请教如何种庄稼，孔子说："我不如老农。"樊迟又请教如何种菜，孔子说："我不如种菜的。"等樊迟退去后，孔子说："樊迟真是

个小人。在上位者只要重视礼，老百姓就不敢不敬畏；在上位者只要重视义，老百姓就不敢不服从；在上位者只要重视信，老百姓就不敢不用真心实情来对待你。假如做到这些，四方的老百姓就会背着自己的小孩来投奔，哪里用得着自己去种庄稼呢？"在关心农事问题上，樊迟的观点与孔子有着严重分歧。

樊迟后与闵损、宓子在棠地（今鱼台县西北）任城南办学，收弟子数百人，传授儒学，深受弟子拥戴。樊迟在齐宣公二年（前454）九月，去曲阜祭孔途中暴病身亡，葬于原籍（今任城区南张镇南陈村西南）。一说葬于今鱼台县北部的武棠亭。唐朝开元二十七年（739）追封他为"樊伯"，北宋大中祥符二年（1009）加封"益都侯"，明朝嘉靖九年（1530）改称"先贤樊子"。

## （三）魏应宫廷论儒

魏应（?--90），字君伯，东汉今文经学家，博士，官至骑都尉。任城国（今任城区）人。

魏应少年时，正值东汉初建，社会比较安定。他自幼好学，光武帝建武初年入太学，受业于博士，学习《鲁诗》，潜心研究先秦著作，具有很高的造诣。据《后汉书·儒林列传》记载："闭门诵习，不交僚党，京师称之。"意思是说，他闭门谢客，专心攻读，不结党僚，传到京师，受到人们的称赞。

魏应太学完业后，回到原籍在家乡做了一名郡吏，郡县发现他的才华，举荐为明经博士，后升为济阴王文学博士。后来因有疾病被免职，在山泽中传授今文经学，徒众常数百人。

东汉明帝永平初年（58），魏应的学识在京师广为流传，经朝廷策试，明帝刘庄拜魏应为博士，升为侍中。永平十三年（70），再迁大鸿胪。永平十八年（75），拜为光禄大夫。东汉章帝建初四年（79），为五官中郎将，诏命人官为千乘王刘伉授今文经学。

魏应不仅为宫师，而且兼收门徒，"经明行修，弟子自远方至，著录数千人"。他的今文经学理论很受皇帝重视，汉章帝对魏应甚为器重，经常召他进宫长谈，讨论经学难题，奠定了"正经义"的决心，往往特加赏赐。

在魏应任五官中郎将的当年（79）冬季，汉章帝刘坦亲自主持在洛阳白虎观举行了盛大的经学讨论会，京师诸儒全部到会，讨论"五经同异"、"使诸儒共正经义"。魏应就今文经学中的各种问题对群儒进行"论难"策问。名流儒士们被魏应渊博的知识、犀利的词锋所折服。在这次论经会议上章帝正式肯定了今文经学。

会议的讨论记录，会后由著名学者班固编纂成《白虎议奏》一书，又称《白虎通义》、《白虎通德论》，留传至今。

由于这次会议的举行和《白虎通德论》的编辑出版，使儒学独尊的地位最后被确定下来。其中魏应起了决定性的作用。

东汉建初五年(80)，魏应出任上党太守，征拜骑都尉。和帝永元二年(90)卒于任上。

## （四）郑均清廉仁义

郑均(?—96)，字仲虞，东汉尚书，任城国(今任城区接庄镇)郑庄人。

郑均自幼喜读道家黄老之书，崇尚清静无为，洁身自好，淡泊名利。郑均有个哥哥叫郑仲，在县衙当一名巡察，常收受贿赂。郑均得知兄长受贿贪财的实情后，多次规劝无效。为此，郑均离家到外地当了一名佣人。一年多之后，把挣来的钱帛全部送给其兄，并说："物尽可复得，为吏坐赃，终身损弃。"意思是说，财物尽失可以复得，当官受贿贪赃，自己的名誉一辈子被丢弃。郑仲被弟弟的言语所打动，从此痛改前非，改过自新，廉洁奉公，成为一个好县吏。

据《后汉书·郑均传》记载：郑仲死后，郑均"好义笃实，养寡嫂孤儿，恩礼敦至"。意思是说，郑仲逝世后，郑均全心全意敬养寡嫂，扶养教育孤侄。侄儿长大成人后，为其置房添产、完婚，并不断资助他们。郑均的清廉美德传遍乡里，当时赢得了很高的声誉。

郑均是一个洁身自好、淡泊名利的儒家文化的楷模。州郡官吏得知他的品德后，曾多次召他授予官职，都被他托病拒绝，郑均不得已离家客居濮阳以避之。

东汉章帝建初三年(78)，司徒鲍昱亲自下令招他到朝廷为官，还是被他婉言谢绝。三年后，朝廷"公车"(负责转呈臣民上书事宜的官署)特征郑均到朝廷做官。这时郑均不敢违抗皇帝旨意，应召入京，被拜侍御史，不久升为尚书。他在任期内，"数纳忠言，肃宗敬重之"。意为多次向皇帝呈进利国利民的建议，深得君臣的敬重。郑均任尚书数年后，仍对做官不感兴趣，又感到年老体衰，恐怕误事，便托病辞官还乡。朝廷为挽留他，拜为议郎，郑均复称病告归。于是，皇帝赐以衣冠，批准了他的请求。

郑均回到家乡后，为人谦和，保持晚节，老而不怠，更为乡里众邻所敬重。东汉章帝元和元年(84)，章帝刘坦诏告东平国相曰："议郎郑均，束修安贫，恭俭节整，前在机密，以病致仕，守善贞固，黄发不怠。"同时，章帝赐郑均谷千

斛（十斗为一斛），并规定每年八月由地方官吏要亲自到郑均家里慰问，"赐羊一只，酒二斗，终其身"。次年，章帝东巡路过任城，亲临其家，敕赐尚书俸禄终身。因此，郑均被时人称为"白衣尚书"。和帝八年（96），郑均卒于家中。后人为了纪念他，在他的故里为其建立庙宇，名为"白衣堂"，以供春秋奉祀。

## （五）何休《公羊》解诂

何休（129—182），字邵公，东汉《公羊春秋》学大师，官至谏议大夫。任城国樊县（今任城区李营镇何岗村）人。

其父何豹，官至少府。何休自幼聪敏，立志向学。据《后汉书•儒林列传》载："为人质朴讷（不愿讲话）口，而雅有心思，精研六经，世儒无及者"。在他青年时期，朝廷征召何休为郎中，因郎中一职非其所好，托病而辞，他也不参与州郡的政事，潜心返乡读书，研究学术。因此，无论郡县官员，还是文人百姓对他都以礼相待。

何休中年时，应太傅陈蕃的召征，开始参与朝事。汉灵帝建宁元年（168），陈蕃因与外戚窦武谋诛宦官被泄露，率官属及太学生80余人冲入宫门，事败被杀。当时，何休也包括在内，他因受牵连被罢官。遂而隐修儒家经典，闭门不出。他尽心竭虑17年，注训《孝经》、《论语》，尤其精心研究《公羊春秋》学，撰写《春秋公羊解诂》，世称"何氏学"。

《公羊春秋》，也称《公羊传》、《春秋公羊传》，是儒家经典之一，专门阐解孔子著的《春秋》大义，历代今文经学家时常用它作为议论政治的工具。是研究战国、秦、汉时期儒家思想的重要资料。何休对《公羊传》的研究立场坚定，观点鲜明。他与师傅博士羊弼合作，妙得《公羊》本意，以《春秋》驳汉事600余条，责难《谷梁》、《左传》，力主《公羊》之意不可破。他上承今文学家李育"以《公羊》意难贾逵"的精神，连写三篇大文章，一曰《公羊墨守》，极力捍卫《公羊》的学术观点，坚信"《公羊》之意不可攻，如墨翟之守城"；二曰《左氏膏肓》，抨击《春秋左氏传》病人膏肓，无可救药；三曰《谷梁废疾》，抨击《春秋谷梁传》犹如废疾之人气息奄奄。当时，北海高密（今山东高密）人、经学大师郑玄，向何休挑战，批驳何休的观点，撰写《针膏肓》、《发墨守》、《起废疾》。何休阅后感叹说："郑玄入吾室、操吾矛，以伐我乎！"意思是说，郑玄来到我家，拿着我的枪，想攻打我，是办不到的！

党锢祸解之后，何休又应司徒召征，入京任职。群公表奏何休道术深明，可授

侍中之职。灵帝宠臣不悦，加以阻挠，于是皇帝拜何休为议郎，后升为谏议大夫。何休仍然保持刚直不阿的性格，直抒己见，屡陈忠言。灵帝光和五年(182)，何休54岁时卒于任上，归葬故里。其墓在何岗村东，为济宁市重点文物保护单位。何休所著《春秋公羊解诂》是《公羊传》现存的第一个注释本，此书开启了历代《公羊》学家舍经释传而阐发新的义理、观念的新风气，堪称汉代《公羊》学集大成的著作。至今保留在《十三经》中的《春秋公羊传注疏》，其注就是何休的《公羊解诂》，独为《十三经》中的今文家言，成为儒家经典。

## （六）王弼创立玄学

玄学是魏晋时期(220—316)的一种哲学思潮，主要是用老庄思想糅合儒家经义，以代替衰弱的两汉经学。玄学家大都是一些名士，他们以出身门第、容貌仪止和虚无玄远的"清淡"相标榜，成为一种风气。在"清淡"中，虽然也有人(如嵇康等)主张毁弃礼法，但多数依然维护着儒家的伦理观念。玄学的发展经历了不同阶段。魏正始年间(240—249)，王弼注《老子》、《周易》、《论语释疑》，何晏作《道德论》，皆提出"贵无"，认为"名教"(封建礼教和道德规范)出于自然，主张君主"无为而治"。其后魏晋之际向秀和郭象注《庄子》，也认为名教和自然一致，封建秩序是天理的自然；但又认为"无不能生有"，"物各自造而无有所焉，此天地之正也"。东晋(420)以后，玄学与佛教趋于合流，大部用玄学语言解释佛经，于是佛学渐盛，玄学渐衰。

王弼 (226—249)，字辅嗣。魏晋玄学的主要开创者，哲学家。山阳郡高平县(原属任城县，今属任城区喻屯镇)人。王粲族孙，曾任尚书郎。

王弼自幼聪慧过人，"年十余，好老氏，通辩能言"。父王业当尚书郎时，其好友吏部郎裴徽曾问王弼："夫无者诚万物之所资也，然圣人莫肯致言，而老子申之无已者何？"王弼答曰："圣人体无，无又不可以训，故不说也。老子是有者也，故恒言无所不足。这是王弼援道人儒、以道释儒的名言。当时，吏部尚书、玄学领袖何晏对王弼的才学赞叹不已，并自愧不如。《世说新语·文学》记载，何晏注完《老子》，到王弼家中，见少年王弼注《老子》精奇，佩服得五体投地，说："若斯人可与言天人之际矣！"并将自己所注改为《道德论》。可见王弼少年时代已学有所成。

王弼虽然仅活了24岁，但其著述丰富，主要有《周易注》、《周易略例》、《老子注》、《老子指略》、《论语释疑》等。在这些著作中，王弼继承发挥了老子的客观唯心论，构筑了一个"以无为本"的玄学体系。他认为"道"或"无"

是天地万物的本原和存在的根据，一切运动变化，皆本之于无。他在《老子注》中说："天下之物，皆以有为生，有之所始，以无为本。"在《周易注》中说："雷动风行，运化万变，寂然至无，是其本矣。"他所说的"无"或"道"，不具任何具体属性，"寂然无体，不可为象"（《论语释疑》），完全是虚构的绝对精神。把这种"贵无"理论运用到政治上，王弼认为名教出于自然，名教即封建礼教和道德规范，是末；自然即无，是本。主张以"贵无"来达到"全有"。认为治国之道，在于"崇本以息末"，统治者要抑制贪欲，减轻对百姓的掠夺，实行无为而治，"以无为为君，不言为教"，对百姓实行愚民政策，使民"无知无欲"（《老子注》），绝对遵守名教，就可长治久安。但是，王弼的思想理论在曹氏、司马氏争夺权力斗争之时只能是一种空想。

王弼对儒学经典的注释，改变了以往汉儒的烦琐方法，着重阐发哲理，对后世影响很大。他的《周易注》、《老子注》均被后世当作标准注释。

王弼作为魏晋玄学的开创者之一，在中国哲学史上占有重要地位。他提出的思想体系和论证方法，创立了一代学术——正始玄学。正始玄学以"新学"面貌出现，呈现出代替两汉经学之势，代表了魏晋南北朝的社会思潮。

# （七）孝子王祥卧鱼

根据民间传说，晋朝时候有一个儿童名叫王祥，年幼丧母，继母朱氏对王祥不喜欢，经常在父亲面前说他的坏话，致使父亲对王祥也不疼爱。这年冬天，继母朱氏忽然得病，什么都吃不下去，只想吃鲜活鲤鱼。时值严冬，天寒地冰，河湖都结了厚厚的冰层。王祥家里贫穷，没钱买鱼，就是有钱，那时也买不到鲜活的鲤鱼。王祥虽然年幼，但对继母很孝敬，为了满足继母的要求，顶风冒雪，不顾严寒，跑到村东的湖上，脱光衣服，卧在冰上，想用体温化开冰层，给继母逮个活鲤鱼。王祥的孝心惊动了玉皇大帝，传旨东海龙王，命令湖神给王祥送几条活鲤鱼。王祥趴在冰上，不一会儿，忽然身旁冰块化掉了一大片，从冰窟窿里蹦出了好几条金色鲤鱼，活蹦乱跳。王祥高兴极了，连忙逮住，拿回家中，给继母做了鲜鱼汤。继母朱氏吃了鲜鱼后，病也很快好了，一家人非常高兴，邻里们也都称赞王祥是个孝子。王祥的孝心感天动地，王小卧鱼的故事也广为流传开来，被列入中国古代《二十四孝图》之一。"王小卧鱼"还被画成了年画、版画，年节百姓争买张贴。正是："继母人间有，王祥天下无。至今河水上，一片卧冰模。"

据考证，王祥确有其人，他家就是原任城区唐口镇的路口村（今属济宁市中区）。他卧冰求鱼的地方就在现在路口村小学前边不远处，直到现在还有这个小坑，据说这个小坑千百年来没人占用。王祥的后人人丁旺盛，为了纪念他们的先人王祥，元朝至元三十年（1293），其后人王福、王忠、王公弼、王世表在路口村东北湖岸边建了王祥庙，并立碑志记。碑文曰："夫王氏之孝其尚矣，世祚丕显，流芳后裔……十分感天动地，卧冰持孝而归金鳞。"石碑现在还保存完好。

"百善孝为先"，孝敬父母、尊老爱老是中华民族的美德，是儒家文化"入则孝"的道德准则。今天，我们仍然要继承发扬，特别是当代青少年更应该学习。

孔子论孝说："孝——是指尽心尽力地尊重、爱护、奉养父母等长辈，要知道仁是德行的核心，孝是仁的基础。换句话说，孝是人的道德基础，孝是做人、做事、为政的根本。如果一个人对父母都不孝，他的道德就恶劣到了极点！对父母不孝的人，对他人不可能讲仁"对朋友不可能讲'义'，更不能忠于国家和黎民。所以，忠、孝、仁、义是密切关联的，是一致的。"

孔子的弟子孟懿子问孔子："什么是孝？"

孔子回答："不要违逆！"

有一次樊迟为老师赶车。孔子对樊迟说："孟懿子问孝，我回答：'不要违逆。'"

樊迟问："'不要违逆'是什么意思？"

孔子说："父母在时，要依礼服侍；父母过世后，要依礼葬、祭。"

樊迟说："学生明白了，老师讲的'孝'便是子女孝敬父母的规范。"

## （八）帝赐廉官村名

从任城区乘船南下，过了孙杨田村入赵王河西去，行约五里之遥，在济徐公路西侧赵王河桥头之上，高高耸立着一块赫然醒目的天蓝色的村名碑，上面书写着三个白色的正楷字"廉官屯"。下了船，走进村里一打听，方才知道这镶嵌着闪亮光环的村名还有着一段不平常的传奇来历。

这个村的早期居民，是宋代建隆年间（960～969），来此定居的廉姓，因此处属军屯要地，所以村名叫廉屯。清朝时廉姓居官者多人，他们不辱祖姓，为官清正廉洁，深受百姓的拥戴和朝廷的重用。乾隆年间，廉氏官员不与和珅党羽同流合污，故被其奸党多次加害，族人亦受株连。到乾隆晚期，村内廉姓人家已所剩无几。

斗转星移，朝纲更替。嘉庆皇帝登基后，剿灭和珅奸党，从朝廷到地方查办撤

职贪官污吏数以千计。据传说，当时的嘉庆皇帝为整肃吏治，刷新大清王朝清正廉明的风气，特下诏吏部：凡廉姓、郑姓、郝姓的新科进士都委以重任，意在用勤廉之官、清正之官、德好之官，用其去替代那些原来的贪官、赃官、奸官。于是，这廉屯的最后一位廉姓进士有幸被委任湖南耒阳知县。

廉知县到任后，先是在全县微服私访，体察民情，而后令差役们在县城内外遍贴告示，抚慰百姓。那告示上写道："皇恩浩荡，社稷清明，为民谋益，替民诉情，兴修水利，拓展农耕，冤屈必问，恶暴铲平，抚困济贫，体恤众生。"廉知县言必行，行必果，半年内冤狱全部平反，无辜囚犯全部释放，那些和贪官污吏有瓜葛的为富不仁的乡绅得到了应有的惩处，为害一方的地痞恶棍被投进监牢。廉知县还带领县民开渠筑堰，兴修水利，与民工同吃同住。更令人感动的是，他把自己的俸银留下三成用以生活，其余全部用以扶困济贫。于是，耒阳境内百姓扬眉吐气，志士仁人鼎力抚政，出现了夜不闭户、路不拾遗、日落而息、日出而作、满汉一家、万民同乐的太平景象。

据说，当时有一家曾受助于廉知县的穷苦百姓要请他吃饭，以表达全家人的感激拥戴之情。这天，廉知县在餐桌上发现招待他的上等美味竟是晾晒干的马英菜，不禁心中一阵酸楚。马英菜在山东各地到处都有，大概是物以稀为贵吧，这种菜来到湖南竟成了上等佳肴。于是，廉知县捎信给老家，让家中人多采集马英菜，用热水烫后晾干，再用蒲草按把捆好，然后打成大包，托人捎来耒阳。原来廉知县是想用这些干马英菜奖赏那些修水利、事农耕的有功人员。

由于廉知县清明勤廉，治理有方，耒阳地方连续两年菜粮丰收，百姓丰衣足食。不料第三年上，湖广地带发生旱灾，衡阳一带最为严重。次年一开春，许多村庄断了烟火，饥饿的人们背井离乡。然而，这时的耒阳县却没人忍饥挨饿，廉知县还动员全县民众捐出万石余粮救济临县饥民，接纳逃难离散的百姓。

这年，嘉庆皇帝来湖广巡察，一是督促赈灾，二是考察地方官吏的作为。在巡访中得知耒阳知县政绩突出，口碑极好，便传旨下去，在衡阳府衙接见廉知县。廉知县觉得这次进见皇帝需带点礼物，以表达下属的一点心意，于是令差役认真准备。差役们在知县大人房里找了个遍，也没发现什么珍贵之物，只是找到了大人悉心留下的一把干马英菜，于是精心包好给大人带上。在衡阳府上，嘉庆皇帝兴高采烈地接见了廉知县，但看了给他的进见之礼，顿时兴致扫尽，龙颜不悦，说道："爱卿为何拿猪草给朕？"廉知县急忙辩解说："微臣深受万岁恩宠，怎敢欺君辱上？马英菜在北方确是饲畜之草，而在湖广却被百姓视为上等佳肴。万岁身在湖

广，宜入乡随俗，这马英菜是家乡父母一茎一茎采来，又一茎一茎洗净晾干，托人不远千里送来耒阳，微臣一直视为贵重之物，非有功之民不赏，非知己同僚不赠。现仅剩此一束，微臣不敢食用，今奉献圣上，略表臣子一片赤心，望万岁明鉴。"听了此话，嘉庆皇帝龙颜转喜道："朕错怪爱卿了，卿果然不孚朕望，堪为湖广官吏之楷模，待朕回京后，定拟旨重用。"廉知县再跪拜道："微臣不求飞黄腾达，只愿忠心报国，为百姓谋利，为一方造福，上对得起朝廷，下对得起黎民，不辱没祖姓，不遗憾平生，这样就心满意足了。"

嘉庆皇帝回京途中驻跸济宁州，为褒奖廉知县的官德，彰显朝廷吏治的清明，给济宁州官下了一道圣旨，要改廉屯村名为"廉官屯"。于是，这闪光发亮的村名便传扬开来，而且一直沿用至今。

一个清官、好官、廉官成就了一个万世流芳的村名，留下了一段万世传扬的佳话，在人们的心里树起了一座万世仰慕的丰碑！

# （九）圣人学者论儒

## 1、孔子论儒看行为

"儒"，先秦时期始定为读书人。儒家，特指主张礼治、强调传统伦理关系的孔子学派。当时，儒学在鲁国已有广泛深厚的影响。所以，孔子结束周游，自卫返鲁后，鲁哀公亲自登门拜访，专门向孔子请教有关"儒者"的知识。

哀公问："儒者的含义是什么?"

孔子答："真正的儒者，奋发学习，严格修养品德，努力实践所学所知，兼备仁者特质，随时为君王提供咨询，期待重用。"

哀公问："儒者的生活大体上是怎样的?"

孔子答："真正的儒者，住所整齐，衣冠端正，举止和顺慎重，为实现抱负而注意保健。"

哀公问："儒者的独特之处是什么?"

孔子答："真正的儒者，视忠信仁义的德行为无价之宝，不贪求财物，不沉迷游乐，不畏权势，面对利益不损德，面对死难不变操，不计较毁谤流言。

哀公问："儒者如何自立?"

孔子答："真正的儒者，靠自己的德行自立。即使处于暴政之下，也不逃避，不躲藏，泰然处之；若君王启用，则全力尽职尽责；即使贫穷到极点，也不以权谋私；若君王不启用，亦不谄媚求仕。"

哀公问："儒者的心态如何？"

孔子答："看重大道为公，不计较日常小的得失和人们是否赞誉；若出仕，则努力施展所学所思，注重选贤任能，不为求取报酬；居于上位，施展才能不自满，不会特别亲近赞扬自己的人；居于下位，刻苦学习不丧志，不会去排斥反对自己的人。这些便是儒者宽和的心态。"

哀公问："儒者如何交友？"

孔子答："真正的儒者，注重结交仁德礼义之友，互相帮助，彼此规劝，不因分离时久而产生隔膜、减损信任；天下政治清明，则互相提携推荐；天下政治昏暗，则携手共退。"

孔子最后突出强调："我回答的以上几个方面的儒者行为，是真正的儒者内心、外在表现，这与一般人嘲笑辱骂的那种古怪、迂腐、不通人情、不会干事的儒者毫无共同之处。"

哀公听毕，十分恭敬地说："原来，儒者如此伟大纯洁啊！今后，我将真心尊重儒者，再不拿'儒'字开玩笑了！"

2、海内外专家论儒

2008年9月，世界儒学大会在曲阜举行。这次大会是由文化部、山东省政府联合主办，中国艺术研究院、山东省文化厅、中国孔子基金会、济宁市政府、孔子研究院承办的国际性儒学盛会。来自中国、美国、法国、英国、澳大利亚、韩国、新加坡等22个国家和地区、86个儒学研究机构的172位专家学者参加了会议。

这次会议的宗旨是在世界范围内组织举办儒学研究活动，推动各国各地区儒学研究深入发展、传承、弘扬中国优秀传统文化，促进人类不同文明之间的对话和交流，增强各国各民族人民之间的相互理解和信任。

会上，全国人大常委会原副委员长许嘉璐在致词中说："孔子是世界的，儒学也是世界的，首届世界儒学大会为世界儒学研究的专家搭建了一个良好的渠道，相信这样的高级别会议举行几届以后，一定能够打造成全球儒学研究学者思想碰撞及沟通交流的世界顶级平台。"

文化部副部长周和平在讲话中指出："儒学既保持着其仁爱、和谐的精神特质，又带有不同时代的文化烙印，它以开放的姿态生发扩展，为世界文明形态的延续作出了重要贡献。"

专家学者在会上专题论儒学的"仁者爱人"、"自强不息"的内容。一致认为："仁爱，是儒家文化的核心内容之一，也是人类普遍遵循的一个价值观念。

"仁者爱人，是本次会议的主题，还照应了2008年国内外自然灾害频发的事实，如中国四川省汶川特大地震，体现了"仁者爱人"的儒家精神，与时俱进，既有很强的现实意义，又体现出永恒意义。而"自强不息"既吻合儒家积极人世的思想，又反映了中华民族自立于世界民族之林的根本所在，是鼓舞人们战胜困难、争取胜利的强大动力。

中国艺术研究院院长、中国非物质文化遗产保护中心主任王文章说："历代儒家先哲思想融会而形成的价值体系，饱含着深厚的生命意思和人文关怀，这些思想不仅推进了中国数千年来的文明发展，也影响了世界的历史进程，具有超越历史和国界的精神力量。"

中国艺术研究院研究员刘梦溪说："儒学是中国文化的源头经典、固有的文化传统、民族的精神义理、古贤往圣的德传血脉，把它与当代国人的精神世界连接起来。这样，无异于寻找到一条既连接古今又能沟通中西的途径，为此，不仅是我华夏民族文化传承的需要，也是建构全球精神伦理的需要。"

中国艺术研究院当代国画大师范曾说："孔子儒家思想最推崇的是一个'仁'字，他所追求的是，社会中的每一个人都有仁爱之心了，那就会在整个社会形成一个人人相互关爱，社会才能完美和谐。"

澳大利亚邦德大学教授瑞格·利特尔说："随着广为宣传的世界新秩序面临着愈来愈多的经济紧张现象，建立一个以半个世纪以来改变东亚状况的价值观为主导的和谐全球社会的呼声亦越来越高。儒学世界观已开始在全球市场运作上施加实质性影响。可以说，儒学世界观正在重塑全球社区。"

至2008年底，世界各国设立孔子学院共292家，国外学儒学的学员3000万人。

文化任城

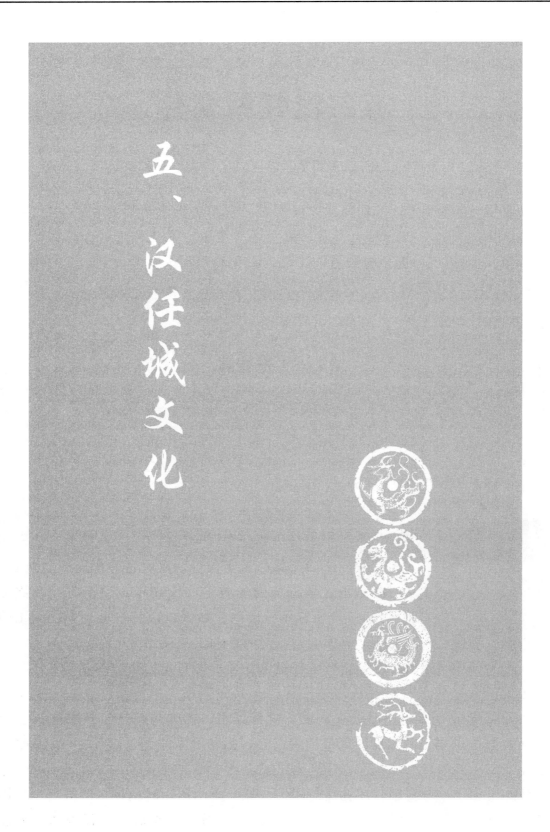

五、汉任城文化

79

# 五、汉任城文化

汉高祖元年（前206），刘邦建立汉朝后，在中央仍承秦朝的"三公"（丞相、太尉、御史大夫）、"九卿"（奉常、郎中令、卫尉、太仆、廷尉、典客、宗正、治粟内史、少府）制；在地方设置州、郡、县和诸侯封国制度。到东汉时实行州、郡（国）、县三级行政机构。汉代郡国并行，凡分封诸侯王的区域设国，直属朝廷管辖。

## （一）任城国

任国原是太昊后裔一个古老的邦国。秦时为任城县，属薛郡，西汉仍设任城县，属东平国。东汉元和元年（84），章帝分东平国置任城国。封光武帝刘秀

之孙、东平宪王刘苍次子刘尚为任城王，国治任城（今济宁市），辖任城（今任城区）、亢父（今济宁南）、樊（今济宁北）三县。

任城王刘尚传了两代，子贞王刘安，孙节王刘崇，崇无子国绝，共77年。汉桓帝延熹四年（161），立河间孝王之子刘博为任城王，任13年薨，无子国绝。汉灵帝熹平四年（175），复立河间孝王之子刘佗为任城王，任46年。三国时期，魏黄初元年（220）曹丕称帝，废除任城国，改称任城县。任城王的世系是：孝王刘尚、贞王刘安、节王刘崇、刘博、刘佗。汉任城国存136年。

任姐为任城国始封王王妃。传说任姐出身显贵，有绝伦美貌和脱俗气质。任姐约于公元68年出生于任城县长沟镇宝坪村。其父任穰老来得女，视为掌上明珠，兄嫂也对其宠爱有加。任姐天生丽质，聪慧异常，擅弹琵琶，琴棋书画，无所不精。任姐的绝世才貌，在任城一带较为出名，后传至东平国。公元84年，东平宪王刘苍薨，次子刘尚封为任城王，任姐为王妃。

任姐的祖辈早在夏朝时期就建立了仍（任）国，周朝时期，仍国被封为任国。春秋战国时代任国先后隶属于鲁、宋、齐国。秦统一中国后，废任国而改为任城

县。东汉时为任城国，曹魏时为任城县。五代时期称济州。北宋时期称济州济阳郡。至元八年（1271年）升济州为济宁府，这是济宁之名最早出现的年代。

公元前21世纪，太昊后裔黄帝轩辕的小儿子禺阳受封于"仍"（古仍、任通用），建立任国，为建国之始。他的后裔就以国名为姓，故为任氏黄帝与四妃嫫母生有二子：苍林和禺（禹）阳，禺阳受封于任，以地为姓，古城在今河北省任邱西北，后南迁到任城一带。禺阳直系后裔奚仲任夏禹的"车正"，被封于薛（今山东滕州张汪镇境内），建立任姓薛国奚仲十二世孙仲虺任商王汤的左相，又把任姓薛国从欢（虺）城迁回薛地，到商朝末年仲虺后裔成又移国于挚（今河南汝南东南），周文王之父娶（任）成之女太姒（任）为妻，周灭商后，周武王封其太外公（任）成的后裔任畛为薛侯，复国于薛，即是春秋时曾与滕国"争长"的薛国。薛国历经夏、商、周三朝共传六十四代，到战国中期为齐国所灭。薛国灭亡后，子孙或继续沿用先祖姓氏"任"，或以国为姓姓"薛"，古薛国成为任、薛两姓的共同发源地。《滕县志·薛世家》对此有详细记载。滕州市官桥镇大康留村《任氏族谱》一部十卷，内有《任氏宗族考略》碑文一篇，载："考吾任姓远溯黄帝，黄帝少子禺阳始封于任，遂有任姓。《山海经》云：禺阳后有禺号，禺号生徭梁，徭梁生番禺，番禺生奚仲，奚仲生吉光。番禺为舟，奚仲造车，舟车问世，乃利交通。大禹治水，封奚仲"车服大夫"，赐薛地，立为国。奚仲十二世孙曰仲虺，商汤左朝，汤灭夏桀，虺作《汤诰》以谕天下，天下遂得安宁。奚仲卒葬南山之巅，山名奚公山，仲虺终寝东山之麓，冢曰虺山堌堆。仲虺后有畴有挚，代不失职。周文王失职。周文王西伯昌之母曰太姒，故而武王封任畛复国于薛。嗣后薛定侯、献公谷、襄侯定、薛伯比、薛伯夷等相继宰薛。奚仲传六十四世至愍侯（任）宏，薛为宋（一说齐）灭……该谱中有一个薛国任姓世系总图，纪录了自奚仲至末代国君愍侯宏的历代国君名号。薛国被宋灭后（一说齐），该族迁到任城，改薛姓为任姓。任穰家族就来自这一姓。

## （二）萧王庄墓群（汉任城王墓群）

萧王庄墓群，位于济宁市城北3公里（今任城区李营镇肖王庄村南、济宁市传染病防治医院的辐射地带）。1977年，公布为山东省重点文物保护单位；2006年公布为全国重点文物保护单位。墓群俗称"九女堌堆"，亦称"九米堌堆"。传说北宋时辽军大举入侵中原，以穆桂英为帅的杨家将奋起反击。当时，以白天祖为首的辽军攻占任城，在今济宁一天门附近布下"天门阵"，以待杨家将自投罗网。而穆

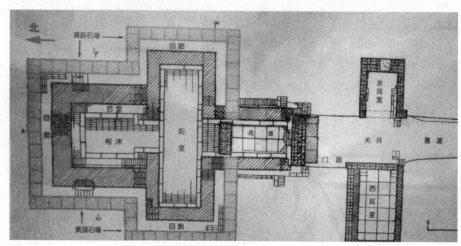

萧王庄墓群一号墓平面图（任城王墓）

桂英发现其计谋后，在城北围城打援，但宋军粮草将尽，就在这紧要关头，营地一夜之间神奇地起了九个堌堆，穆桂英命将士在堌堆表面上撒满小米和黄草来迷惑辽军。当白天祖看到宋营的粮草充足后信以为真，加之辽兵的粮草断绝，不敢继续与

任城王一号墓发掘现场

宋军对抗，只好自动退兵。穆桂英就这样巧破"天门阵"，收复任城。这就是"九米堌堆"的传说。另一种传说，穆桂英与白天祖大战任城，月余终于获胜，九名杨家女将壮烈牺牲，穆桂英悲痛万分，亲自筑土重葬九英烈，筑成九个大坟冢，后人称为"九女堌堆"。

据《济宁县志》载："九女堆在县北五里，凡九堆，七在东，二在西，参差相向，或以为'檀道济唱筹量沙所筑'，非是，疑亦古墓。明靳学颜有《九冢诗》。这说明前人早就认为是古墓。

明代嘉庆、隆庆年间（1522—1572），官至吏部左侍郎的济宁名人靳学颜曾写《九冢诗》一首。

虹梁袅袅带荒陂，青冢垒垒似九疑。

石马有魂嘶夜雨，金凫无羽泛洪池。

*当年应下牛山泪，落日空留挂剑枝。*

*试一投祠向冥漠，白杨无数起悲飔。*

从诗文抒情可见墓冢概貌，当时堌堆如山似丘，松柏成林，非同一般墓地可比。墓群原有墓冢9座，早期3座已无，目前能够确定位置的只有6座。一号墓坐落在济宁市传染病防治院院内北端，现已开掘修复，对外开放；二号墓位于肖王庄东南约600米处，"文革"期间被人破坏，墓中心部分被掘开，大部出土文物惨遭破损，仅有封土；三号墓在肖王庄东南，现在某空军雷达部队驻军院内，封土约6米高，直径约40米，堆上安有雷达设备，亦遭破坏，出土一批文物，现存汉白玉石俑四个（藏于济宁市博物馆和汉任城王墓管理所），其余多已流失；四号墓现保护完整，位于医院南约400米处，墓高6米，直径约40米，有待发掘；五、六号墓分别在医院东南角和南墙外，现均夷为平

任城王墓发掘现场

地，但墓室尚未破坏。从已经发掘的墓葬看，其结构为砖石砌成，有墓室，多有文物出土，主要是铜器、陶器、刻石题记等。为此，足以证明原来民间传说的"九米堌堆"、"九女堌堆"纯属虚构。考古发掘证实是汉代任城王墓群。1977年，这处古墓群被公布为"山东省重点文物保护单位"。2006年，升格为"全国重点文物保护单位"，并成立了济宁市汉任城王墓管理所以加强管理。

1992年8月至1995年5月，济宁市文物管理局会同专家对最大的一号墓进行挖掘、修复，再现了汉任城国王陵寝地宫的壮丽景观。该墓封土高10米，直径约80米，半地下砖石结构，由墓道、东西耳室、过厅、回廊、前室、后室组成，室内面积700余平方米，高12米，墓室四周皆用一米见方厚石材垒砌，被称为"黄肠题凑"葬制。后室10.9米×8.1米，计89.3平方米，原置棺、椁。前室8.5米×1.6米，计13.6平方米，放置冥器。东耳室4.4×3.4米，放置陪葬的多种铜器、陶器和陶俑。西耳室5.8米×4米，有随葬的车马。墓道呈斜坡，长21米，宽3米，从墓道到过厅经过三道封门墙，皆用方石铺地、封顶、砌石圹（墓穴）。该墓

出土文物

出土文物

出土文物

早年被盗，据残留的部分文物（包括玉衣片）、葬制及题记刻石等分析，墓主人是东汉第一代任城国王刘尚，下葬时着"银镂玉衣"，墓葬结构使用"梓棺、便房、黄肠题凑、外藏椁"葬制，正符合汉代诸侯王陵寝制度。

　　墓室内共出土陶器、石器、铜器、玉器等近200件，其中三件玉器，经专家鉴定为国内少见的一级文物，更为珍贵的是，该墓发现了近800块石的汉代题记刻石约4000个单字，是我国至今所知汉代石刻中最为辉煌的重大发现，刻字为汉代民间使用字体，书体为隶书，用笔简捷，结体自然，作风朴实，因非出自一人手笔，故有多种风格，艺术价值很高。内容包括地名、人名、数字、计量等，对我国历史及书艺演变的研究具有重要意义，目前，已引起国内外文物、书法界同仁的密切关注。

出土文物

任城王墓题记刻石的具体情况如下：

任城王墓题记竖刻在方石的侧面，一般4—6字，多者10字。铭石刻内容大多为当时建墓石工和送石者的籍贯、姓名，少有尺寸、编号等，所刻人名约有60位。所刻地名与《后汉书·郡国志》相对照，包括任城国周围的封国、郡、县名27处，计有任城国之任城，山阳郡之高平、金乡，梁国（郡）之睢阳、宁陵、下邑、己氏、毂熟、薄，鲁国之鲁、邹、蕃、薛、文阳，东平国之富成、无盐、须昌、东平陆、章等。这些地名对于研究东汉地方行政建置具有重要意义。

任城王墓题记刻石在刻前一般不经过书丹，而是由石工捉钻子镌凿。因刻者众多，故风格多样。按其风格，可将题字分为率意、工整、拘谨、飘逸四大类。

率意类，约占题刻总数的40％。作品雕刻随意自如，笔画不计长短，结体或纵或横，概随字形而变，给人以率意自然的美感。如"山阳高平钟生"、"薛公伯当"、"鲁央武"、"金乡韩光"等。

工整类，约占总数的30％。作品讲究字的笔画、结体和行气的整齐统一，笔画长短有度，结体基本方正，整体气势端庄浑厚。如"邹石治章"、"东平陆唐"、"鲁武央武"、"金山乡吴伯石"等。

拘谨类，约占总数的10％。作品字体较小，雕刻生疏，或增笔或减笔，字与字无顾盼关系。如"薛颜别徐文"、"鲁国文阳张鱼石"、"鲁石柏元仲华"等。

飘逸类，约占总数的20％。作品似乎经过书丹，用笔精到，线条有张力，结体宽博，笔势开张、飘逸，波笔尤其如此，整体气势显得博大流动。如"伊熹"、

石刻作品

"任城段伯"、"须昌沐孙有大石十五头"等。

另个，题刻中还出现少量的异体字，如"金乡马初"中的"乡"，有的写成"β"或"ρ"，"富成曹文中的"曹"，有的写成"乙"，可能是当时民间使用的简化字。

上述前三类作品是东汉民间常见的实用性文字，从书法角度上讲，艺术性较差。第四类作品作者似受过一定的隶书书写基础训练，点画、结构均有章法可循，作品于洒脱中见稳健，艺术上有不少成功之处。

汉代书法从战国发展而来，西汉时期存在着多种书体，《汉书·艺文志》说汉初有六体，《说文·序》说有八体，第八体即为隶书。隶书是汉代实用的书体，可分为典型隶书、通俗隶书两大主要类型。典型隶书笔画有鲜明的波挑，用笔婉转精

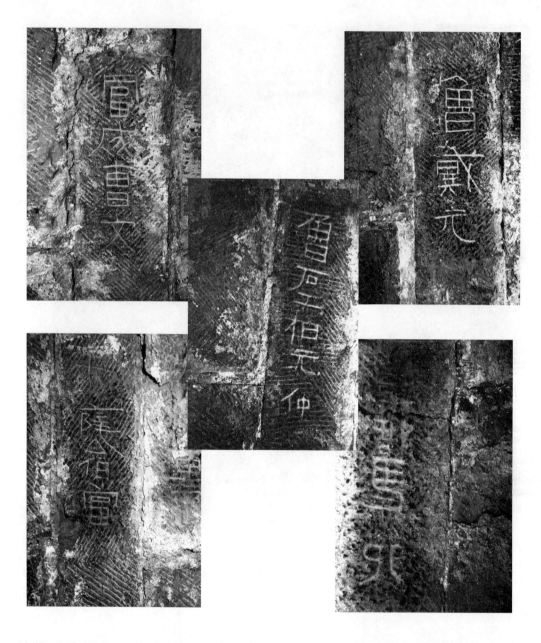

到，结体多取横势，法度森严；而通俗隶书用笔率意自然，笔画径直，无波挑，结体多取纵势，书写简洁通俗。汉任城王墓题刻飘逸类作品，波挑笔画较明显，应属汉代典型隶书类型；其他三类作品均无成法和波挑，应属汉代通俗隶书类型。但两类隶书中蕴含着大量楷书因素，如"金乡马初治"中的"金"字，"金山乡吴伯石"中的"山"、"伯"字，"伊憙"中"伊"字的"亻"旁，"梁国傿国郡"中的"郡"字等。

从目前考古资料看，汉代隶书大体经过了萌发、发展和鼎盛三个阶段。战国

RENCHENG WENHUA

中期至西汉初期通俗隶书是书坛上的主角，在书写上变篆书的圆折为方折，变弧线为直线，结构上变长圆为横方，而典型隶书在此时期刚开始萌发。西汉武帝至东汉初期是隶书的发展时期，其特征主要表现在丰富笔画这一中心内容上。通俗隶书除个别字的笔画保留篆意外，其基本笔画均是朴实、率意、径直、无波挑的，结体方正自然无成法。典型隶书的波挑笔画本阶段得以长足发展，用笔飘逸，线条灵动，体取横势。从东汉章帝起至东汉末期，是隶书发展的鼎盛期。此期典型隶书发展最快，用笔周到，波挑分明，更加庄重飘逸。通俗隶书依然保持着笔画朴实、劲健、率直和无波挑的特点，然而可以明显地看出，它们中的楷书因素日趋明显化。

肖王庄汉任城王墓题刻，正

处在汉代书法鼎盛期的初级阶段，其前三类通俗隶书作品无不充分表现出此时期的

特点，尤其是蕴含的大量楷书因素，使人们明显察觉到一股较强的变革力量，看到楷书成长的步伐。楷书的用笔、结体正是由通俗隶书的用笔、结体酝酿而成的，它们与带波挑的典型隶书有相互影响、相互促进的关系，但楷书绝不是由典型隶书直接发展而来的。因此，从这点上说，肖王庄汉墓题记刻石的价值，则更多表现在文字演化

史方面。通过这批资料的观察与分析，可以明显地看到，隶书向楷书转化的动力和契机在东汉民间书法作品中。至于它们的艺术性，则远不如它们在文字发展史上的意义那样突出。

## （三）灌冢晴烟

"灌冢"就是汉朝丞相灌婴的墓，位于济宁市东部任城区接庄镇西灌庄村北250米处，今以谐音称西贯庄村。"灌冢晴烟"是说在阳春三月里，天气晴朗，微风拂过，灌婴的墓地上空出现有白色的烟气覆盖着，是一道奇异的自然景观，一直流传至今。

灌婴（约前241—前178），睢阳（今河南商丘南）人，西汉开国功臣，以力战骁勇著称。曾任汉车骑将军、御史大夫、太尉、丞相等职位，封颍阴侯。他出身贩卖丝绸布匹的商人家庭，15岁投奔刘邦，成为其近臣。因其数次领兵击破秦军，因而被赐爵为七大夫。之后一路随刘邦平定开封、曲遇等地，因功被赐爵，并号宣陵君。然后灌婴又攻下阳武以西至雒阳一带，在尸北打败秦军，并平定南阳郡。后又领军从西面进入武关，与秦军战于蓝田，驻兵于灞上，乃再次被赐爵，号昌文君。

刘邦当上汉王（前206）后，封灌婴为郎中。之后灌婴跟随刘邦进入汉中，十月，封灌婴为中谒者。后，灌婴又辅助刘邦攻下栎阳，平定殷地，击破项羽部将龙且、魏相项佗的军队，因此被赐爵为列侯，号昌文侯。

在荥阳灌婴被封为中大夫，临危受命担任骑兵将领，在秦朝旧将李必、骆甲的辅佐下迎击楚国骑兵，结果大获全胜。灌婴又带领骑兵从侧面袭击楚军后方，断绝其补给粮道，数次击破项羽部将。这次战役稳固了汉的荥阳防线，因此灌婴被升任为御史大夫。

在垓下之战中，灌婴带领五千骑兵，追击项羽及余部至东城，将项羽围困在垓下，逼项羽乌江自刎。被赐爵列侯。

汉朝建立，刘邦称帝（前206），加赐灌婴食邑三千户，并封灌婴为车骑将军，令他平定叛乱的燕王臧荼。灌婴胜利回朝之后，被赐剖符为信，永得食邑颍阴二千五百户。之后灌婴又随刘邦征讨反叛的韩王信，平定楼烦以北六县，破胡骑于磐石，平定陈豨及英布的叛乱等，立下大功，再增食邑二千五百户。最后班师还军，食邑升至五千户。

刘邦驾崩（前195）之后，皇后吕雉掌握朝政15年，开国功臣彭越等被杀，刘邦的8个儿子也被她杀了3个，封其侄吕禄、吕产为王，掌握兵权。灌婴与陈平、周勃等人合谋诛杀谋反的诸吕，拥立汉文帝，因此又增加食邑三千户，赐金千斤，并被封为太尉。文帝三年（前177），周勃辞去丞相之职，由灌婴继任。这年，匈奴入侵北方，于是灌婴率领骑兵八万五千人前去抗击，匈奴退兵之后，济北王又造反，于是朝廷下诏令灌婴退兵。第二年，灌婴去世，其谥号为懿侯。

据史料记载，灌婴是西汉文帝时期的一代贤相，不仅尽心辅佐皇帝，在他任丞相期间还关心民众疾苦，推行与民生息政策，提倡减免赋税，鼓励农业生产，促成了西汉"文景之治"。正因为此，上至朝廷，下至百姓，对灌婴都是极为推崇。灌婴卒于任城接庄，百姓为其修墓、栽树、立牌坊，墓封土高大，经若数亩，墓前有碑和享堂，松柏葱茂。及至后来的元代、明代对灌婴也是极为崇敬，元代为墓扩地增土，种柏筑垣，设享殿十二楹，置石鼎、石几各一个。明正统六年（1441）立碑为志，记述其事。

"灌冢晴烟"是一种春天地气上升形成的美丽的自然景观，明代把它列为任城八景之一，多少年来为人们所赞叹。清代文人王清有七绝诗《过灌冢》：碭项兴刘莫大功，当时谁不论英雄。西风荒冢麒麟老，禾黍离离落照中。

目前，灌婴墓地虽夷为平地，享殿毁于早年，碑石遭到破坏，树木被砍伐，但

平地周围仍散见汉代陶片，墓北200米现存石阙望柱，面积4000平方米，地表以下墓地尚完好无缺，仍有十分分重要保护价值。1985年，灌婴墓地被公布为济宁市重点文物保护单位。

## （四）王　粲

王粲（177—217），字仲宣。东汉末年山阳郡高平县（原任城南）人。为建安文学的代表人物之一，位居"建安七子"之首，官至侍中。

王粲出身显贵家庭，他的曾祖父王龚为汉顺帝时的太尉，"有高名于天下"；祖父王畅，名在八俊，位至司空，与李膺同为"天下高士"，因为"党人"领袖，受到官僚士大夫及文人学士的拥戴；其父王谦为大将军何进手下的长史，名位显达。

王粲幼时聪颖好学，由于他有着得天独厚的家庭环境，故有机会博览群书，从小就以"博闻强记"著称。有一天，"粲与人共行，读道边碑，人问曰：'卿能暗诵乎?曰：'能'。因使背而诵之，不失一字"（《三国志·王卫二刘傅传》）。史载，王粲休闲时曾看人家下围棋，棋局双方因行棋产生纠纷，一方怒起，将棋盘掀翻，两人相伤，越闹越凶。王粲凭着记忆，把棋局重新摆好，黑白棋子的原有位置一个不错，在场人等无不惊叹。当局二人因此化解分歧，和好如初，继续下棋。

公元191年（初平二年），汉献帝被董卓控制，西迁至长安，王粲也随同前往。当时的著名学者、左中郎将蔡邕的才学闻名天下，受到满朝官员的敬重，蔡邕府第前经常是车马填巷，他家的客厅常常宾客满座。一天，蔡邕听说王粲来拜，蔡邕慌忙起身，"倒屣迎之……邕曰：'此王公孙也，有异才，吾不如也。吾家书籍文章，尽当与之。"（《三国志·王卫二刘傅传》）。17岁时，王粲为躲避战乱，到荆州避难。当时的荆州牧是刘表，为王粲的同乡。但由于"粲貌寝通脱"（《世说新语·伤逝》），刘表不予重用，王粲的才能一直不能发挥。31岁时，王粲毅然投奔曹操。刘表去世，其子刘琮接替父亲当上荆州牧。王粲凭着与刘琮的故有关系，力劝刘琮归属曹操。结果，曹操没用一兵一卒，没动一刀一枪，便获得了荆州宝地。因劝降刘琮有功，任职丞相，赐爵关内侯。后又拜王粲为侍中。因王粲"强识博闻，故太祖（曹操）游观出入，多得骖乘"（《三国志·和常杨杜赵裴传》），深得曹操父子的钟爱。

王粲是建安文学的代表人物之一，史称他和同时代的陈琳、徐干、阮瑀、孔融、应场、刘祯为"建安七子"，王粲成就最高。他以诗赋见长，他写的诗赋锻字

炼句，风格清丽，读后令人回味无穷。《初征》、《登楼》、《槐赋》、《七哀诗》等诗赋是王粲作品的精华，也是建安时代抒情小赋和诗的代表性作品。

《登楼赋》是在王粲依附刘表时登当阳（今湖北当阳）城楼所作，主要书写作者因久留客地，才能不得施展而产生的郁闷思乡情绪。这一小赋情深意切，历来为人称颂，《文心雕龙》的作者刘勰称之为"魏晋之赋首"。曹丕的《典论》则云："如粲之《初征》、《登楼》、《槐赋》、《征思》……虽张（衡）蔡（邕）不过也。"他的《七哀诗》是写战争动乱时人民所遭受的灾难，共三首，其一云：

> 西京乱无象，豺虎方遘患
> 复弃中国去，委身适荆蛮
> 亲戚对我悲，朋友相追攀
> 出门无所见，白骨蔽平原
> 路有饥妇人，抱子弃草间
> 顾闻号泣声，挥涕独不还
> 未知身死处，何能两相完
> 驱马弃之去，不忍听此言
> 南登霸陵岸，回首望长安
> 吾波下泉人，喟然伤心肝

此诗是王粲16岁时创作的。在这首诗里，他发语悲切，情致凄婉，反映了人民的疾苦及作者的痛楚心情，写出了被董卓部将劫掠后的长安荒凉凋敝、惨不忍睹的离乱景象，对人民寄予深切的同情。

《三国志·王卫二刘傅传》评论说："昔文帝、陈王以公子之尊，博好文采，同声相应，才士并出，惟粲等六人最见名目。而粲特处常伯之官，兴一代之制。"又记：王粲……性善算，作算术，略尽其理。善属文，举笔便成，无所改定……著诗、赋、论、议垂六十篇"。后人将他留下的这六十篇合为一书，名为《王侍中集》，流传至今。

建安二十一年（216），王粲跟随曹操的队伍征吴，第二年春天病死途中。史载："王仲宣好驴鸣。既葬，文帝临其丧，顾与同游曰：'王好驴鸣，可各作一声以送之。'赴客皆一作驴鸣。"（《世说新语·伤逝》）王粲葬于亢父城南（原任城区喻屯镇城南张南蔡河北岸）家族墓地。1981年，被公布为济宁市重点文物保护单位。

## （五）耕铁犁农业

任城在汉初牲畜比较缺乏，农民一般只得用人力耕作。为了促使耕畜的繁殖，汉朝明令禁止宰杀耕牛，规定杀牛、盗牛者判依重刑。到了汉武帝（前140前87）时，任城国境内耕牛达到村村皆有，因此，牛耕逐渐盛行起来，任城成为我国重要的牛耕起源地。从任城出土的汉代牛耕画像石来看，牛耕方式和犁的形制结构基本一致，说明牛耕技术是相通的。在汉画像石"牛耕图"中，牛耕有三种方式：即二牛抬杆式、一牛挽犁式和一牛一马挽犁式。这表明汉代任城地区的耕作技术有了很大的进步。

农业生产的发展得力于牛耕的普遍和铁制农具的改进。从汉墓和遗址中出土的铁制农具种类看，有犁铧、铲、锄、锸（铁锹）、耒耜、镰、耙等。这些铁制农具较战国时期有了明显的改进和创新，如大铁犁、宽刃镰、多齿耙等为前代所不见。这些农具被人们用于农业生产的各个方面，还为土地开发和兴修农田水利提供了条件。汉代对铁制农具在农业生产中的地位有极高的评价。《盐铁论》之《水旱》、《禁耕》等篇载："农，天下之大业也；铁器，民之大用也。"由此看出，汉代铁器对农业生产起到推动作用。

## (六)农业种植养殖

任城地区的农业种植作物，据《史记·货殖列传》载："齐鲁宜五谷桑麻。"《中国农业科学技术史稿》记载："当时的主要农作物包括粟、黍、稷、小麦、大麦、菽（豆类）和大麻七种。"但粮食作物以粟、麦为主，其中数小麦发展最快。桑麻是汉代任城最重要的经济作物。据《汉书·地理志》载："地狭民众，颇有桑麻之业，亡林泽之饶。"说明当时任城盛产桑麻而闻名。

随着农业生产的发展，汉代任城耕作种植技术有了很大提高。汉武帝末，推广了"代田法"，就是把一亩地分成三畎和三垄，每年互换位置，以便修养地力，增加作物产量。播种时把种子下在大畎里，幼苗长出后，把垄上的土推到畎里，这样谷苗入土深，抗风耐旱。"代田法"配合农具的使用，实行精细的田间管理，每亩谷物产量可增加一到三成。到汉成帝（前32年），推行新的耕作方法——"区种法"，这种方法到了东汉时期迅速普遍推广。"区种法"，是在小面积土地上把土地划成许多小区，集中有效的水、肥，精耕细作，提高单位面积产量。另外还有种"溲种法"，就是在种子外面裹上一层用水融化的蚕矢、羊粪为主要原料的粪壳，下种后，谷芽就及早地获取养料，促使幼苗茁壮成长。这些农业耕作种植新技术的

RENCHENG WENHUA

推广应用，促进农业生产的较快发展，五谷丰登，桑麻盛产，任城是汉代发达的农业区之一。

另外，汉代任城的畜禽养殖业也有较大发展，养殖的品种主要有马、牛、羊、猪、犬、鸡、鸭、鹅等，以上畜禽在任城汉墓出土的冥器中均有发现，说明当时的养殖业在农家已经普及。

## （七）丝麻纺织中心

汉代任城的纺织技术较为先进，已经普遍使用了纺车、络丝、摇纬和脚踏织机技术，织机上有提花装置，尤其是脚踏和提花技术比欧洲早几个世纪。反映任城纺织工具的进步和纺织业的先进水平。当时的任城人民以娴熟的技巧和辛勤的劳动，纺织出一匹匹优质的丝缣（细绢），织绣出一匹匹闻名的锦绣"画卷"。

任城亢父是汉代山东三大纺织手工业中心之一，出产的丝麻纺织品畅销全国。其中的丝缣沿着丝绸之路远销欧亚两洲。

20世纪初，英国人斯坦因在敦煌发现任城亢父缣，上面还有题字："任城亢父缣一匹，幅广二尺二寸，长四尺，重二十五两，直钱六百十八。"反映出汉代任城亢父纺织业的发达及其产品的对外知名度。

汉代农业和手工业的发展促进了商业的兴旺发达。当时任城的商贾呈现出"周流天下"，非常活跃，甚至"富埒天子"、"交通王侯"，形成"天下熙熙，皆为利来，天下攘攘，皆为利往"的局面。经营的范围比较广，尤以当地和外地的农产品、手工业产品为大宗。商品交换的品种有粮食、盐、纺织品、铁器、漆器、陶器、玉器、牲畜、皮革、水产品等几十种，可谓商贸兴旺。有些商品畅销全国，有的还远销国外，如前面提到的"任城亢父缣"远销欧亚等国。而外地的产品如盐、玉器、漆器等又输入到本地，方便并丰富了日常生活所需，提高了民众的生活水平。

商业的发展需要大量的货币。在市场的商品交换中，有两种形式，一是以物易物，等价交换；一是用货币交换。史载，汉兴之后废秦半两钱，更铸三铢（古代重量单位）钱。汉文帝五年（前175），"更铸四铢钱，除盗铸令，使民放铸"。意思是说规定铸钱标准，废除私造钱币规定，郡（国）县道和个人可以造币。元鼎四年（前113），武帝禁止郡（国）县铸钱，将铸币权收归中央，始铸五铢钱，全国流通。

任城区内各类汉墓中出土的大量钱币，几乎墓墓都有，大都是五铢钱。如济宁师专西汉墓群出土五铢钱共525枚，济宁回民小学东汉墓出土各种五铢钱349枚。这些都说明汉代任城商业经济的繁盛和商品流通的广泛。

## （八）汉画像石艺术

任城地区的艺术成就突出地表现在汉画像石上。汉画像石的产生与发展是和汉代社会经济、政治、思想、文化相联系的。它是在当时的历史条件下出现的具有显著时代特点的石刻文化，从各个不同方面透视和反映出当时雄浑博大、蔚为壮观的

墓主燕居

车马出行图

六博对弈

农夫耕作

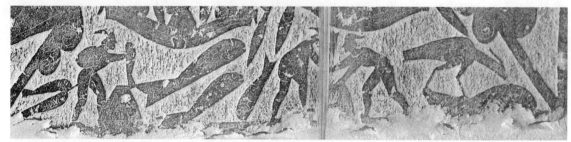

渔夫捕鱼

包厨操作

水陆攻占

武梁祠西壁画像

歌舞图

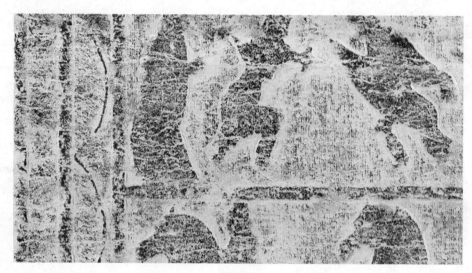

角抵为戏

汉代艺术世界。它的题材极为广泛，内容十分丰富，归纳起来分为三类：

**1、社会现实生活类**

常见的画面有：车骑出行、楼阙燕居、恭迎谒拜、庖厨宴饮、乐舞百戏、博弈游戏、水陆攻战、胡汉战争、狩猎捕鱼、生产劳动等等。描绘的多是当时社会风俗习尚及墓主人生前养尊处优的社会地位。

**2、历史人物故事类**

汉画像石上反映的历史故事有百余个，画面的主要故事有古代圣贤，如孔子见

孔子见老子

孔子见丈人

老莱子娱亲

荆柯刺秦王

丁兰刻木

二桃杀三士

西王母

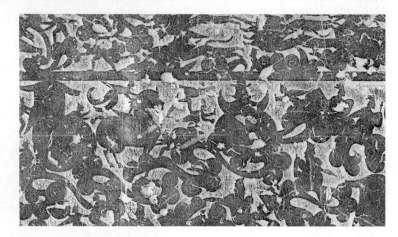

东王公

风伯、雨师

雷公、电母

老子、孔门弟子、周公辅成王、扁鹊针灸等；有古代帝王，如三皇五帝和夏禹、夏桀、文王及十子等；有忠臣义士，如二桃杀三士、泗水起鼎、荆轲刺秦王、季扎挂剑、豫让杀身等；还有孝子烈女，如闵子骞失棰、老莱子娱亲、丁兰刻木、刑渠哺父、钟离春等，描绘的多是尊儒尚贤和伦理三纲五常的故事。

**3、神话传说鬼神迷信类**

汉画像石上有：伏羲女娲交尾、西王母、东王公、天象、玉兔、蟾蜍、四神、仙人、奇禽异兽、神怪、祥瑞等。描绘的多是汉代时期的精神寄托与对升天入仙迷信观念的追求。

据上述题材和内容来看，汉画像石展现了汉代生活画卷，展现了社会的风俗习尚，展现了儒学治国的大一统精神，展现了当时的经济、军事、科技、文化的发展水平。可以说是汉代社会的一个缩影，是研究汉代社会、艺术的"百科全书"。

汉画像石是绘画与雕刻相结合的产物，它从思想内容到艺术形式，均是对先秦西汉宫廷壁画的直接继承和演进。汉代艺术大师们用传统的笔、刀，以丰富的想象、逼真的造型、传神的姿态、变化的构图，镌绘出一幅幅古往今来、活灵活现的艺术画卷。

画像石在雕刻技法上，主要运用了阴线刻、凹面线刻、凸面线刻和浅浮雕四种形式。西汉早中期的画像石以阴线为主，晚期至东汉早期以凹面线刻为主，东汉中晚期以凸面线刻、浅浮雕为主。这种雕刻技法既单独存在又相互联系，其中前三种都是拟绘画的，它是以刀代笔，在平整的石面上用线刻画物象，属平面的线刻画；而浅浮雕则是属于拟浮雕的，刻法已超出了线刻画的形式，物象给人们以立体的感觉。

画像石线条的运用上，除西汉早中期有些笨拙生硬外，基本上都比较流畅。东汉中晚期更加成熟，线条飞动，意存笔先。在形象刻画上，西汉中晚期对人物的面部神态、衣纹、物象动态的描绘有些粗糙呆板，东汉中晚期的则逐渐精细、准确，而且有较强的概括性。特别是任城区喻屯镇城南张村出土的画像石线条刻画得伸屈自如、豪放流利，而且富于纤劲和弹性。构图形象准确地表现了事物的性格、特征和运动的感觉，这是中国绘画的特点。

画像石画面结构布局上，一般是图像疏朗、绵密充盈、细腻繁缛。西汉画像石一般分左右三格，画像简单，布局疏朗；东汉的多上下分层，画面内容丰富，布局疏密得当，均衡匀称，并以小物像补白。在构图上，西汉的往往平列诸物像，人物、动物互不重叠，画面讲究对称和平视，缺乏远近纵横的空间感觉；东

两头兽

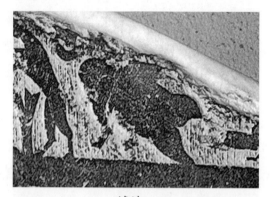

蟾蜍

白虎

玉兔

神鼎

汉尤其是晚期的则不然，画像多平视、侧视、斜侧横列，有些画面采取鸟瞰和散视点透视的方法，动感较强，比较准确地表达纵深远近的三度空间透视感。

任城地区画像石大多采用写实的手法，许多画面展现了汉代社会生活的真实画卷。在表达内容主题时，充分运用了绘画的特长，善于捕捉事物情节发展的高潮，如战争中的短兵相接、杀头断臂的场面，荆轲刺秦王紧张的瞬间，百戏中的抛球、飞刀、凌高的惊险等，都已达到了恰到好处、扣人心弦的效果，使人有身临其境之感，具有很强的艺术性。

## （九）脉经医学家王叔和

王叔和（201—280），名熙，字叔和。山阳郡高平县（今任城区南）人。他出生在东汉晚期，魏晋时期著名医学家，官至太医令，与文学家王粲是同乡同族。

王叔和出身寒微，亲眼目睹疾病与战争给人民带来的灾难。因此，他非常同情人民群众的疾苦，自幼立志从医。他的一生经历了东汉、三国与西晋前期，虽历战乱而献身科学的意志不移。他沉静聪慧，虚心好学，熟读经史，贯通古今。渊博的学识为他以后的业绩奠定了深厚的基础。三国曹魏时期，王叔和被擢为太医令，主持朝内医政，并直接为皇帝治病。

王叔和任太医令之后，便着手整理古代的医学典籍。由于战乱频繁，不少医学手稿散佚，或残缺不全。王叔和首先将张仲景的《伤寒杂病论》遗稿整理、编次、校订、补充，去芜存精，并补入《辨脉》、《平脉》、《伤寒例》三篇内容，析为《伤寒论》与《金匮要略》两书，使这一名著得以流传。王叔和补入的内容，是汉晋之前医学理论与实践经验的总结，是六经辨证论治的要领，从而奠定了中医科学辨证论治的基础。《伤寒论》以论述各种外感热性病为主，包括397法，113个处方，应用药物达80多种。《金匮要略》共有三卷，上论伤寒，中论杂病，下载药方，以论述内科杂病为主，也涉及一些妇科和外科病，对诊断、病因、治疗和方剂等都有说明。后

世医学家对王叔和的这一功绩给予高度评价。宋代林亿在《伤寒论序》中云："仲景之书，及今八百余年，不坠于地者，皆其力也。清初医学家徐灵胎也认为："不有叔和，焉有此书？"医学名家俞子容经过研究指出："叔和不仅为《伤寒杂病论》的传人，尚可与张机（仲景）同列"。人们尊称"仲景、叔和，医之圣也，百世之师也"。历代医学家

兖州徐家营墓地发掘现场

正确地阐释了张仲景遗著与王叔和的关系，是我们今日了解王叔和生平事迹的重要根据。此外，王叔和还收集整理了春秋末年名医扁鹊及东汉外科大师华佗的遗文，将其作为独立篇收录在《脉经》一书中，定篇名为《扁鹊、华佗察声色要诀》，共75条。此前，对于扁鹊的事迹，人们只能从《韩非子》、《战国策》、

兖州徐家营墓地发掘现场

《史记》等书中去了解，而不知道他还有著作；作为名医华佗，虽然《隋书·经籍志》、《宋史·艺文志》记载他编写过多种著作，但一个字也未能流传至今。如没有王叔和对医学典籍的整理，扁鹊、华佗的遗文将全然湮灭于漫漫岁月中。

王叔和的又一大贡献是著《脉经》一书。我国脉学发源较早，春秋战国时期的医书《内经》、《难经》中就有诊脉的记载。魏晋之前，名医扁鹊、张仲景、华佗对脉学均有建树，但脉学资料零乱，缺乏系统的总结，无法被世人采用。王叔和在总结前人脉学理论的基础上，广征博引，"采撷群论"，深入阐明病理，结合人的生理及各种征候进行系统研究，完成《脉经》巨著，可谓集古代脉学理论之大成。全书共分10卷，98篇，计10万余字。书中将脉的生理病理变化与疾病的关系归纳

为24种脉象，并对每一种脉象做出详细的理论阐述。虽后世《脉诀刊误》一书又增至26种脉象，《论家正眼》增至28种脉象，《诊家枢要》增至30种脉象，《诊崇三昧》增至32种脉象，但最常见的基本脉象均未超出王叔和总结的脉象范围。这24种脉象是对脉搏跳动速率、形状的描述，它与疾病的产生有着直接的关联。它们是：浮、芤、洪、滑、数、促、弦、紧、沉、伏、革、实、微、涩、细、软、弱、虚、散、缓、迟、结、代、动。这是有史以来人们第一次对脉象进行排列对比，第一次对诊脉进行深入总结。王叔和总结的脉象准确、形象，易于鉴别，容易掌握，大大提高了疾病诊断的准确程度，受到历代医家的推崇。张约斋称王叔和提出的脉象经"病之征验无一字妄发，乃于借物为喻，尤见功夫"。这说明王氏脉学不但在理论指导，而且在临床应用、医学实践中均有重大价值。切脉源于周代，起初，摸脉诊病采用的是"遍身诊"，即从头至足凡是触摸到的动脉均列入候脉范围。秦汉时期发展为"三部诊"，古人称之"三部九候"。三部指的是颈部的"人迎"，足部的"趺阳"，手腕部的"寸口"三个部位（王叔和称之为天、地、人）。王叔和在总结前人切脉经验的基础上，根据自己多年的临床经验，吸收《难经》中关于"寸口"为"人身经脉会合处"的主张，创造性地提出"独取寸口"的"三部九候"切脉新方法。《难经第一难》云："寸口者，脉之大要会，手太阴之动也。""脉之大要会"是说"五脏六腑之所终始"，荣（血属）卫（气属）运转，在寸口也最容易辨别。三部即手腕上的寸部、关部、尺部三个部位，九候即每一部位切脉三次为浮取、中取、重按沉取三种手法。因左右手均有三部，故后人亦称之为"三部九候十八诊"。关于手腕部的寸、关、尺三部定位，古人颇有分歧，多主三部的长度为一寸九分，而王叔和认为有误，影响诊断效果，故提出"寸、关、尺各得一寸"，后世医家均主此说。"独取寸口"的切脉新方法简便易行，甚得要领。经过王叔和的总结与倡导，这种切脉方法迅速推广，并被历代临床诊断所采用。他提出的定位诊断，即左手寸部主心、小肠，关部主肝、胆；右手寸部主肺、大肠，关部主脾、胃；两手尺部均主肾、膀胱。1000多年来的疾病诊断定位仍遵循这一基本原则。17个世纪过去了，我国医学界的切脉方法仍不改先辙，王氏脉学理论仍然发挥着重大作用，指导着我国中医学界的医学实践。

王叔和在《脉经》一书中，不但详细阐述了脉象与生理、病理变化的关系，提出了"三部九候"的切脉新方法，而且主张辨证施治。他提出病有可发汗症与不可发汗症、可吐症与不可吐症、可灸症与不可灸症、可刺症与不可刺症等，并

加以论述，发展了张仲景的辨证论治思想。

王叔和编著的《脉经》一书受到历代医家重视。隋唐时期被皇室"太医署"列为学医必读之书。元代吕复称之为"医门之龟鉴，诊切之指的"，明代缪希雍称于叔和总结的脉学理论为"百世之准绳"。隋唐时期，《脉经》一书传人日本，11世纪传到中东，后又经过中东传至欧洲。王叔和的《脉经》一书传至国外后，在不少国家的医学界产生了影响，丰富了世界医学宝库的内容。祖国医学史中，张仲景以内科称著，华佗以外科名世，孙思邈专于治疗配方与医德的阐发，药物学则推尊李时珍，而王叔和则是脉学的集大成者。诊断学从中医中独立出来成为一个专门学科，始于王叔和的《脉经》。故国人将王叔和尊为诊断学的创始人。

此外，王叔和还撰有《脉诀》、《脉赋》、《张仲景药方》等书。晚年，他屡遭战乱困扰，为避难而流落异乡，逝世于荆州，就近葬于岘山之麓（今湖北省襄樊市城南），其坟墓至今犹存。由于王叔和晚年在荆州不辞劳苦为百姓治病，使不少病人起死回生，转危为安，因而襄阳地区至今流传着许多王叔和治病救人的动人故事。人们把埋葬王叔和的地方称作"药王冲"，以示纪念。

六、唐任城文化

# 六、唐朝时期任城文化

　　唐朝时期是封建文化发展的鼎盛时期，在这一时期，儒学发展到一个新的阶段，几代皇帝先后追封孔子为"先师"、"太师"、"文宣王"，唐玄宗李隆基亲注儒家经典《孝经》并颁行天下；大唐李氏又尊老子为其宗祖，追封为"太上玄元皇帝"，颁行《御注老子》、《义疏》于天下，使老子及道家思想得以盛行；又封战国时期的庄子、列子、尹文子、庚桑子为四"真人"，把他们的著作定为士子必读之书；对于佛教也加以提倡，唐太宗李世民先后派玄奘、义净等僧人前往印度取经，把大量的佛经翻译过来，仅玄奘译出的经、论就有75部，1330卷；对于来自西域的伊斯兰教也允许在国内传播。这种学术与宗教兼收并蓄的政策，当时对扩大人们的视野、活跃人们的思想、促进文化艺术的繁荣都起到了基础性的作用。特别是自唐朝开国(618)至开元年间(714—756)的100多年里，由于国家长期安定、社会太平、经济发展、政策开明，是这一时期文化艺术高度繁荣的重要条件。这一时期，任城文化呈现出繁荣景象。

## （一）任城王李道宗

　　唐朝时期的地方行政建置，以郡县制替代了汉代的郡国制。作为地方的行政任城国已不复存在，但仍保持王爷分藩制度。唐武德五年(622)，高祖李渊因其侄李道宗破突厥有功，封他为任城王，在位16年(622—638)。

　　李道宗(600—653)，历任任城王、江夏王、鄂州、晋州刺史，刑部、礼部尚书。字承范，陇西成纪(今甘肃秦安东)人。

　　李道宗17岁开始，随秦王李世民讨伐地方割据势力刘武周、薛仁果、王世充，镇压窦建德农民起义军。高祖武德五年(622)，任灵州(今宁夏灵武县)总管后，屡破突厥，封任城王。太宗贞观元年(627)，被任为鸿胪卿。太宗贞观三年(629)升任大同道行军总管，会同李靖、徐世勣等击退东突厥颉利可汗的骚扰，追至阴山(今内蒙古呼和浩特西北)，将其活捉。不久升为刑部尚书。随后他孤军深入数千里，击败叶谷浑（占代少数民族）的进犯，打通了西域通道。唐太宗贞观十二年（638），李道宗调离任城，迁礼部尚书，改封江夏王。

唐太宗贞观十四年（640），吐蕃（古代藏族在青藏高原建立的政权）赞普（吐蕃王称号）松赞干布派使者禄东赞备厚礼到长安求亲，太宗李世民因亲生女儿均不愿嫁，李道宗之女自愿许诺出嫁吐蕃。太宗甚喜，作为义女，封文成公主。第二年正月，李道宗亲自护送文成公主到吐蕃和亲，并带朝廷陪送的丰厚嫁妆。和亲加强了汉藏两族之间的友好关系。

唐高宗永徽四年（653），李道宗遭到长孙无忌等人的陷害，被流放到象州（今广西柳州东南），由于长途跋涉染病，途中病故，遗体运回封地任城，后平反昭雪。朝廷在任城南（今许庄街道办事处尹营村东），为其建造了宏大的陵墓安葬。因墓前有石人、石马、石虎等物，人们遂将其墓地改称"石虎坡"。

## （二）文成公主嫁藏

唐太宗李世民执政的时期，史称"贞观之治"，是中国历史上最兴盛富强的时期，许多小国甘愿俯首称臣。有的国家和民族则通过联姻形式以加强与唐朝之间的友好关系。

文成公主（？—680），李唐宗室，任城国王李道宗的女儿，出生、成长于任城。于贞观五年（641）嫁给吐蕃松赞干布为妻，谱写出汉藏和亲的千古佳话。

文成公主之父李道宗，为唐高祖李渊之侄，太宗李世民的堂弟，开国功臣。

武德五年至贞观十二年（622～638）被封为任城王，共计16年。此间．也正是文成公主出生长大的年代。按古代封赐制度，凡有封邑者，受封王侯必须到封邑安府立第，最迟不得超过三年，故文成公主生于任城王府，也成长在任城。她自幼就受到孔孟之乡礼仪文化的熏陶，养成了明荣辱、知进退、尊长者、忧国事的良好品德。

唐贞观七年（633），松赞干布统一了西藏地区，建立了吐蕃王朝。他仰慕强盛的唐朝，非常愿意与唐朝交往，因为唐朝在生产、科技、文化诸多方面都比较先进，值得学习。故在贞观九年（635）秋天，他派使者携带贡品向皇帝李世民正式求婚，未得结果。贞观十二年（638），八月，松赞干布亲自率众20余万人屯驻松州西境，又派使者带着金银财宝奉表再次求婚，仍未应许。结果在当年九月，发生唐蕃战争，吐蕃战败，随之退兵。松赞干布感到惭愧，复派使臣到唐朝谢罪，再次要求请婚。唐太宗李世民很重视与吐蕃的和平友好关系，经过考虑之后，答应了松赞干

布的要求。

唐太宗虽然许婚，但由谁嫁往吐蕃呢?却使他颇费思忖，左右为难。当时他有21个女儿，其中有3个早亡，年龄大的已经出嫁，年龄适当的又不愿意去，因为吐蕃地处偏远，气候寒冷，而且藏族生活习惯与汉族又不一样。太宗又不愿意违心地强迫女儿远嫁吐蕃。就在他犯难的时候，找到堂弟李道宗说："吐蕃国王来求婚，朕已答应，可是我的女儿都不愿意去，她们不明白，这桩婚姻能抵十万雄兵。"

李道宗回府把太宗的这番话讲给女儿听，不料他女儿说道："既然此桩婚姻如此重要，关系国家大事，女儿愿去!"李道宗把女儿的志愿禀报了太宗，太宗闻听后非常高兴，遂将李道宗的女儿认为义女，敕封为"文成公主"。

贞观十四年(640)十月，松赞干布派国相禄东赞"献金五千两及珍宝数百，以请婚，上许以文成公主妻之"(《资治通鉴·唐纪十一》)。但文成公主也有担心，怕吐蕃人粗俗落后，便提出三个问题，如果吐蕃来使能解答出来，她远嫁吐蕃就没有顾虑了。

吐蕃来使、宰相禄东赞同意文成公主的要求，让她出题。

第一道题，丝带穿孔。文成公主让禄东赞拿来一块绿松石和一条丝带，绿松石中有弯曲的小孔，要他将丝带从绿松石的小孔中间穿过去。禄东赞从地上的蚂蚁觅食时的动作受到启发，他捉来一只大蚂蚁，拴上细丝带，放进绿松石小孔，然后在小孔的另一点放些有香味的食物，蚂蚁嗅觉灵敏，闻着香味从孔中穿过去了。第一道难题没难住吐蕃使者，文成公主觉得他们很聪明。

第二道题，识别根梢。文成公主让宫女找来一根长二尺两头一样粗的木棒，让禄东赞说出哪头是根，哪头是梢。禄东赞把木头放进流水中，木头顺水漂流。他说前面的是根，后面的是梢，因为根部比梢部重，被水一冲当然重的一头就在前了。又答对了。

第三道题，指认公主。文成公主站在300名美女当中，让禄东赞认出来。这道难题可要把禄东赞难住了，因为解头两个难题时，文成公主并不在现场。但他事前就打听了文成公主的容貌举止特点，心情平静地指认出形神庄重、容貌俊秀的文成公主。

禄东赞圆满地解答了三道难题，文成公主对吐蕃使者的聪明才智很满意，接受了松赞干布的求婚。

文成公主远嫁吐蕃，唐太宗李世民对她的婚嫁当作一桩大事，首先在边境建造一座行宫，届时作为文成公主一行休整所用。准备了丰厚的嫁妆，有一尊释迦牟尼佛像、珍宝、各种金玉饰物、金鞍玉辔、刺绣、360卷汉西藏捕萨大昭寺内的文成公主金像文经典、300种卜巫经典、60种营造与工技著作、404种疾病医疗配方、5种诊断技法、6种医疗器械、4种医学论著、芜菁、蚕蛹等；唐太宗还派骡马车载，将珍宝丝绸及大批日常生活用品带往吐蕃。同时，应吐蕃的请求，将制碾造磨石匠、酿酒技师、精通技艺的其他工匠、医生、园艺师等派往吐蕃。还把纺织、建筑、制陶、冶金、历算等科学技术传入吐蕃。

贞观十五年（641）正月，唐太宗派文成公主的父亲礼部尚书李道宗为送亲特使，率三千御林军护送文成公主离开长安，普通百姓主动相送，送行队伍有20多里长。文成公主一行路过百南巴（今青海省玉树县南部）时，看到当地居民不会种庄稼，公主便让随行的农艺人员教他们种大麦、燕麦，让石匠在河上安装水磨，百姓们非常感激，给文成公主立石像做纪念。一路上，随行工匠还教会了各族人民栽桑养蚕、制作酥油等技术。她们走到哪里都受到哪里人民的欢迎。

松赞干布亲自到柏海（今青海省扎陵湖）迎接送亲队伍，以子婿之礼与李道宗拜见。松赞干布见到公主举止文雅、容貌俊美，高兴得难以言表；文成公主见松赞干布英俊潇洒、剽悍威武，也十分喜欢。两人可谓一见如故，是天成地配之姻缘。李道宗的送行队伍随后返回长安。松赞干布陪同文成公主进入国都逻些（今西藏拉萨）时，万人空巷，夹道迎接。然后在宫中拜堂成亲。松赞干布感到自豪和激动，为文成公主专门修建了小昭寺，将公主带来的释迦牟尼佛像供奉其中，一直保存到1300多年后的今天。

文成公主作为汉藏民族的友好使者，为汉藏民族的团结作出了贡献。在与藏民族的长期相处中，赢得了当地居民的尊敬与爱戴。因而，藏族群众在西藏拉萨大昭寺内塑造了文成公主金像。

## （三）李白、杜甫在任城

唐代开元二十四年至乾元二年（736——759）期间，李白、杜甫以任城为中心，游览周边地区。李、杜交游是我国文学史上的佳话。因为李、杜二人是唐代诗人的卓越代表。李白以清新俊逸、豪放不羁、惊风雨、泣鬼神的诗歌特点，在唐代千家诗人中夺取了"诗仙"桂冠；杜甫则以质朴、敦厚、风雅比兴、视缕格律、尽善尽工的诗歌特点，摘取了"诗圣"桂冠。他们二人交游过程中的一个重要话题，就是讨论文学创作的有关问题。李白诗歌的创作方法充满着浪漫主义色彩，杜甫诗歌的创作特点充满着现实主义格调。两人讨论同一问题时，既有统一，也有分歧。

如杜甫《赠李白》诗中说："醉饮狂歌空度日，飞扬跋扈谁为雄?"李白《戏赠杜甫》诗中说："借问别来太瘦生?总为从前作诗苦。"他们如此认真、深入地"细论文"，无疑对我国后世的文学创作，特别是现实主义与浪漫主义如何相结合的问题，具有深远的影响。

### 1、李白

李白（701—762），字太白，号青莲居士。祖籍陇西成纪（今甘肃天水附近）人，西凉武昭王李皓九代孙。西凉国被沮渠蒙逊消灭后，李氏家族迁往咸秦，因官寓家于蜀。唐代长安元年（701），李白出生在西域的碎叶城（今吉尔吉斯境内，当时属于唐朝建置的安西都护府）。李白5岁时，随父李客迁居蜀中绵州昌隆县（今四川省江油市）。他青少年时期，学习的范围相当广泛，"十岁观百家"，"十五观奇书"，并"好剑术"，接受多方面的思想和知识。在蜀

李白纪念馆

中时，李白还和善谈"纵横术"的赵蕤交游。赵蕤著有《长短经》，读王霸之术，主张"三代不同礼，五霸不同法"，反对"厚古薄今"，对李白的政治思想的形成有明显影响。在这种环境中成长起来的李白，自幼就有建功立业的政治理想。

唐开元十三年（725），李白抱着"四方之志"，辞亲远游。开元十五年（727）在湖北安陆与唐高宗时的已故宰相许圉师的孙女结婚，之后生育女儿平阳。开元二十四年（736）五月，李白离开安陆移家东鲁任城（今济宁市），在任城东外构楼（酒楼）落户定居。次年生子伯禽。不久许氏病逝，继娶刘氏为妻。因刘氏不安于妻室，李白与其决裂。之后，李白又和任城的一女子结婚。

李白来任城之前，他的父亲李客为任城县尉。李白来任城之时，他的六叔为任城县令。他的长兄为中都（今汶上县）县令。他的从弟李凝任单县主簿。他的从祖任济南太守。这是李白来任城安家落户的主要原因。

李白从开元二十四年（736）五月来任城安家起，至乾元二年（759）其子女离开任城到江夏（今湖北武汉）一带随侍李白止，寄家任城23年。因此人们称为任城是

李白的第二故乡。《旧唐书·李白传》称李白为山东任城人。延在至今的济宁"太白楼"、"太白路"就是他在任城安家的象征。在此期间，李白并不常住任城，而活动在其他各地。李白于开元末年至天宝元年（741—742），曾两次去徂徕山竹溪，与孔巢父、韩准、裴政、张叔明、陶沔隐居，时称"竹溪六逸"。李白在徂徕山隐居期间，经太子宾客贺知章、唐玄宗的妹妹玉真公主的推荐，奉诏入京，仕供奉翰林。李白初到宫中，特别受到唐玄宗的恩宠。金銮殿著书，御亲手调羹，七宝床赐宴。皇帝出巡，他宝马玉鞭扈从，甚至禁宫都允许他任意出入。后因玄宗李隆基昏聩骄纵，不理政事，把李白看做是文学弄臣，为其荒淫的生活作点缀。李白不肯摧眉折腰，也同那些权贵格格不入。加之蒙受宦官高力士、贵妃杨玉环、驸马张珀等人的谗毁，于天宝三年（744）被迫离开京城。

李白在长安遭受挫折后，心情苦闷，在此后的十多年内，继续漫游各地，"浪迹天下，以诗酒自适"，但对国事仍然非常关心，希望有朝一日能够重新得到朝廷的任用。天宝十四年（755），安史之乱爆发了。这时李白正在江南宣城（今安徽省）、庐山一带隐居，他怀着消灭叛乱、恢复国家统一和安定的志愿，毅然参加了率师由江陵（今湖北省）东下的永王李璘幕府。不料李璘不听肃宗李亨命令，想乘机扩张自己的势力，结果被肃宗派兵消灭。李白也因此获罪，被投入浔阳监狱，不久又受到流放夜郎（今贵州桐梓一带）的处分。幸而行至中途，朝廷宣布大赦，李白才得重获自由。这时他已59岁，一生中两次从政均以失败而告终。流放回来后，他报国之愿未减，准备参加太尉李光弼的队伍讨伐史朝义，但在途中忽然染病，未能如愿。肃宗宝应元年（762），他没有看到安史叛乱的平定，就因病逝于当涂（今安徽省），葬于青山，享年62岁。

李白在任城一带的活动。李白以任城为中心，漫游任城周边各地，同时遍游全国各地，写下了大量的诗文。对任城地区的历史沿革、山川地物、风土人情等用笔墨在诗中表达出真实的感情。从其诗中发现，李白在任城广泛进行社会交游活动，上至州佐县吏，下至文人隐士、道家僧侣等，都友谊密切。他结交的主要人物有：鲁郡都督李辅、都水使者孙太仲，任城县丞贺知止，任城主簿卢潜，金乡县令范金卿，兖州县令王某、窦薄华，知名人士薛九、梁四、吴五、张子，隐士范十，道家赵叟、范山人、杨山人，僧侣叶住持等等。

李白在任城时期的诗文有50余篇，选录如下：

李白初到任城的诗三首。

### 客中行

兰陵美酒郁金香，玉碗盛来琥珀光

但使主人能醉客，不知何处是他乡

### 五月东鲁行答汶上翁

五月梅始黄，蚕凋桑柘空。

鲁人重织作，机杼鸣帘栊。

顾余不及仕，学剑来山东。

举鞭访前途，获笑汶上翁。

下愚忽壮士，未足论穷通。

我以一箭书，能取聊城功。

终然不受赏，羞与时人同。

西归去直道，落日昏阴虹。

此去尔勿言，甘心如转蓬。

### 赠任城卢主簿

海鸟知天风，窜身鲁门东。

临觞不能饮，矫翼思凌空。

钟鼓不为乐，烟霜谁与同。

归飞未忍去，流泪谢鸳鸿。

唐天宝八年（749），李白在金陵（今江苏南京）思念在任城的一双儿女，写下了饱含深切之情的诗。

### 寄东鲁二稚子

吴地桑叶绿，吴蚕已三眠。

我家寄东鲁，谁种龟阴田？

春事已不及，江行复茫然。

南风吹归心，飞堕酒楼前。

楼东一株桃，枝叶拂青烟。

此树我所种，别来向三年。

桃今与楼齐，我行尚未旋。

娇女字平阳，折花倚桃边。

折花不见我，泪下如流泉。

小儿名伯禽，与姊亦齐肩。

双行桃树下，抚背复谁怜？

念此失次第，肝肠日忧煎！

裂素写远意，因之汶阳川。

李白在任城期间，撰写的厅壁记。

## 任城县厅壁记

风姓之后，国为任城，盖古之秦县也。在禹贡则南徐之分，当周成乃东鲁之邦。自伯禽到于顺公，三十二代。遭楚荡灭，因属楚焉。炎汉之后，更为郡县。隋开皇三年，废高平郡，移任城于旧居。邑乃屡迁，井则不改。鲁境七百里，郡有十一县，任城其冲要。东盘琅琊，西控巨野，北走厥国，南驰互乡。青帝太昊之遗墟，白衣尚书之旧里。土俗古远，风流清高，贤良间生，掩映天下。地博厚，川疏明。汉则名王分茅，魏则天人列土。所以代变豪侈，家传文章。君子以才雄自高，小人则鄙朴难治。况其城池爽垲，邑屋丰润。香阁倚日，凌丹霄而欲飞；石桥横波，惊彩虹而不去。其雄丽块圠，有如此焉。故万商往来，四海绵历。实泉货之囊龠，为英髦之咽喉。故资大贤，以主东道。制我美锦，不易其人。今乡二十六，户一万三千三百七十一。帝择明德，以贺公宰之。公温恭克修，俨硕有立。季野备四时之气，士元非百里之才。拨烦弥闲，剖剧无滞。镝百发克破于杨叶，刀一鼓必合于桑林。宽猛相济，弦韦适中。一之岁肃而教之，二之岁惠而安之，三之岁富而乐之，然后青衿向训，黄发履礼。未耜就役，农无游手之夫；杼轴和鸣，机罕颦蛾之女。物不知化，陶然自春。权豪锄纵暴之心，黠吏返淳朴之性。行者让于道路，任者并于轻重。扶老携幼，尊尊亲亲，千载百年，冉复鲁道。非神明博远，孰能契于此乎？白探奇东蒙，窃听舆论，辄记于壁，垂之将来，俾后贤之操刀，知贺公之绝迹者也。

太白楼位于济宁古运河北岸，太白中路中段路北。太白楼即"太白酒楼"，是唐代贺兰氏经营的酒楼，原址坐落在古任城东门里（今小闸口附近）。唐代伟大诗人李白于唐玄宗开元二十四年（736）同夫人许氏及女儿平阳由湖北安陆移家至任城（济宁），居住在酒楼之前，"常在酒楼日与同志荒宴"。李白去世近百年时，唐懿宗咸通二年（861），吴兴人沈光过济宁时为该楼篆书"太白酒楼"匾额，作《李翰林酒楼记》一文，从此"太白酒楼"成名并传颂于后世。宋、金、元代对该楼都进行过重建和修葺。元世祖至元十九年（1282）开凿济州河时，任城城池北移今

址，明代初期城墙易土为砖。明洪武二十四年（1391），济宁左卫指挥使狄崇重建太白楼，以"谪仙"的寓意，依原楼的样式，移迁于南门城楼东城墙之上（就是现今的地址），并将"酒"字去掉，更名为"太白楼"，留传至今。太白楼建在三丈八尺高的城墙上，坐北朝南，十间两层，斗棋飞檐，雄伟壮观，系古楼阁式建筑。上有李白塑像，碑碣林立，楼门向西，环以围墙。600多年来，由于长年失修和历次战争，遭到一定破坏。解放初在原址上重建。现在太白楼仍坐北朝南，面宽7间，东西长30米，南北进深13米，高15米，楼体为两层重檐歇山式建筑，青砖灰瓦，朱栏游廊环绕，占地4000多平方米。二层檐下高悬一楷书匾额，上书"太白楼"三字。四周院内，松柏掩映，花木扶疏，方砖铺地，花墙环绕，台阶曲折，古朴典雅。楼上正厅北壁上方镶有明代人所书"诗酒英豪"四个大字石刻，字体丰硕，遒劲豪放；下嵌着李白、杜甫、贺知章全身阴线镌刻的"三公画像石"，李白居中，杜甫在左，贺知章在右，线条流畅，体态浪漫，风流典雅。北墙壁还镶嵌着两副对联，引人注目。

一联是罗振玉所书。

把酒临风看带郭千家何处青山留谢兆

登高望远指布帆一片当年春水别汪伦

另一联是王以敏写的：

青天骑白龙　我欲因之梦吴越

长风送秋雁　对此可以酣高楼

一楼正厅中间还有一尊李白半身雕像，上方横匾"诗仙醉圣"，两边对联是"豪饮吐万丈长虹，醉吻涵三江之水"。四周墙壁上书有李白生平介绍。二楼大厅现为书画展览。楼的游廊和院内有《李白任城县厅壁记》和唐朝以来历代文人墨客的赞词涛赋及乾隆皇帝《登太白楼》等刻石碑碣40余块，还有珍贵的李白手书"壮观"斗字方碑。楼内藏有唐天宝元年（742）李白醉书的《清平调》三首狂草横轴和乾隆时期曲阜的孔继涑摹李白笔迹刻石《送贺八归越》诗贴，还陈列有明代祝允明手书的杜甫《饮中八仙歌》长卷。另外还有历代名家编撰的李白集和文章，以及当代著名书画家的数十幅作品。

登楼晚眺，高楼耸立，车水马龙，济宁市容，尽收眼底。俯瞰人文景观的新建太白小区仿古建筑群，古朴典雅。秀水城依河而建，店铺林立，商品荟萃，客商云集，再现当年繁荣。玉带桥南北跨越古运河，与新建居民小区连为一体。太白楼下小广场彩砖铺地，古运河畔长廊曲折，游人络绎不绝，老人对弈，童稚游戏，实为人们休闲之佳地。太白楼附近，酒楼餐馆，济宁名吃，比比皆是。夜幕降临，更是灯火辉煌，吸引着人们流连忘返，真是"登斯楼也，宠辱皆忘，心旷神怡！"

清代著名诗人王士稹《雨中登太白楼》诗曰：

> 开元陈迹去悠悠，犹有城南旧酒楼。
>
> 吴语曾呼狂太白，洛阳何必董糟丘。
>
> 龟凫缥缈出窗出，汶泗苍茫绕槛流。
>
> 眼底无人具宾主，任城烟雨可怜秋。

太白楼名传于世千余载，实乃任城一大景观，现为山东省重点文物保护单位。

## 2、杜甫

杜甫（712—770），字子美，自称少陵野老、杜陵野客。原籍襄阳（今属湖北），生于河南巩县瑶湾。曾任剑南节度参谋、检校工部员外郎。

杜甫5岁离开巩县，住河南洛阳二姑母家。少年家贫好学，学识渊博，有远大政治抱负。开元十八年（730），开始游晋（今山西），继而又漫游吴越（今江苏、安徽一带）。开元二十三年（735），赴东都（今河南洛阳），应京兆贡举不第，次年游齐鲁（今山东）。开元二十四年（736），杜甫的父亲杜闲任兖州司马。杜甫来兖州拜见父亲并受到教诲。在此后的七八年中，他又与任城结下了不解之缘。杜甫在任城的活动，主要是与李白的交游。唐天宝三年（744），春夏之交的时候，李白"赐金放还"后，在洛阳第一次与杜甫相遇，两位大诗人一见如故，当时又相约诗人高适同游梁（今开封）宋（商丘）一带。他们同登单县琴台，放马驾鹰在孟渚泽打猎。秋后李白去济南入道，杜甫北渡黄河，去王屋山访道士华盖君。因访华不遇，也去了济南，李、杜二人再次相遇，并一齐拜谒了北海太守李邕。岁末，李白返家任城，杜甫转道临邑，路过石门回到兖州。天宝四年（745）秋天，李白与杜甫再次于兖州相遇，二人的友谊达到了高峰。在杜甫写的《与李白同寻范十隐居》诗中曰："醉眠秋共被，携手日同行。"充分表达了他们深切的感情。接着他们又一起从兖州来到任城，与任城许主簿共同泛舟，游览南池。之后，他们在兖州东关尧祠亭及石门上设宴畅饮话别。此后杜甫西游长安，李白南游吴越，从此二人再无见面。

杜甫在任城雨天邀许主簿，并择日泛舟游览南池，留有诗篇赞美。

> 对雨书怀走邀许主簿
>
> 东岳云峰起，溶溶满太虚。
>
> 震雷翻幕燕，骤雨落河鱼。
>
> 座对贤人酒，门听长者车。
>
> 相邀愧泥泞，骑马到阶除。

杜甫和任城许主簿泛舟游南池。"南池"就是指"王母阁",原名"古南池",建于唐代开元、天宝年间(713—756),面积400余亩,位于现在济宁市城南王母阁路西侧。据《济宁直隶州志》记载:"王母阁在南关外,周围皆水,一阜屹然中立……取西望瑶池,东降王母之意,遂以名阁。"《济宁县志》记载:"古南池在城南三里许小南门外,小南门即故城也。地周二三里许,内有王母阁,阁西南水中有晚凉亭,夏日荷花盛开时,清香袭人,而白莲尤胜,每有游人宴宴于是。旧有杜文公祠,祀李白、杜甫、贺知章三人。后从州人李毓恒议,并祀许主簿。"由此可见,在盛唐时期这里是任城一游览胜地,特别是到了夏天,满池白莲荷花,阵阵清香,空气新鲜,天地纯净,令人心旷神怡。"南池荷净"这一景观就是来源于此。明、清时代的南池又进行了大规模修建,不仅风景宜人,而且楼阁耸起,曲槛回廊,花木昌茂,松竹交翠。池中有四岛,即王母阁岛、北坛岛、南坛岛、池心岛。岛上建有王母阁、玉皇庙,还有濯缨亭、君子亭、观荷亭、观澜亭等。历代诗人、名流多聚会于此,吟诗题赋。天宝四年(745),唐代大诗人杜甫同任城许主簿游南池留有著名诗篇:

秋水通沟洫,城隅进小船。

晚凉看洗马,森木乱鸣蝉。

菱熟经时雨,蒲荒八月天。

晨朝降白露,遥忆旧青毡。

清代戏曲家、文学家蒋士铨留有《谒南池杜少陵祠》诗篇:

先生不仅是诗人,薄宦沉沦稷契身。

独向乱离忧社稷,直将老歌哭风尘。

诸侯宾客犹相忌,信史文章自有真。

一饭何曾忘君父,可怜儒士作忠臣。

清朝皇帝康熙、乾隆南巡,驻跸济宁,也到南池游览,康熙御笔题写"王母阁",乾隆御笔题写了杜甫游南池的诗篇。

王母阁建成后,还吸引了无数的善男信女前来烧香拜佛。每年农历三月三蟠桃会,周围百多里的人们前来进香,南池更是香烟缭绕,灯火辉煌,人山人海,热闹非凡。

1928年,在北伐战火中王母阁不幸被毁。1958年8月,济宁市人民政府决定在南池内建设鱼种场,挖池养鱼、植荷、栽蒲。1987年,济宁市人民政府决定建设王母阁公园,规划面积940亩,水面332亩,至1993年已投资300万元,修建了环池

石砌坡、环池柏油路、南池桥、池中亭、湖心岛、养鱼池，植树造林，初具规模。"南池荷净"盛景已完全恢复。

## （四）著名笛技艺人

唐朝玄宗时期（713—756），任城出现的艺术名人是在唐玄宗宫中"梨园曲部"的笛技艺人李谟和他的外孙许云封。他们的吹笛技艺在宫中和民间都赢得了很高的赞赏。

### 1、李谟

李谟，生卒年不详。唐代任城（济宁）人，方伎，善吹笛。及长，西游东都（洛阳）。当时，玄宗皇帝驻跸东都。玄宗喜爱音乐，精通韵律，尤善于作曲。一天深夜，玄宗在上阳宫新作一曲，一个人击拍揣度。这时，李谟正经过上阳宫墙外，听得入迷，遂将曲谱默记下来。第二天元宵夜晚，李谟正在肆楼上演奏此曲，被潜于花灯下正在赏灯的玄宗皇帝听见，遂遣人召至，方知来由。玄宗以李谟善记曲谱，且又有很高的演奏技巧，遂召入宫中，置于"梨园"曲部，终成为著名的演奏"法曲"的笛技艺人。著名诗人元稹（宪宗时曾为宰相）在《连昌宫词》中说道："李谟厚笛傍宫墙，偷得新翻数般曲。"诗人张祜也有诗曰："平时东幸洛阳城，天乐宫中夜彻明。无奈李谟偷曲谱，酒楼吹笛是新声。"

天宝元年（742），李谟来任城省亲，时值他在任城的外孙满月。这时李白正在任城贺兰氏酒楼饮酒，李谟乃抱其外孙，来到贺兰氏酒楼。因为李白与李谟早在宫中就认识了，所以李白见李谟到来，十分高兴。酒店贺兰氏便把李白、李谟请到楼上，置酒相待。李白问清来由，方知李谟要请李白为其外孙起个名字。当时李白喝得酩酊大醉，遂取笔著纸，醉书曰："树下彼何人，不语真吾好。若语及日中，云飞谢成宝。"递与李谟。李谟不解其意，遂问曰：我本请学士为外孙起名，何以写此给我？李白笑曰：名字俱在其中矣。"树下人"、"木"、"子"、"木子"，李字也。"不语"是"莫言"，莫言，谟字也。"吾好"的"好"字，是女、子、女子，外孙也。"若语"言也，"日中"，午也，言、午，许也。"云飞谢成宝"，云从风飞，乃"云封"二字也。合解为：李谟外孙许云封也。李谟大喜，遂以"云封"定名。唐德宗贞元后，国子司业杨巨源著有《李谟吹笛记》。

### 2、许云封

许云封，（741—？），任城人，李谟外孙，善吹笛。10岁时，便成孤儿，因乘驿马到长安，投外祖李谟。李谟教以吹笛，并把他荐于梨园，置于小部。小部是

梨园中的小型乐队，约30人左右，乐工均为未成年者，即15岁以下。天宝十四年
（755），杨贵妃在骊山庆寿，唐玄宗命小部奏他新写的曲子《荔枝香》，许云封也
参加了此次演出。安禄山的反叛大军攻陷长安后，许云封逃离长安，漂泊南海40
余年。约在贞元十六年（800）左右，他来任城探亲，路经安徽灵璧夜宿。因月下吹
笛，时值兰台郎韦应物（著名诗人）出任和州牧，轻舟东下，夜泊灵璧驿。当时云
天初莹，秋露凝冷，正乘兴唱曲谱词之际。忽闻许云封笛声，感叹良久。韦应物深
晓韵律，觉得笛声酷似天宝中李谟所吹。遂将云封招至舟中，方知是李谟外孙许云
封也。一时勾起往日旧事，因对许云封说："我乳母的儿子，名叫千金，在天宝中
常跟着李供俸（李谟）学吹笛，结果艺成身亡，旧吹之笛是李供俸所赐。"遂从行
囊中取出。当时许云封跪接此笛，悲感万分。接过此笛抚而观之，说："实在是一
支好笛，但不是外祖所吹的。外祖所吹之笛，其竹生于云梦南柯亭下，于当年七月
十五前生，次年七月十五前伐。晚伐，则其音实闷；早伐，则其音浮。浮者，外泽
中干，干者，受气不全，称为天竹。古之至音（高亢激昂之曲），一叠十二节，一
节十二敲。若以天竹之笛演奏，遇此音，其笛必裂。此笛为天竹之笛，不是我外祖
所吹之笛。"韦应物说："你说得有理，这支笛子，并无破伤，你可以吹一下，以
作鉴定。"许云封当即吹《六州》曲，一叠未尽，笛子骤然中裂，韦应物惊叹不
已。遂又把许云封荐于梨园曲部。

## （五）佛教寺院

唐代是我国佛教兴盛发达的时期，因而任城地区当时的佛教寺院拔地而起，佛教
文化在民间得到普及。据文献记载，任城地区当时主要寺院有：兴福寺（任城城北）、
普照寺（今济宁城内）、大觉禅寺（今市中区唐口镇）、天宝寺（今任城区长沟镇）等。

### 1、大觉禅寺

坐落在任城区（今市中区）唐口镇寺下郝村东堌堆上的大觉禅寺，建于唐代。
明代崇祯四年（1631）重修，坐北朝南。寺前有石砌台阶拾级而上，庙门三楹，额
书"大觉禅寺"。寺院三进院落，皆佐以配庑、廊殿，院内碑石琳琅，古树参天，
钟鼓二楼分列左右，僧舍数十间散落其间。新中国建立后，改建为小学校，庙址仍
存。1977年，被公布为山东省重点文物保护单位。

### 2、天宝寺

坐落在任城区长沟镇天宝寺村内，村因寺得名。唐玄宗天宝元年（742），有一
释家长老法名悟真，游遍了齐鲁大地，最后在鲁郡任城县（今任城区）长沟东北八

里处看中了一块宝地。于是悟真长老便在此落钵定居，接着化缘兴建寺院。天宝三年(744)，寺院竣工，因在天宝年间建成，故取名"天宝寺"。正殿塑有释迦牟尼佛像、四大天王，配殿塑有文殊、普贤、观音菩萨等神像。殿宇宏伟，塑像精致，内藏金钟、玉磬。明代万历年间(1573—1620)，又在寺内增添了刘备、关羽、张飞的塑像。天宝寺南望张王二山，北傍蜀山湖水，寺内古树参天，为一方香火盛地。新中国成立后，改建为小学校，庙不复存。现仅有金钟、玉磬存藏在济宁市博物馆。

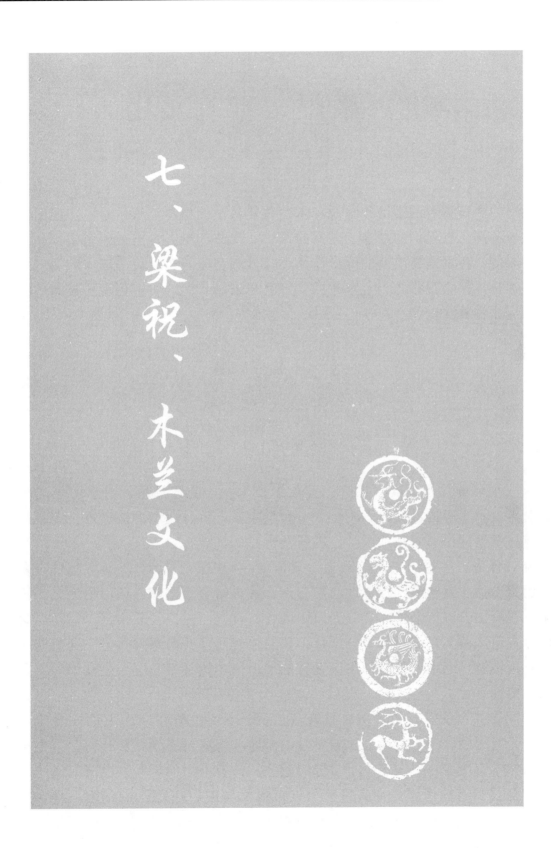

七、梁祝、木兰文化

# 七、梁祝、木兰文化

梁山伯和祝英台的爱情故事及花木兰替父从军的巾帼英雄事迹，传遍中国大地乃至世界各洲。以他们的故事为题材的文学、戏曲、电影、电视和音乐作品，在我国广为流传。特别是新改编的梁祝作品小提琴协奏曲，在欧美等国家的演出，获得了广泛称赞，把梁祝称之为"东方的罗密欧和朱丽叶"。梁祝传说还被国务院颁布为国家级非物质文化遗产。

## （一）梁祝故事

梁山伯（生卒年不详），约为东汉末期任城县西居村（今属微山县马坡乡）人。自幼少言，忠实正直，为人憨厚，有儒者之风。

祝英台（生卒年不详），约为东汉末期（另一说为西晋人）任城县九曲村（今属微山县马坡乡）人。其父祝文远，惯于经商，虽然家中富有，但却常为膝下没有能读书求取功名的儿子而唉声叹气。英台为独生女，聪慧伶俐，自然明了父母的心事，对男女不平等的世风深为不满。英台长大成人后，决意冲破世俗，遂装扮为男子，前往邹县峄山书院拜师求学，以解亲忧。

祝英台在去往峄山书院的路上，过吴桥（今属微山县）十余里，遇到同去峄山读书的梁山伯，遂结伴同行。动问契合，二人遂结金兰之好。梁山伯为兄，祝英台为弟。在峄山书院读书期间，二人日则同食，夜则同寝，往来亲密，行动无间，结下深厚友谊。两人对儒学都十分崇拜，曾结伴赴曲阜孔庙祭拜孔子。同窗期间，祝英台衣冠不解，遇事巧伪装，忠厚无猜的梁山伯竟始终不知英台是女郎。二人称兄道弟，情同手足。

在同窗共读的岁月里，英台暗恋着山伯，却无法开口，而山伯只当其为祝家小弟，无间无疑，一心攻读。随着岁月的流逝，祝英台不禁黯然神伤。因她身为女子。纵然学有所成，也实现不了父母的愿望。再者，山伯兄不察世事人情的憨厚性格，未免显得有些愚钝，令其可笑可气可恨又可爱。加之思亲心切，意欲辞学归

乡，又恐与梁山伯从此天各一方。

祝英台辞学回乡，梁山伯念同窗之情依依相送。倾情爱恋山伯的英台欲语还休，一路上借物喻人、指物寓情，纵然反复点拨，无奈梁山伯全然不解，一次次失去表白情怀的机会。山伯的鲁钝，难坏了女扮男装的英台。无可奈何，祝英台只好将辞学表章赠给梁山伯，因那里面暗藏了以身相许的信物，但愿其能睹物思人，明了英台的一番爱情。临别，两人约定，待到五月端午节，梁山伯去九曲村寻访学弟祝英台。

祝英台回到家中与父母团聚，恢复了女儿身的正常生活。她身在九曲家中，心里却日思夜念梁山伯。英台的父母对女儿珍爱非常，看着女儿长大，自然要为她寻一户好人家。恰有媒婆自邹县西庄（今属微山县马坡乡）来提亲，称世代做官的西庄马家公子马文才，读书求得功名，才貌出众，且门当户对。父母遂为其订下这门亲事。祝英台心里不愿意，却又有口难言，只有盼着梁山伯的到来。

梁山伯完成学业回家后，恰遇母病不得脱身，故未能如约于五月端午节到九曲村拜访英台。直到九月九重阳节，梁山伯才匆忙前来寻访。到时唐突，见时惊骇。此时，山伯方知英台是女郎。梁山伯恍然大悟，满心欢喜，及至祝英台说出父母已将其许配与马家，却又不由得扼腕叹息，后悔莫及。为挽回此事。祝英台催促梁山伯回家去取当初相赠的辞学表章，以便向爹娘说明原委。梁山伯便急忙回家，偏逢秋雨滂沱，凉浸入骨，回家后竟一病不起。梁山伯自知余生不久，与英台成婚无望，便将实情告知母亲，求母亲答应待其死后埋在泗河西沿、马坡村南的大路旁，因为这个地点是九曲村至西庄的必经之地。他生未能给英台带来幸福，死后也要待祝英台出嫁马家路过时向她表示祝福。母亲答应了梁山伯的要求，将其安葬在了马坡村南的大路旁。

梁山伯一去杳无音信，而马家婚期又临近，祝英台心焦如焚，愁苦万端，因此而日夜涕泣，形神俱损，却又万般无奈。及至马文才迎亲之时，身陷绝望的英台病忧交加，竟然气绝身亡。此情之下，祝家无奈，马家亦就此作罢。

梁山伯、祝英台相继死后，其感天动地的爱情故事真相大白，闻者动情，故迅速传播开来。马文才娶亲未成，却为梁祝爱情故事深为感动。事后，他专程到九曲村拜祝英台的父母为义父、义母，甘愿替祝英台尽其孝道，更是被传为佳话。后来，地方开明人士提议并经梁祝两家同意，将梁山伯、祝英台合葬一墓，并为之建祠立碑，以示纪念。

明正德十一年（1516），钦差大臣、南京工部右侍郎、前督察院右副督御使崔

文奎奉命运河督粮，路过此地时，被梁山伯祝英台的爱情故事所打动，认为"推之可以为忠，可以为孝，可以表俗"，决计重修梁山伯祝英台墓与祠堂，并重新刻立墓碑，该碑现保存在微山县文管所。当年的祠堂今已无存，而坟茔和墓碑至今尚在。为纪念梁山伯祝英台，后人还在二人当年读书的邹县（今邹城市）峄山上建了梁祝祠。明万历十六年（1588），邹县县令王自瑾在峄山大石上镌刻的"梁祝读书洞"、"梁祝泉"等字迹至今依然清晰可辨。梁山伯祝英台的故事还被史官写入志书。

明代晚期著名学者张岱《陶庵梦忆》卷十二《孔庙桧》一文说，他游览曲阜，"宫墙上有楼耸出"，匾曰："梁山伯祝英台读书处"，位置即今曲阜师范学校，它西邻孔庙，南邻宫墙，为汉魏"孔颜孟三氏学旧址"。

清康熙十一年（1622）修撰的《邹县县志》记载："梁山伯祝英台墓：城西六十里吴桥地方有碑。"清同治三年（1864）修撰的《峄山志》记载：峄山有"梁祝读书洞"、"梁祝泉"遗址。这些都是梁祝故事的历史见证。

2006年5月20日，梁祝传说被国务院公布为第一批国家级非物质文化遗产，同时公布山东省济宁市为梁祝传说遗存地。

### 1、祝英台的族人在坨河

"胜日寻芳泗水滨，无边光景一时新。"在任城区接庄镇泗河西岸边的坨河村，便是祝英台族人的聚居地，全村2500多人几乎全是祝姓。

提起梁山伯与祝英台的故事，在济宁一带家喻户晓，妇孺皆知。以梁祝为题材创作的文学、戏曲、电影、电视和音乐作品，在我国广为流传。特别是新改编的梁祝作品和小提琴协奏曲，在欧美等国家演出后获得广泛称赞，梁祝被称为"东方的罗密欧与朱丽叶"。

祝英台的家乡究竟在哪里？据清康熙十一年（1672）邹县旧志记载："梁山伯祝英台墓地在城西六十里泗河岸边吴桥地方，有碑。"墓原高1.5米，周长25米。记事碑高1.84米，宽0.82米，为明代正德十一年（1516）重修梁祝祠和坟墓时所立。碑文记载：祝英台家居济宁城南九曲村。通过对住地老人访查得知，九曲村位于泗河南岸、济微公路西侧，因泗河从兖州流至此地有九道弯而得名，今已演变为东九村、西九村两个村庄。祝氏家庭因水灾迁至任城东（今任城区接庄镇坨河村）。村中祝氏族人尊英台为先祖，讳与马姓通婚，禁止村中演唱梁祝戏。村里一位祝氏老人曾说过，在他祖父祝盛荣的时候，一家人就住在坨河村西头，旁边有条小河沟，河沟上有座小桥。说来也巧，有一天坨河来了一班唱戏的，祝盛荣也去看戏，戏名就是《梁山伯与祝英台》，锣鼓乐器一响，开场就唱："坨河村西头有条小河，河上建有小桥一座，桥旁住着一家祝姓人家，他们的先人生了一枝花，取名英台人人夸……"刚唱到这里，祝盛荣从人群中急忙跑到戏台前，飞起一脚踢翻放道具的桌子，砸了锣鼓架什，一边骂着，一边照着唱戏的打了两个耳光。经村人劝解后，唱戏的恍然大悟，才知道这就是坨河村，坨河村严禁唱这个戏，只好收拾行头败兴走了。

明正德十一年（1516），南京工部右侍郎、前都察院右副都御史崔文奎公差路经梁祝墓地时，被其高节忠义所感动，认为"其心皎若日月，其节凛若冰霜，有关世教之大，不可泯也"，遂奏明圣上，重建梁祝祠并重修梁祝墓。崔公并委托阴阳训术（官名）鲍公干和邹县朱廷麟查阅《外纪》采访故老，记载了墓主梁祝二人的真实故事。

据《梁祝故事源济宁》（载《春秋》1996年第3期）一文论述："墓志记载的梁祝生平是：济宁城南九曲村的祝员外，其家巨富，见世上读书者，往往至贵显耀门庭。膝下一女名英台，见父为无子叹息，便女扮男装出外攻读。时值暮春，景物鲜明，从者负笈（背书籍），过吴桥村十里，柳荫暂驻，不约而会家住邹县两边（今微山县两城村原属任城）的梁山伯，同往峄山先生授业。昼则同窗，夜则同寝，三年不解衣，町渭笃信好学者。后来，英台还家，山伯如约拜会，英台女装出现，山伯始明真情。别后不到一年，山伯疾终于家，葬于吴桥以东。祝父将英台许婚两庄（今微山县马坡村原属任城）富室马郎。迎亲期至，英台苦思山伯不肯改他姓以违初心，遂作舍生取义之举，悲伤至死。马郎旋车而归。乡党士夫（乡邻、好友、士族、村民）为其美好节操，将英台合葬于山伯之墓，以遂生前之愿。"

梁祝故事成形后，演变为神话，见于唐代张读《宣室志》中的记载。西晋末年，北方战乱，文化南移，济宁邹峄一带百姓遂往宜兴、杭州，有的定居会稽一带，并讲述家乡梁祝故事，因而张读笔下的梁山伯便演变为会稽人。明代文学家、戏曲作家冯梦龙（1574—1646，江苏苏州人）所编宜兴梁祝故事，是根据其小说《喻世明言》中《李秀贞义结黄贞女》里面的情节写成的，内容与济宁马坡发现的梁祝墓志情节基本相同，只是在小说结尾增添了梁祝化蝶的神话色彩。冯梦龙在写书时把祝英台说成了宜兴人，把梁山伯说成了苏州人。清代吴骞（1733—1813）所著《桃溪客语》就怀疑宜兴无英台此人。近年来，经学者专家多方考证，梁祝故事源于济宁，有墓地为证，又有墓志可考，史实是可靠的。不仅梁祝族人接受，亦为当地百姓所共认。

### 2、梁祝墓记碑

梁山伯、祝英台合葬墓坐落在微山县（原任城县）马坡村南，东临泗河故道，西临济微公路。根据济宁市文物考古研究室勘探，梁祝墓地占地60亩。原分布情况为：梁祝庙五间，东西厢房各三间，林墙、林门、守林房、供香桌一应俱全。

据史料记载，在中国关注梁祝、研究梁祝至少有上千年的历史，但是，关于梁祝的籍贯及文化发源，却是众说纷纭。2002年10月27日，记载梁祝身世的墓记碑在微山县马坡村南"梁家林"破土而出。

梁祝墓记碑为圆首，高1.84米，宽0.84米，碑雕龙凤纹，周边用祥云雕镶，上刻楷书文字26行，正文758字，全文841字，碑文如下：

丁酉贡士前知都昌县事古郓赵廷麟撰

文林郎知邹县事古卫杨环书

亚圣五十七代世袭翰林院五经博士孟元额

《外纪》二氏出处费详，迩来访诸故老传闻：在昔济宁九曲村，祝君者，其家钜富，乡人呼为员外。见世之有子读书者，往往至贵，显耀门闾，独予无子，不贵其贵，而贵里胥之繁科，其如富何？膝下一女，名英台者，聪慧殊常。闻父咨叹不已，卒然变笄易服，冒为子弟，出试家人不识；出试乡邻不识。上白于亲，毕竟读书乃振门风，以谢亲忧。时值暮春，景物鲜明，从者负笈，过吴桥数十里，柳荫暂驻。不约而会邹邑西居梁太公之子，名山伯，动问契合，同诣峄山先生授业。昼则同窗，夜则同寝，三年衣不解，可谓笃信好学者。一日，英台思旷定省，言告归宁。倏经半载，山伯亦如英台之请，往拜其门。英台肃整女仪出见，有类木兰将军者。山伯别来不一载，疾终于家，葬于吴桥迤东。西庄富室马郎亲迎至期，英台苦思：山伯君子，吾尝心许为婚，并无父母之命，媒妁之言，以成室家之好。更适他姓，是异初心也。与其忘初而爱生，孰若舍生而取义，悲伤而死。少阕，愁烟满室，飞鸟哀鸣，闻者惊骇。马郎旋车空归。乡党士夫，谓其令节，从葬山伯之墓，以遂生前之愿，天理人情之正也。越兹岁久，松楸华表，为之寂然。俾一时之节义，为万世之湮没，仁人君子所不堪。矧惟我朝祖宗以来，端来源以正人心，崇节义以励天下。又得家相以之佐理，斯世斯民何其幸欤？

时南京工部右侍郎前督察院右副都御史，奉敕总督粮储，新泰崔公，讳文奎，道经，顾兹废圯，其心拳拳，施于不报之地。乃托阴阳训术鲍恭干，昔有功于张秋，升以爵禄，岂近有功于阀里，书以奏名，授今兹托，岂用心哉！载度载谋，四界竖以石，周围缭以垣，阜其冢，妥神有祠，出入有扉，守祠有役。昔之不治者，今皆治之；昔之无有者，今皆有之。始于十年乙亥冬，终于今岁丙子春。恭干将复公命，请廷麟具其事之本末，岁月先后，文诸石。不得已而言曰：上帝降哀不啻于人，惟人昏淫丧厥贞耳。独英台得天地之正气，卒扶舆之倩淑，真情隐于方寸，群居不移所守，生则明乎道义，没则吁天而逝。其心皎若日星，其节凛若秋霜，推之可以为忠，可以为孝，可以表俗，有关世教之大不可泯也。噫！垂节义于千载之上，挽节义于千载之下。伊谁力欤？忠臣力也，忠臣谁欤？崔公谓也。不然，太史尝以忠臣烈女同传。并皆记之。

卷里林户符孜

正德十一年丙子秋八月吉日立

石匠梁圭

据碑文可知，此碑为正德十一年（1516）明代重修梁祝墓时所立的墓记碑，立碑人是钦差大臣、南京工部右侍郎、前督察院右副都御史崔文奎。

经专家考证，此为最早完整记述梁祝故事及籍地的一块碑，也是研究梁祝文化最可信最宝贵的证据资料。碑石的出土，使我们找到了梁祝文学原型人物的里籍及故事发生地，为人们深入研究、凭吊梁祝提供了资料，奠定了基础。因此，济宁还作为梁祝故事发生地于2006年5月20日被列入中国第一批非物质文化遗产名录。

## （二）木兰从军

花木兰（生卒年不详），女，北朝北魏时期山东任城（今济宁市任城区）人，替父从军的巾帼英雄。

南朝刘宋思想家、数学家何承天（370-447）所著《姓苑》记载："木兰是任城人。"何承天为东海郡郯城县（今山东郯城县）人，与花木兰所在的任城相距不远，且与花木兰为同时代人，当对传颂甚广的花木兰的故事耳熟能详，故留下如此记述。宋代杰出史学家郑樵（1103—1162）晚年编撰的《通志》称："木兰氏世居任城。"《中国人名大辞典》亦载，木兰是任城人。鉴此，花木兰为任城人当确信无疑。

花木兰出身劳动人民家庭，自幼随父母耕农植桑，并学得一手纺线织布的好手艺。其时，全家团聚，男耕女织，衣食尤忧，其乐融融。忽有一年，因国家突发战争，官府要征召其年老力衰的父亲去当兵打仗。一向孝顺父母且生性好强的木兰女，闻此消息十分震惊。她不忍心让父亲从军，但又抗拒不了官府的征召，无奈之际，毅然决定女扮男装替父从军。木兰从军后，即随队伍开赴边关，与敌作战。

在漫长的征途和艰苦危难的战争生活中，花木兰始终未露女儿身，同男兵一样地行军作战。她吃苦耐劳，英勇顽强，奋力杀敌，并立下战功。战争胜利结束后，朝廷为表彰其战功，封他（她）为尚书郎。然而，花木兰替父从军杀敌，图的不是受赏封官和荣华富贵，她所为的是国家和平与社会安定，一心渴求家人团聚的和睦生活。因此，她谢绝当朝的封赏，毅然辞官回乡与父母团聚，依旧过起恬淡的村姑生活。

花木兰从军立功而又辞官回乡后，其故事迅速在民间广为风传。人们在颂扬其事迹的同时，对其充满了敬仰和爱戴。由于人们的敬仰和爱戴，其故事流传日广，影响日深，故有史官墨客将其付诸笔端，《木兰诗》便是其代表作。《木兰诗》亦称《鼓角横吹曲》，本是北朝时期广为传唱的一首民歌，至南朝陈废帝陈伯宗光大二年（568）时，被僧人智匠编入《占今乐录》，并将《鼓角横吹曲》定名为《木兰诗》，得以世代流传。新中国成立后，这首诗被编入中学语文课本。自有了花木兰的故事，才有了《木兰诗》。一首《木兰诗》使花木兰的故事得以世代传扬。

### 1、民歌《木兰诗》

千百年来，女扮男装、代父从军的花木兰成了全国家喻户晓的巾帼英雄形象。《木兰诗》是南北朝时期著名的北朝民歌，这首诗刚健清新，表现了古代北方人民英武豪迈的气概，成功地运用了比喻、对偶、排比等修辞手法，使得木兰的形象栩栩如生，真实感人。全诗简洁紧凑，读来朗朗上口。

唧唧复唧唧，木兰当户织。不闻机杼声，唯闻女叹息。问女何所思，问女何所忆？女亦无所思，女亦无所忆。昨夜见军帖，可汗大点兵，军书十二卷，卷卷有爷名。阿爷无大儿，木兰无长兄，愿为市鞍马，从此替爷征。东市买骏马，西市买鞍鞯，南市买辔头，北市买长鞭。旦辞爷娘去，暮宿黄河边。不闻爷娘唤女声，但闻黄河流水鸣溅溅。旦辞黄河去，暮至黑山头。不闻爷娘唤女声，但闻燕山胡骑鸣啾啾。万里赴戎机，关山度若飞。朔气传金柝，寒光照铁衣。将军百战死，壮士十年归。归来见天子，天子坐明堂。策勋十二转，赏赐百千强。可汗问所欲，木兰不用尚书郎，愿借明驼千里足，送儿还故乡。爷娘闻女来，出郭相扶将。阿姊闻妹来，当户理红妆。小弟闻姊来，磨刀霍霍向猪羊。开我东阁门，坐我西阁床。脱我战时袍，着我旧时裳。当窗理云鬓，对镜帖花黄。出门看伙伴，伙伴皆惊惶。同行十二年，不知木兰是女郎。雄兔脚扑朔，雌兔眼迷离，双兔傍地走，安能辨我是雄雌。

这首《木兰诗》是南宋废帝光大二年（568）时的僧人智匠编入《古今乐录》中的，一代一代流传至今。

### 2、《谁说女子不如男》

豫剧《花木兰》唱段，其唱词：

刘大哥讲话理太偏，谁说女子享清闲。男子打仗到边关，女子纺织在家园，白天去种地，夜晚来纺棉，不分昼夜辛勤把活干，将士们-才能有这吃和穿。您要不相信，且把身上看，咱们的鞋和袜，还有衣和衫，千针万线都是她们连哪。有许多女英雄，也把功劳献，为国杀敌代代出英贤，女子们那一点不如儿男。

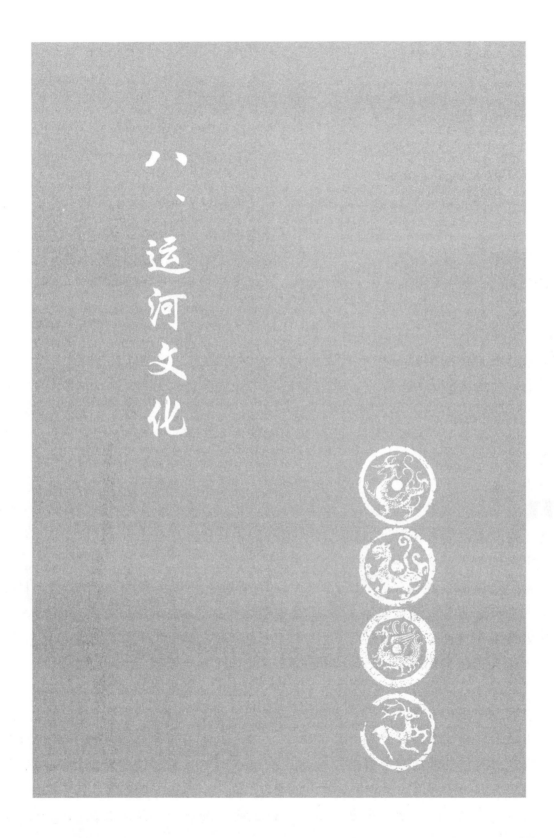

八、运河文化

# 八、运河文化

　　京杭运河为纵贯我国南北的一条水运大动脉。北起北京积水潭，南至杭州拱宸桥，流经京、津、冀、鲁、苏、浙六省市，全长1816公里。是世界上最长的人工开凿河道，成为我国历史上又一伟大壮举。任城处于京杭运河腹部，距北京、杭州均为900公里。明代洪武十八年(1385)，撤销任城县，任城之名被济宁取代。明永乐九年(1411)在济宁设立总督河道都御史署，至清光绪二十八年(1902)的491年间，均设河道总督，故称济宁为"运河之都"。

　　运河济宁段的形成，始于元代至元十九年(1282)，元朝廷任命兵部尚书李奥鲁赤主持开挖从济宁到须城的。当时除征召当地民夫外，还调用一大批军队。工程从当年二月开工到第二年八月竣工，总长75公里。至元二十六年(1289)，朝廷任命马之贞主持开凿东平至临清的会通河，动员了三万民夫和调用驻军，从二月开工至六月完工，全长125公里。至元二十九年（1292），郭守敬奉命开挖北京至天津之间的运河。至此，京杭运河南北全线贯通。任城区段的运河从长沟西北入境，向东南经安居东折入城区，从城区再折南经赵村、石佛南汇入南阳湖出境，全长35公里。此段运河从元、明、清到民国时期均能正常通航。

　　新中国成立后，为利用运河航运和减少运河水害，人民政府按照排灌、航运综合利用的原则，疏浚了济宁至安山、济宁至南阳淤积严重的运河航道，上可入黄河，下可达苏杭，常年可通航30吨以下的木帆船。从1959年10月至1967年春，京杭运河由东向西迁移改道后，原来的古运河任城区段仅保留从任城区石桥镇到城区从西入梁济运河的18公里。现已建成沿河商埠、景观、休闲、娱乐为一体的游览区。

　　京杭运河梁(山)济(宁)段，从1959年10月至1967年春，经过3次组织施工，开挖了从梁山县路那里沿东平湖西堤侧向南，至长沟镇东南和安居镇西五里营村东两次截断老运河，继续向南穿过济菏公路，至许庄街道办事处李集村西南入南阳湖，全长87．75公里。至此，济宁至安山的老运河基本废弃。1989年11月至1991年2月，为提高梁济运河退泄东平湖滞蓄黄河洪水底水的能力和防洪除涝的能力，发展

汶上南旺考古发掘工地现场全景

汶上南旺分水龙王庙考古发掘现场

引水灌溉和航运，经水利部批准，对该河再次进行拓宽疏浚治理。经过三期施工，把东平湖司垓闸至南阳湖入口57公里河道的工程任务完成。内堤距达到300米，河底宽度从任城区长沟镇至许庄入湖口为60米。保证了东平湖超标滞蓄黄河洪水的安全，为引湖灌溉、引黄补湖、发展航运和南水北调东线输水工程提供了有利条件。

运河景观

京杭运河自元代贯通任城（济宁）后，已有700多年的历史，逐渐形成了地域文化。济宁的运河文化是物质财富和精神财富的总和。京杭运河古道、新线济宁段的贯通，给任城沿线的政治、经济、文化、民俗带来了重大变化，使任城的经济发展日臻鼎盛。使沿岸人民更多地看到了外面的世界，封闭、自给自足的自然经济被开放、互利互惠的商贸经济所代替，当地传统文化观念与外来的多元文化观念相交融，加速了任城运河文化的形成，促进了城区和沿线乡镇的发展与繁荣。遗留至今的运河故道和新凿运河的古镇及新兴城市的工商业街巷足运河文化的载体，所以任城运河文化资源非常丰富。

## （一）河道管理机构

元朝为适应政治、经济、军事的需要，至元二十九年（1292）沟通了南北交通大动脉——京杭运河，使地处中枢地位的济宁的经济、文化得到较快发展。至明代，济宁已形成"舟车临四达之衢，商贾集五都之市"、"冲繁遂甲山东"的重镇，遂有"河督建节，宿兵于此"。清代又在此设全国最高水利机关河道总督衙门。明清两代管河名臣潘季驯、靳辅、张鹏翮、林则徐、于成龙等共116任在此任职。

明代永乐九年（1411），工部尚书宋礼开始建立总督河道都御史署，坐落在济宁城内西门大街路北，占地16000平方米的占建筑群。其规模是，大门四楹三门，左右石狮子一对，两旁有吹鼓亭各一座。左右为东西辕门，东辕门额曰："砥柱中原。"西辕门额日："转漕上国。"辕门内外有内道厅、旗鼓厅、中军厅、巡捕厅等。正对大门的是一座高约6米、宽20米、底座2米的影壁。大门内有仪门"6楹三门，正、后堂各6楹，额曰："禹思堂。"左右为椽房、茶房。后为部院宅。左为

"帝咨楼"，后更名为"雅歌楼"、"挽洗楼"；东为"百乐圃"，后更名为"平治山堂"；西为"射圃"。再后有部院后宅。大堂左有明代总河翁大立隶书题额"四思堂"。内有题名碑，其碑阴刻"禹稷、伊尹、周公、孟子"铭文。整个建筑布局严谨，规模宏大。

　　清顺治元年(1644)七月，清廷任命兵部尚书杨方兴为第一任河道总督，至光绪二十八年(1902)正月的258年间，在济宁均设河道总督。官员均为正二品以上任之。至民国三年(1914)十二月，经大总统批准，在济宁成立"山东省南运河湖疏浚事宜筹办处"，潘复任总办。民国十三年(1924)，筹办处改组为运河工程局，迁驻济南，负责运河疏浚和管理。新中国成立后，运河由山东省水利厅和济宁地区水利局管理。1958年，成立山东省大运河工程指挥部。从此，拉开了济宁运河大规模治理的序幕。

## （二）运河滋润百业兴

　　自从元代至元二十九年(1292)京杭运河贯通以后，济宁地处京杭运河中游，是"水陆交冲，舟车云合"的水旱码头。给济宁工商业带来了无限生机，促进了济宁社会经济的发展，使四方商贾云集，丰富了沿河城镇市场，逐步扩大了商品流通，城镇商业欣欣向荣，手工业如雨后春笋般应运而生。"船舶往来，商旅辐辏"，文化发达，市场繁荣。元代诗人朱德润有《飞虹桥(今南门桥)》诗一首，就是当时商贸兴隆的真实写照：

> 任城南畔长堤边，桥压大水如奔湍。
> 闸官聚木不得过，千艘衔尾拖双牵。
> 非时泄水法有禁，关梁夜阔防民奸。
> 日中市贸群物聚，红氍碧碗堆如山。
> 商人嗜利暮不散，酒楼歌馆相喧阗。
> 太平风物知几许，耕桑处处增炊烟。
> 明朝北上别旅叟，叟持清樽求赠言。
> 欲图丰稔真未暇，为君写作康衢篇。

　　能够反映元代时期经济文化风貌的遗存主要有济宁城区沿老运河的"竹竿巷"。这条街巷包括竹竿巷、汉石桥、纸店街，是自元代京杭运河贯通后逐渐发展起来的以经营竹制品、土产、杂货等为主的著名手工业作坊区。街道两旁大多店铺为前店后场、下店上居的建筑格局，具有浓厚的商工结合氛围，是目前唯一能够

反映元、明、清时期济宁商业、手工业面貌的典型街区。

## 1、商业

京杭运河的开通促进了商业的振兴。在元代文宗天历年间（1328—1330），济宁路商税达1240锭，仅次于济南路位居第二。在中书省（辖今北京、天津、河北、山东、山西、内蒙古和河南黄河以北地区）二十一路七个直属州中名列第四。

至明、清两代，济宁的商业达到兴旺时期，有商业街上百条，店铺逾千家，从业职员万余人，市场辐射近百县。据不完全统计，1946年以前，有商业饮食服务38个行业，即：竹货、陶瓷、绸布、百货鞋帽、皮行、五金电料、杂货、油漆、日用服饰、中药、西药、粮行、豆饼行、油行、食盐、果品店、海味、干鲜果、茶叶、香料烟丝、薪炭、石灰、文具纸张、酱园、肉食、牛奶、饭馆、零酒、面食、粥汁、旅店、浴池、理发、照相、钟表、眼镜、金融、典当、废品等，共2181户。其中商业27个行业、1159户，饮食服务9个行业、978户，金融业44户。货源通过运河和陆路来济宁集散，如南方的竹子、茶叶、陶瓷、绸缎、稻米、桐油、糖、扇、伞等，北方的皮毛、干果、药材等，四面八方的粮油，当地的手工业产品等。

在经营方式上，一是"开庄"（即批发），经营者直接到产地和各大城市采购商品，运回后卖给零售商店和商贩。二是"代理"，就是开设行栈，招揽商贾，存放货物，代客买卖。三是"零销"，各业设门市经营，直售消费者。四是"翻片"，类似代销，经营者有固定门点，当地手工业产品委托其存放待销后付款，也销售批发商的滞销商品。五是"摆摊"，经营者用两个凳子架上木板在街头集市设摊销售商品，本小利薄，赖以维持生活。六是"行商"，即跑买卖的，无固定地址和行业，什么有利就买卖什么。七是"跑合"，即经纪人，也称"跑街"的，这类商人既无店铺，也无资本，靠为买卖双方撮合赚取佣金，或靠倒买倒卖牟利。他们精通行务，熟悉市面，信息灵通，观察行情，各个行业都有。

明、清两代，商品经济不断发展。各省商人旅居济宁开业经营者与日俱增，同籍者为了定期聚合议事，协调关系，交流信息，互助互利，增强凝聚力，扩大影响，因而组织同乡会并建立会馆。至道光年间，济宁城区会馆达20多个。早期会馆始于明代天启年间（1621—1627)有浙江会馆、安徽会馆、福建会馆。清代有三省（晋、陕、豫）会馆、湖南会馆、金陵会馆、江西会馆等。它们不仅沟通了南北、东西之间的物资交流，同时也促进了不同省区文化的相互传播与渗透。济宁成了江南苏、皖、浙、鄂等省与江北冀、鲁、豫、晋、陕等省商人聚会交易的中

心地区。

### 2、手工业

京杭运河的开通带来了济宁手工业的发展。主要手工业有：皮毛、竹器、木业、铸铁、红炉、药材、铜业、锡业、油坊、粉坊、磨面、缝纫、鞋帽、首饰等56个行业，产品繁多，质量优良，素有手工业城之称。据载，济宁有"五百竹匠、六百木匠、七百铜匠、八百皮匠、千五铁匠"之说。不少地名、街名也因手工业集中而得名，如竹竿巷、扁担街、油篓巷、打铜街、篦子市、打绳巷、炉坊街、纸坊街、糖坊街、粉坊街、烧酒胡同、曲房街、皮坊街、袼褙巷、剪子股街等。

元、明、清时期，手工业作坊规模较大，产品结构有了新的改进，产品销售向周围各县扩散，促进了手工业的发展。木业、竹业、土陶业、缝纫业兴旺。明代初期，济宁就有了回民沙、马、文、王四大皮毛作坊，各雇佣工人上百人，进行皮毛鞣制及加工裘皮制革。产品除在周围各地销售外，还在苏州开辟了外埠市场。当时的手工业产品还有，木制农具、木车、舟船、木盆、木桶、铜盆、铜壶、铜勺、各种竹制品、条编、铁编、苇编、车马挽具，较多的是铁制农具、炊具以及锛、刨、斧、锉、剪刀、剃头刀等小五金。如长沟镇张坊村的竹制品有竹耙、竹筐、竹篮、竹椅、竹床、竹梯等；赵王堂是具有300多年来的铁编专业村，产品有淘粮、过油的笊篱、各种网筛、鼠夹、鼠笼等；天宝寺、南阳李、崔庄等村的苇编，产品有各种苇席、篓子、草帽、折子、缸帽等；唐口镇棒子村的剪刀，均负有盛名。

据《济宁直隶州续志》记载："绵、绌、帕、毡出于任城制法，甲于他处，四方货之杰。"

任城（今济宁），铁业历史悠久，不仅制造民间生产、生活用品，而且能够制造巨型铁塔和巨型铁钟。北宋崇宁四年（1105），为济宁人常氏还夫徐永安之愿铸造铁塔，造七级因战乱而停，至明万历九年（1581）加为九级，并以铜质金章为顶，通高23.8米，各级塔壁均铸造有盘膝端坐佛像共56尊，形象生动。声远楼内的巨型铁钟，高2.3米，下唇周长4.5米，厚0.2米，重约7.5吨，撞击后钟声辐射10余里。明天顺四年（1460）重修。从当时铁塔和铁钟的设计铸造可以看到任城铁业工匠的高超工艺。

### 3、酱菜业

随着京杭运河的南北贯通，任城（今济宁）的酱菜业逐渐发展起来。主要有玉堂、天富、万顺、中和、福源、源兴、源太、益兴、万祥、德祥、大同、马太盛，长沟镇的玉祥，安居镇的酱园。以加工经营酱菜、咸菜、酱、醋、酱油等产品为

主。其中最有代表性的是玉堂酱园。

玉堂酱园是苏州戴某于清代康熙五十三年(1714)在济宁创办的，称"姑苏戴玉堂"。

嘉庆年间，姑苏戴玉堂被任城区李营镇汪庄村官宦世家孙玉庭和冷氏合资买下，改名"姑苏玉堂"。经过孙、冷两家几代的经营，进一步发展了玉堂。清光绪年间著名书法家项文彦为玉堂酱园书写了一百个字的广一告。这百字的广告内容是：

姑苏玉堂酱园老店，自造秋油伏酱、五香茶干、远年干酱、甜酱、独流老醋、佳制金波药酒、各种名酒、各色提露、真沛干酒、干榨黄酒、绍兴零沽、糟鱼、醉蟹、佳制冬菜、酱糟腐乳、八宝豆豉、关东虾酱、虾油、太仓糟油、南北各种小菜、木槽香豆油坊、敬神素烛，一应俱全。

此百字广告除刻石镶嵌在店内墙壁上，又放大后粉刷在老店与总栈之间的围墙上，非常醒目。一时吸引了不少墨客专程来济宁观赏。以书法艺术扩大了商品宣传，极大地提高了玉堂酱园的知名度。从而创造了闻名遐迩的玉堂品牌酱菜和名酒。玉堂酱菜一向备受世人青睐，在方圆数百里可谓妇孺皆知，就连长居深宫的慈禧太后也非要品尝玉堂酱菜不可。她的一句"味压江南"的赞语，使得玉堂酱菜京省驰名，连获殊荣。

据民国十五年(1926)，邓际昌篆修的《济宁县志·实业篇》记载："玉堂之酒玉芙蓉、满庭芳、醉仙桃、蒸莒香诸名目，宣统二年(1910)南洋劝业会、民国三年(1914)山东展览会、民国四年(1915)美国巴拿马赛会均得金牌奖励。又载，"民国三、四年(1914、1915)山东展览会、美国巴拿马赛会，玉堂冬菜、酱菜均得金牌奖章"。

玉堂成就了举世之名，发展之路谈何容易。在漫漫数百年岁月里，政治风云变幻，经济浪涛起伏，时事变化莫测，人事更替无常，历经沧桑兴衰，几近翻船沉没。当其濒临绝境之时，党和人民政府挽救了玉堂，使玉堂获何tN新,生。新中国建立以来，玉堂人在党和人民政府的领导下，经过公私合营，奋力建设玉堂、发展玉堂，创造了玉堂新的业绩。并继承发扬了"货真价实"、"童叟无欺"、"服务周到，"的历史传统，保名牌、创名牌，保质量，争品优，先后有18种产品被评为省部级优质、优良产品。在1988年举办的中国首届食品博览会上，玉堂的金波酒、红方腐乳、啤酒、万国春酒、味珍、一级酱油、酱包瓜、酱花生仁荣获两枚金牌、六枚银牌，取得了令人夺目的光环。

更使玉堂感到无比自豪的是，毛泽东主席、朱德总司令等国家领导人曾亲自品尝过玉堂酱菜，并给予高度评价。万里、谷牧、肖华、刘澜涛、谢觉哉等国家领导人和许多省部级领导曾先后莅临玉堂视察指导工作，并寄予殷切的希望。著名学者和社会名流匡亚明、侯宝林、乔羽和孔德懋女士也先后光临玉堂，并留下诗文墨宝。

玉堂在深化改革的进程中，理顺企业产权关系，规范完善企业制度，健全法人治理结构，转化为自主经营、自负盈亏、自我约束、自我发展的市场竞争主体。由总厂内部职工出资180万元作为注册资金，组建了济宁玉堂酿造股份有限公司。2002年11月8日，召开了公司成立大会。一个以清晰的产权为基础，以完善的企业法人为核心，以有限责任制为特征的现代化企业，正在健康的向前发展。

### 4、饮食服务业

济宁是水旱码头要冲，南北水运的中心地带，交通方便，商业发达。河道官吏聚居，漕船靠岸贸易，富商纷至沓来。内外客商交易，促进了饮食服务业的兴旺发展。济宁饮食业经营的品种既有南北风味的经济小吃，也有独具特色的地方名菜，尤其以善于烹调湖鲜著称。经过南北菜系的融合和广泛吸取各地特点，在全国八大菜系之一的"鲁菜"的基础上，发展创造出"济宁菜"的特殊风味。济宁饮食文化既坚持了齐鲁文化的持重与豁达，又包容了江南文化的灵活与务实。

济宁饮食文化的发展与运河有着极为密切的联系。自从元代京杭运河贯通后，至清代时期，济宁的饮食业发展到600多户，服务业200多户。其中，饭店菜馆逾百户，经营面食汤饮及各式小吃者500多户。清末民初，"济宁菜"的较大饭馆有20多家。这些著名饭馆大体可分四类：（1）菜品齐全，能包办满汉全席的饭馆。如万福楼、同福楼、楼外楼、鸿兴楼、会景楼、温泰和等。它们的名牌菜品有烤乳猪、金钱鸡、炖全鸭、炸腰穗、秦皇鱼骨、烤花鳞鱼、红烧鱼翅、奶汤鳜鱼、炒鳝鱼段、糖酥鲤鱼、核桃鸡、炒虾仁、水焰虾、炒乌鳢片等等。（2）清真饭店。以隆盛饭店为代表，菜肴采用海菜、鸡鸭、牛羊肉、鱼虾等原料做出各种回民菜品，如焖炉烤鸭、吊罐筒子鸡、干崩虾仁、红烧牛羊肉、羊肉炖豆腐、鸡落、糖醋鳜鱼片等，颇受顾客欢迎。（3）清素餐馆。此类饭馆济宁只有一家"佛心斋"，所取原料主要是面筋、豆腐、蔬菜、口蘑、香菇等做出各种像"荤菜"的色型。如用黄豆芽做的"烧鱼翅"、熟面筋做的"米粉肉"、山药泥做的"糖溜鱼"、鲜腐竹做的"奶汤大肠"等，都能惟妙惟肖。拿手名菜是栗子烧白菜、口蘑烧罗汉面筋、一品豆腐。（4）经营某一品种为主兼营汤菜的饭店。如一品香主营

RENCHENG  WENHUA

天津"狗不理"包子，兼营炒菜，包办小型宴席；新新园主营"三鲜包子"，也做炒菜，招揽少数酒席。

随着商业、手工业的发展，服务业也应运而生。比较舒适高档的旅社有三益别墅、三益客栈、金生、悦来、群益、如意、双成、同兴等120多家；浴池有大观园、民生池、雅集园、清华池等18家；理发店有福临、万国、齐美、振华、民富、新上海、大世界等71家；照相馆有粹华、天真、紫云、华光、金生等13家；钟表眼镜店有金星、亨得利、亨大利、太平洋等19家；洗染业方面，因农村多穿土布，沿运村镇染坊较多，以黑、蓝色为主。至清末民初，服务业发展到2760多户。

### 5、漕运

京杭运河在历史上被称为"漕河"。"漕"在司马贞《史记索隐》中释称"车运日转，水运日漕"。许慎的《说文解字》中说得更明确，"漕，水转谷也"。因此，人们俗称运河为运粮河。

京杭运河运输的物资分为两大类，一类是为朝廷服务的物品，称"官运"；另一类则是供沿线商品交流的物资，称"民运"或"商运"。

官运物资中最多的是粮食，即"漕运"。元代初年，运河运量不多。至明代永乐年间（1403—1424），南粮北运经过济宁北上的官船11770只，每船定载500石（1石等于120市斤），行运官军12万人，年运量500万石以上。明成化元年（1465）后，年定制400万石，并沿袭至清代中叶。400万石粮食可供京城百万人口一年的全部口粮。除粮食外，官运物资还有供朝廷衣、食、住、行所需大宗物品和珍贵贡品，种类繁多，包括水果、野味、奶酥油、鱼、肉、糖、香料、宝石、瓷器、棉丝织品、苏绣湘绣、桐油、白矾、蜡、铜锡等，还有采自湖、广、川、黔等地的建筑用木料，顺长江而下再沿运河北上。另外，砖也是一大项，临清和苏州砖窑每年运往京城的青砖从100万至数百万块之多。朝廷日常用品的开支每年达数百万两银子，建材也花费几百万两银子。这些物资都是由产地派专船运送。

食盐是一种半官半商的物资，朝廷控制的份额叫"引"，一引等于400市斤。然后官方将"引"票卖给大商人，交纳盐税后再向指定盐场买盐，再运至各地销售。胶东的盐都由沿海盐场通过小清河运至济南，转大清河至寿张入运河再南北分流。济宁的盐场设在安居镇，供应鲁西南、河南、苏北一带。每年通过安居盐场的盐运量约20万引（80万石）左右。

民运和商运的物资多为生活日用品和农产品。自元代运河通航后允许商船通

行，后又准许官船捎带商品，商运规模越来越大。从苏杭等地北运的主要商品有丝绸和布匹，在济宁等地行销数百万匹。从南方北运来济宁的还有茶叶、纸张、瓷器、铁锅、白糖、药材、毛竹等，这些物资在济宁上岸后，除当地销售外，还转销周边各地。在济宁集散运往南方的商品，明清时期多为农产品，主要有棉花、烟叶、豆类、干鲜果品、皮革等，年运量都在百万石以上。果品以梨、枣、柿饼、核桃最多。货源来自鲁中山区和鲁西一带为主，还有从河北、河南转运不定期来的。商品粮主要是豆类，年运量达200万石以上。在运河上南北流动的商品粮合计计算（扣除重复数），年运量总数在1200～2000万石之间。

据以上"官运"、"商运"两类物资分析，明、清年间京杭运河的年货运量应在3500万石，其中官运占30—40％，商运占60—70％。商运的比例是逐年提高的。元、明、清三代，京杭运河一线是全国商品交流最活跃的区域。明朝廷在运河上征收的商品税（钞关）占全国总额的90％。清代初期虽然总额增加，但随着海运的发展，运河上征收的税额只占50％，道光年间下降到33.5％。

从以上数字可以清楚地看出，漕运是京城百万官民的生活补给线，又是朝廷财政收入的主要来源，确实是国家的命脉，因而元、明、清三代都把维护漕运畅通当成头等大事。

为了适应漕运的需要，造船业随之兴起。元朝期间，开通济州河和会通河后，两次在济州（济宁）造船5000艘，招募漕夫3000人。明永乐七年（1409），山东建临清卫河船厂，下设济宁、东平等18个分厂，打造浅船。运河上航行的船只大部分是江南制造。明清时期限定漕船每只载重500石（30吨），长9～10丈，吃水3尺，一般两个桅杆。

## （三）沿河重镇

### 1、长沟镇

长沟镇位于济宁市区西北13.5公里处。在遥远的古代，长江、黄河、淮河、济水为中国四大水系。当年发源于河南省王屋山的济水（亦称济河）流经鲁西南一带。今日的长沟镇不过是济水之东的一个小庄，名叫小街子李。

鲁哀公十四年（前481）春，鲁哀公带群臣到大野泽狩猎，叔孙氏家臣钳商猎获一只鹿身、牛尾、马蹄、头上有一肉角的怪兽，献于哀公。他不识其兽，问于孔子，孔子说："仁兽，麟也。"时年孔子71岁，正在编著《春秋》，他认为仁兽出现，预示太平盛世，但仁兽一出现即被杀害又预示前景不妙。于是，停止了《春

秋》编写工作。因鲁哀公获麟路过此地，故得名获麟村，现以谐音改名回林街。

长沟之名始于唐代玄宗时期(712—756)，为防水患民众在此开挖长达数十里的南北流向的排水沟，后有李、刘、傅等姓迁来居住，因在沟渠两岸建村，故取村名长沟。到元代至元二十六年(1289)，沿长沟村开挖会通河后，京杭大运河全线贯通，从此以该村为中心，向四周扩展，逐渐形成张庄街、孙街等13条街道，遂改称为长沟镇，俗称"大长沟"。

长沟镇经济形态的演化史可分为以下三个阶段：第一阶段是唐、元、明、清，以渔业、商业经济为主；第二阶段是清末民初到新中国成立后20世纪70年代，以渔业、农业经济为主；第三阶段自20世纪80年代至今，是以农业为基础，工商并举。长沟居民的生产、生活方式也发生了相应的变化，其基本轨迹是：渔业——农业——工业化，其中亘古未变的是商业经济。

长沟经济形态的演变史和居民角色的递变，除与社会其他因素紧密关联外，其中最关键的因素是"水"。"水"的变迁史就是长沟经济的演化史。

唐朝时，由于"长沟"的开掘，沟通了与黄河之间的水运，使长沟物流直接通过黄河与唐都长安相联运，有力地促进了长沟商业和坡石桥古城经济的发展。

古镇长沟出现了前所未有的新气象。

元、明、清三朝数百年间，由于大运河南北水运的贯通，打开了长沟内引外联的大门。

从元初至清末五六百年间，长沟商贸经济极为发达。据记载，当时，经获麟古渡码头北运的漕粮每年多达500万石，船只8000余艘，南来北往的商船民舶不可计数。运河两岸十三道街，大店铺40多家，小店铺鳞次栉比。当时的长沟镇有永丰、义合、大丰、瑞丰、泉茂、元昌、洪源、义泉八大酒馆，其中永丰酒馆发行"永丰字号"票子，成为运河沿岸特殊的流通纸币；有双星楼、聚贤楼、顺河楼、义顺楼、福和楼五大饭庄；有同瑞食品店、玉祥酱园、四方香料铺、数家粮行；有观胜友、义顺、获麟十三家客栈；有福乐大染房、洪泰布行、万福绸庄、青狷皮货栈、同庆杂货店；有明远、大茂中药铺和两个西医诊所；有官办盐局、税务湖田局、长沟邮路所、闸官衙门署、德裕隆钱局。这里的民众流传着这样几句顺口溜："一三四九河东走，逢五排十衙门口。二六七八当铺门，长沟集市天天有。"天天有集，时时有市。尤其是每年农历二月初十至十三的四天物资交流大会，蒙古的口马，山话的杂交骡子，鲁西南的大黄牛，当地的牛驴骡马、猪羊家畜，每天上市数千头(匹)。至于京广杂货，地方特产，各种农具，木材石料，鲜活产品应有尽有，整个会场，有鱼市、木市、畜市、苇市；有玩杂技的，有唱大戏的，有卖狗皮膏药的……熙熙攘攘，热闹非凡。在平时，十里八乡，南来北往，商贾云集，街衢拥挤，吴歌楚舞，日夜喧嚣。陆有陆市，水有水市。获麟渡口，蜀湖之上，樯橹如林，灯声桨影流转。南言北语交汇，东歌西乐鼎沸。碧波万顷，苇蒲浩荡，蜀湖菱荷争放，银鱼青虾满舱，雪藕碧螺盈船，北上京津，南下苏杭；青猾皮货转海外而南洋。南船北艘，争渡获麟，官舶商帆，竞压蜀水，长沟四方之货云集，八方游子骚人咸聚，人物殷富，特产富饶。故有"二济宁"之盛誉。

长沟镇山水相问，气候适宜，物产丰富。早在数千年前，就有人类在此繁衍生息，境内的城子崖和党崮堆遗址分别属于龙山文化和大汶口文化，另外还存在张山和南韩两大汉墓群。在开凿和利用大运河的千百年中，创造并形成了漕运、商贸、手工业、农产品加工和农业商品化生产于一体的丰富多彩的运河文化，特别是手工业和农副产品加工业兴旺发达。长沟苇席畅销大江南北，苇席的编织始自明末清初，逐渐形成一大产业，品种繁多，有铺床席、枕头席、坐垫席、包装席、墙围席等，工艺席有"龙凤呈祥"、"鸳鸯戏水"、"双龙戏珠"、"双鸡嬉斗"和"福"、"禄"、"寿"、"禧"等图案相问，工艺考究，造型美观。

长沟粽子也有一千多年的历史了，由原来的习俗端午节纪念屈原吃粽子，逐渐发展为远销北京、济南、天津、安徽、莱芜、济宁等40多个城市的特色商品。此外，还有远近闻名的铁丝编织业。

自唐以来，长沟街逐渐兴建了一些寺观和园林式建筑，至清代中叶，各种寺庙遍布全镇。有琉璃庙、三义庙、三关庙、大王庙、火神庙、关帝庙、玉皇庙、七圣堂、洪福寺、庆云寺、天宝寺等。被誉为"长沟三阁"的北阁、南阁、文昌阁，均建于清朝时期。北阁共两层，雕砖画瓦，流云飞花，东西飞跨15米，南北横肩10米，阁高6米，底层13架大木梁，下边是8米宽的车辆人行道。靠西边建有18层石梯，扶梯而上阁楼，阁内彩塑真君像（一说如来佛），俗称爷爷庙，上有碧瓦飞甍，勾檐斗角，终年香客不断，紫烟缭绕。扶栏北望，一湖蜀水碧云天，四面水波连天起，一带运河流千帆。南阁共有三层，青砖碧瓦，奇彩异绘，怪兽啸天，脊龙游空，冬飞银霜，夏傲群翠。举目南瞰，一舟横去，耳畔尚绕吴歌楚语；一眼清波，眸中还恋水袖舞裳。底层33架大梁排列，斗角拱壁，画梁飞栋。上层彩塑南海观音，故又称奶奶庙，香烟飘溢。其规模质量均胜于北阁。文昌阁为两层式，高7米，上有文昌帝君彩塑，在十字街中，距南阁60米，距北阁10米，雕梁彩绘，五彩缤纷，游人如织，拜者如流。此外，还有两山夹一庙，黑风口对着掉龙碑，有一

碑（百）担（单）三问万人大茶馆之说，颇具传奇色彩，吸引了不少文人志士慕名来长沟游览。长沟自古有十三道街：二阁后街、南街、桥子街、傅街、孙街、路街、张庄街、西营街、前营街、琉璃庙街、回林街、李海街、薛海街。由于元、明、清三代运河通，经济兴，长沟十三街故成为水旱码头和商埠重镇。

清朝前期，康熙帝、乾隆帝12次南巡阅河，鉴蜀湖，观获麟，游千里荷花，赏万顷苇林，听渔歌唱晚，闻闹器人喧，口呷永丰酒，手抚滚水坝，徐步酒楼，流连于市肆，焚香于琉璃庙，叩拜于观音阁，叹商业之繁华，赞人物之富庶。

然而，到了清末民初，漕运废，运河淤。但是，蜀湖雪藕碧莲，银鱼绿鸭，菱海苇荡，渔市鼎盛，物产富饶；长沟三编，仍不减当年，长沟靠水吃水，商业红红火火。新中国成立后，特别是1959年济梁运河新竣，1973年北跃进沟、小新河挖成，将蜀湖万顷之水导人济梁运河，蜀湖退水还耕；又深开天宝寺沟，集洼地之水而人运河。十二连洼退水还耕。以上水利工程使长沟百姓摆脱了水患之灾，扩大了耕地面积，促进了农业发展。

改革开放以来，市场经济的大潮再涌古镇长沟，搁浅已久的长沟古商船又有了扬帆奋进的生命之"水"，她将再次出航，又显峥嵘，再造著名的水旱码头，重构繁华的古埠巨镇。如今的长沟镇，东临105国道，南靠327省道，纵有京杭大运河，横有日东高速、滨湖大道、济梁公路贯穿全镇，18号高速公路出口位于济梁公路和滨湖大道交汇处，交通便利。全镇面积61平方公里，52个行政村，耕地面积4350公顷。国家重点工程运河电厂耸立镇东，南水北调长沟泵站岿居镇北，世界500强企业森达美集团投资兴建跃进沟港区位于长沟镇东南。全镇农业基础稳固，个体民营经济发展迅速，农、林、牧、副、渔五业兴旺，有较为浓厚的经济基础。工业以水泥、建筑材料、造纸包装、机械制造、板材加工业等为主，全镇个体民营企业达到了120多家；农业以粮食、葡萄、蔬菜种植、畜禽养殖为主体，是一个工农业全面发展的乡镇。

长沟镇人民在长沟镇党委政府的领导下，众志成城，团结一致，再度扬帆，奔向辉煌。如今，看长沟，大手笔，新气象，长沟大经济格局已具雏形。一是两大工业区：张山工业园区和济梁公路工业园区，民营企业雨后春笋，乡镇企业再现峥嵘；二是四大商业集贸区：长沟街商业区、长沟商贸街、张山集市贸易区、崔庄集市商业区，店铺云集，客涌如潮；三是大力扶持发展特色经济专业村：元田、前陈、回林、张山等村预制件业，后薛粽子村、后陈粉条村、张坊竹编、赵王堂铁编、南李苇编、北南田机械制造等特色经济专业村，如今户户在经商，家家是工厂；四是大力发展特色农业，千亩特色蔬菜园区、万亩葡萄园、观光旅游石榴园区和商品粮基地。

如今，长沟镇已成为山东省中心镇之一，为全市经济30强乡镇之一。"直挂云帆济沧海，乘风破浪会有时。"览过去，观现在，展未来，长沟经济将鲲鹏展翅，扶摇直上。

## 2、安居镇

安居镇是一个古老的名镇，位于济宁城西18里，跨居运河两岸。据《任城区地名志》记载："自隋朝(581—618)，就有田、褚两姓在此定居，因村邻任城(今任城区)至洛阳古道，交通方便，土地肥沃，适宜耕作，在此安居乐业，故取村名安居。"可见，安居镇距今有1400多年的历史了。自从元代至元二十年(1283)开凿济州河，至元二十六年(1289)开挖会通河，至此，京杭大运河全线贯通，安居区段15公里。自京杭运河通航后，安居的商贸经济相继崛起，水陆交通四通八达。这里逐渐形成盐粮车辆辐辏、盐船粮艘衔尾、街道店铺林立、商贾络绎不绝的水旱码头，故改称安居镇。

安居镇跨居运河两岸，南岸为商贸金融区，北岸为居民区，形成了有特色的东街、西街、西北街、双鱼街、关帝庙街、汪家胡同等十余条街道，镇容整洁，十字大街青石铺路，街道两旁，运河岸边，店铺林立，成为水陆要冲。最早兴起的是粮食中转业，有13家大型粮行，每年中转粮食100万石左右。有4家大型盐场，最盛时期，年运销量达20万引(每引400市斤)，折合80万石。随着粮盐中转业的发展，带动了其他行业的兴起，计有榨行、酱园、油坊、酒坊、中药铺、京广杂货店、绸罗布匹店、客栈、全席菜馆、猪羊屠宰户等60多家，手工业有竹器、红炉、油漆、编织等20多家，小吃、茶房、摊贩数十家。自清代道光年间起，东拐角楼和上街还分别设有"悦来"、"褚记"两大钱庄，它们出的钱票、银票不仅在当地流通使用，外地也有其固定的银号兑换使用。市面上南来北往的行人川流不息，一片繁荣景象。

京杭运河的畅通也促进了安居地带的文化兴起和发展，自明代天启五年(1625)至清朝乾隆十三年(1748)，沿运河的9个村庄就考中了4个进士，即安居西北街人徐标，官至兵部尚书；张天楼村的祖孙三代张为经、张延庆、张淑渠均为清代进士，分别官至福建学政、荆州府同知、山西潞安府知府。还考中了1个文举(举人)、5个武举、13个文庠(州学生员)。民间文艺繁多，有民间音乐、戏曲、曲艺、武术、书法、绘画等，还有船舶号子、夯歌，既有南方音乐甜润柔美的轻盈韵

律，又有北方音乐粗犷豪放的宏伟气势，形成了颇具安居地方特色的民间艺术。人文景观有"安居八景"，即"双鱼街"、"石羊井"、"槐抱碑"、"楼上椿"、"墙里碑"、"石连桥"、"庙里桥"和"照人碑"等。当年商旅游人观赏赞美。

新中国成立后，特别是党的十一届三中全会以来，安居古镇旧貌换新颜。这里地处国家工程南水北调京杭运河东线西岸，黄泛平原，马场湖畔，盛产优质水稻、小麦，是鲁西南著名的"鱼米之乡"。远近闻名的传统土特产有卤豆腐、豆腐丝、豆腐皮、烧狗肉等。地下煤炭资源丰富，地上粉炭灰储量较大。京杭运河安居区段建有三处码头，是北煤南运的重要集散地，日（照）新（乡）铁路济宁西站设在安居镇南，为国家二类开放口岸。经济全面发展，建设了3平方公里的"济宁市安居私营经济园区"，涌现出一批相当规模和较高知名度的民营经营大户，形成了中油石化、瑞宏家具、装饰材料、民用造纸、羽绒制品、人造板材、兰氏木业、渔业休闲等八大主导产业。其中人造板材、瑞宏家具成为山东乃至全国的生产销售基地。安居镇被评为省级"乡镇企业示范园区"。

## （四）运河明珠——北湖

### 1、北湖的发展

在中华大地之上，有连绵起伏的崇山峻岭，有浩瀚无边的沙漠，有一望无际的大平原，有南北东西纵横的河流，还有星罗棋布的湖泊。杭州西湖、武汉东湖、嘉兴南湖早已驰名中外，成为著名的旅游景点。济宁北湖，这颗运河腹部的明珠，几十年来，也已在鲁西南大地上熠熠生辉，大放异彩。

山东济宁是举世闻名

北湖

的孔孟之乡，运河之都。济宁北湖位于济宁市区南6公里的地方，西边300米处是京杭大运河，东边500米处是古运河-呈双河抱湖之势。南接烟波浩渺的中国江北

最大的淡水湖——南四湖（南阳湖、独山湖、昭阳湖、微山湖），济宁北湖地理位置优越，交通便利，京沪铁路、新石铁路、日东、京福高速公路从周边穿过，京杭大运河更与她亲密拥抱，紧紧相连。从市内乘车，沿宽阔平坦的荷花路、火炬路直达济宁北湖。济宁北湖水面面积7．9平方公里，相当于杭州西湖的4倍，济南大明湖的10多倍，水面宽阔，水质良好，空气清新，气候宜人。尤其到盛夏季节，万亩荷花竞相开放，呈现出一派"接天莲叶无穷碧，映日荷花别样红"的迷人景象。1996年，济宁北湖被山东省人民政府批准为省级旅游度假区，也是山东省重点建设的旅游景区。

济宁北湖是天然形成的淡水湖，位于南四湖之一的南阳湖的北端，南阳湖是她的母体。据考证，明朝洪武元年（1368），明朝大将徐达开塌场引黄济运之后，南阳至徐州一段泗水，变为泗水、黄河、运河三合一的水域，直到嘉靖四十四年（1565），这段运河被淤为平陆。近200年问，泗水又屡经淤塞，泄水能力很差，只好靠闸、坝控制。西南的曹县、单县、金乡、嘉祥、巨野、郓城等县的坡水，每年夏季仍通过牛头河（赵王河）大量注入泗河，泗水宣泄不及，便积水在南阳镇以北地带，于是逐渐形成了南阳湖。

明万历三十二年（1604），黄河于丰县黄庄决溢，上灌南阳，下冲李家口，济宁城南平地成了一片汪洋。南阳湖向北扩大至济宁州所辖的小口门、孙杨田村之北的三四千亩洼地形成小湖，故在孙杨田村以北，人们称它为小北湖。为防止湖水北泛，清康熙三十三年（1694），济宁知州吴柽在运河与牛头河之间修筑了一条长1260米横坝。道光五年（1825），为控制湖水北移向北又修筑了一条3000多米长的横堰（人们称为二道堰）。

清咸丰五年（1855）六月，黄河于河南省铜瓦厢决口，大溜分为三股，一股经赵王河东注，两股由东明县南北分注，至张秋穿运河，复汇大清河人海，黄河从此北徙至今。这次黄泛，把防止湖水北泛的两道坝堰全部淹没。这时的南阳湖水东接运河，西逾牛头河，北抵石佛村，与南阳湖连成一片，形成三面环陆、一面连水的湖湾，水面两万多亩。不过此时的南阳湖水位很不稳定，时聚时涸。孙杨田村成为湖中岛。水涸时，南阳湖北湾独成一湖，故今称北湖。

1972年，济宁县为发展水产养殖和蓄水保稻，复土加固了北西两面原有的两道坝堰。在南端，西自梁济运河、东至老运河的小口门又修筑了一条长4公里的东西大堤，将南阳湖北部拦腰斩断。这样，大堤北边的湖面便成了现在的济宁北湖，也称为小北湖。称其小北湖是因为它本是南阳湖的一部分，而较之于南阳湖又显得

小多了。

1975年至1990年，北湖进行了四次改建扩建工程。在北湖西北、梁济运河之东开挖种鱼池160亩，成鱼池700亩；在湖东南角深水处兴建返水站一座，装机3台，370马力，达到保鱼库容1000万立方米，保稻库容1000万立方米。1980年，经国家水产总局批准，对北湖进行综合开发，基建工程13项，主要是加固整修大堤12公里，新建南石坝1.5公里，50泵排灌站一座，架设高低压线路16公里。

1991年后，为了充分利用北湖资源，在建设商品鱼基地的同时，凭借湖面宽阔、空气新鲜、野味浓郁、风光优美、盛夏万亩荷花竞相开放的得天独厚的有利条件。济宁市和任城区两级政府决定开发济宁北湖旅游业。1993年11月，北湖养殖场更名为北湖开发公司。按照"高起点规划，高标准设计，快节奏发展"的思路，走"政府启动，社会资助，经营开发"的路子，济宁北湖逐步成为鲁西南乃至省内外的水上旅游胜地。

北湖水质良好。北湖周边地处南四湖和北五湖之间，京杭大运河贯穿南北，运河以东为山丘地区，水流自东向西，再向南流入湖内，系山水型河道；运河以西为黄泛平原，水流自西向东流入湖内，多系平原型河道。注入湖里的河流大大小小有36条，比较大的河流就有泗河、白马河、洸浦河、京杭大运河、老运河、赵王河、蔡河、洸水河、洸赵新河、万福河、东鱼河等。这些河流呈辐射状，从东、北、西三个方面汇入南阳湖，注入北湖，使湖内水源丰盛、水质良好，为水域养殖和水上游乐提供了良好条件和绝佳环境。

十几年来，济宁市和任城区两级人民政府非常重视对北湖景区的开发和建设，把北湖景区的开发和建设纳入了济宁市四大亮点工程之一，投资近3亿兀，按照"利用资源，先易后难，长远规划，分期完成"的方针逐步实施。

1991年至1993年，市、区两级政府在北湖举办了3次荷花节，为开发北湖旅游事业奠定了良好基础。投资新建了2.5万平方米的飞机游乐场、大理石栏杆的双龙桥，拓宽了城区至北湖的6公里荷花路，兴建码头1座。

1994年，为满足人民的文化生活需要，加快北湖的开发步伐，扩大北湖的知名度，任城区组织召开了"四湖"（杭州西湖、嘉兴南湖、武汉东湖、济宁北湖）联谊会，举办了第四届荷花节，邀请了全国各大湖泊的有关人士及北京、上海、沈阳等30多个大中城市的客人。还有美国、日本、加拿大及港、澳、台等20多个国家和地区的客商1200多人会聚北湖共商开发事宜，签订了意向合同80份，并与10个地区和36处大专院校建立关系。1995年，又投资构筑了湖心岛、钓鱼台，增添

了游船等旅游设施，当年旅游人数达50万人次。

1996年，投资4200万元，环绕湖堤兴建了12公里的环湖公路，全程均为内堤砌石，外堤复土；北堤宽20米，东、西、南堤宽8米；新建1公里游船码头和5处湖中岛(湖心岛、迎宾岛、葫芦岛、七星岛、孙庄岛)码头，海拔高度均在35米以上，岛周围全部石砌，设平台和七级石阶，其中湖心岛面积6万平方米；开挖环湖、内湖航道5条共20公里；兴建高标准万人湖滨浴场5万平方米；新建观赏台8个，面积2.1万平方米；营建商业、餐馆86间；开辟13万平方米"芦荡探幽"景观等，共完成土方210万平方米，砌石10万立方米。1997年，种植观赏树木、花卉40余种20万株，投资140万元进行万人浴场配套建设，建有冲洗房、更衣房、沙滩、草坪等设施；购置快艇15只，龙船1艘，脚踏船13只，摇橹船45只，电瓶船29只，手撑木船100只。由于旅游业的快速发展，各方游人络绎不绝，年均游客60万人次。

2000年，投资300多万元，在北湖的北岸建了北湖阁。楼阁三层，耸立湖边，朱柱黄瓦，曲槛回廊。登上北湖阁，放眼眺望，远山近水尽收眼底，北湖美景一目。了然，真乃"心旷神怡，宠辱皆忘"。在湖北岸浇铸了青铜宝鼎——任城宝鼎，王玉玺先生亲自为宝鼎书写鼎文。北湖西南部是神岛孙杨田，好像一条巨龙俯卧在湖里；还有湖心岛(岭南水乡)、迎宾岛、葫芦岛、七星岛等大小岛屿分布在万顷碧波之中，文成公主端庄典雅的身姿伫立在湖岛之上。湖里面，大大小小游船、划艇乘风破浪，畅游其间。平整的环湖公路上，车辆、行人络绎不绝。湖堤外，一方方藕塘、鱼池，镶嵌在北湖边沿上。湖堤内外，树木葱郁，遮日成荫，餐馆、商店掩映其中。炎热的夏天，在湖堤内、垂柳下，游客们坐在餐桌旁，喝着美酒，吃着鲜美的炖鱼、湖虾，湖面上吹来阵阵凉爽的轻风，远处飘来荷花的浓郁清香，真是"湖在画幅里，人在仙境中"。

2005年5月15日，原国务院副总理、全国人大常委会副委员长田纪云来到北湖，写下"北湖风光美"的题词，实为发自心中的赞叹。

北湖风光美，疏影横斜水清浅。

北湖风光美，野趣浓郁景色新。

北湖风光美，暖风熏得游人醉。

北湖风光美，荷花流水鳜鱼肥。

北湖风光美，渔家风情今犹存。

北湖风光美，放眼明朝湖更美。

"北湖风光美,人间胜天堂。"为加速北湖的开发建设步伐,2004年,济宁市政府对北湖景区总体规划在网上公开招标,由美国西尔国际设计公司完成了总体规划。规划总面积14.81平方公里。规范设计本着"回归宁静,亲近自然,关爱湿地"的理念,打造回归自然的生态风光,创造人与自然的和谐空间,传播特有的运河文化,使北湖成为具有浓郁东方文化特色的水上田园和水上游乐度假区。美国国际易道公司对1.32平方公里的起步区进行了详细规划,共分入口区、商业区、运动区、森林区、湿地研究及博物馆、旅游度假酒店等六大功能区。有诗云:

西湖月南湖烟东湖雨犹似这北湖爽气。

春日兰秋日菊冬日梅也如我夏日荷花。

济宁北湖具有广阔的开发建设前景。在不久的将来,北湖会成为誉满华夏的旅游胜地。

## (五)沿河胜景

### 1、铁塔清梵

"铁塔清梵"指的是济宁的铁塔寺,位于现济宁市区铁塔寺街路北。铁塔寺,原名崇觉寺,是任城最早的佛教释迦禅寺。寺内建有铁塔、声远楼及殿宇房舍。1988年,这一古刹被国务院公布为全国重点文物保护单位。

根据石佛铭文记载,这座庙院始建于南北朝时期东魏武定七年(549),原名崇觉寺,寺内原来没有塔。传说北宋徽宗时,济宁人徐永安常年在外经商,成为当地的富户,但婚后多年无子,便到崇觉寺进香求子,许下誓愿,如果得子将重修寺院,并铸铁塔以弘扬佛法。说也奇怪,第二年徐永安之妻常氏便有孕在身,生下一男孩。徐永安非常高兴,但因经商在外,于北宋崇宁四年(1105)委托妻子常氏出而,出资重修崇觉寺,并在寺内以生铁浇铸释迦牟尼塔,在佛塔里面供奉佛像和舍利,报答佛祖送子之恩。

铁塔计划建九层,以弘扬佛家九九归一、生死轮回的思想。铸塔时将生铁熔化成铁水后,逐层浇铸。当铸第五层时,在地面上熔化的铁水待运到上边时便凝固了,工匠们束手无策,被迫停工。得道成仙的建筑业祖师爷鲁班知道了此事,变成了一个白胡子老头,来到铸塔工地。领班工匠见这个老人仙风道骨,不同一般,便虚心请教:"老人家,现在铁水运上去就凝固了,没法浇铸,我们很着急,想不出办法。你老年纪大,经验多,有什么好办法吗?"鲁班一语双关地说:"我都是土埋脖子的人了,没有别的好办法。"说完,一阵清风,人不见了。工匠们呆住了,好一会儿,领头工匠猛然醒悟,这是祖师爷指点我们,将土堆到塔顶,在上面

熔化铁水再行浇铸不就解决了嘛。铁塔建
到七级因故停工没建塔顶，但从此崇觉寺
改为铁塔寺。后人在对铁塔赞誉的同时，
也因其无顶而遗憾地说："塔无顶，譬伟
丈夫剑佩峨然，唯冠冕不饰，谈者往往以
为未尽观美。"明朝万历九年（1581），龚
勉（字锡山）任济宁道时，发动乡绅名流集
资，增建塔身两级，添顶为铜制金章，四
周垂以风铎，使铁塔方为完美。另外，于
铁塔前边建造了 "声远楼"，上悬一大
铁钟，还对寺内房舍、院墙加以修葺。从
此，铁塔寺与"太白楼"南北遥相对应，
雄视无极，以垂不朽，吸引不少名人志士
前来参观。

铁塔

铁塔身为9层，加上塔座、刹顶共11层，通高23．8米，是全国铁塔之最。铁塔平面图呈现八角形，自下而上，逐层递减，形成明显的收分，呈现出刚毅、挺拔、秀丽的卷杀轮廓。每层下部均置厚5厘米的八角形平座，座下每面有斗棋4垛，以为衬托。平座以上，沿边缘安装围栏，栏高30厘米，栏板花纹富有变化，各具特色。有的二方连续"础"字纹饰，有的是牡丹花纹，有的是簇四球格眼花纹等。浇铸精细，玲珑剔透。塔身每层四面均铸有20厘米的凹槽代替栏额。全塔身开门36个，每层4个，每面各铸有坐佛2尊，共有佛像36尊。佛像盘膝端坐，线条流畅，形象生动。每层塔身上部各设飞檐，出挑30厘米，脊饰瓦垄。檐下配斗棋铺座4垛，飞檐深处，斗棋疏朗，铸作严谨。桃形攒类式塔顶为铜质金章，莲花形底座亦为铜铸。两者紧扣组成塔刹，稳在九层回檐的中央。第九层的回檐有8个脊饰出挑而加长，在飞檐尖端各垂以风铎，非常壮观。塔座深1．9米，加以夯实，基面以上，平地铺成须弥座。为防扭转，以楠木井字架填心，由一根高大杉木底上贯穿。塔座建有一个西向的砖砌塔室，仿木建筑，内设藻井，均有青砖磨砌而成。室内供一碑状观音千手千眼佛，佛座三面刻有佛教神话、讲经、飞天等故事画面，雕刻技法为减地浅浮雕（据考证此佛像为北朝之物）。

在铁塔第一层塔身的东南和西北两面的壁上，铸有铁塔铭文："大宋崇宁乙酉常氏还夫徐永安愿谨铸。"第二层塔身的东南面壁上铸有"皇帝万岁，垂清千秋"字样。第六层塔身西北面壁上也有文字，可惜因年久风化已腐蚀辨别不清了。

整个铁塔构筑严谨，浑然挺拔，巍然矗立，壮观异常，充分显示我国古代的冶炼技术、建筑工艺的高超水平和劳动人民的创造才能，是我国珍贵的艺术遗产。900年来铁塔因风雨浇洗，雷电袭击，地震摇撼，年久失修，塔身逐渐向东南倾斜。1973年，国家拨款进行了大修，校正倾斜，补铸铁件，使其恢复了壮丽雄姿。在大修过程中，在第一层内发现石棺一口，棺内有一银质"舍利匣"，匣内存放"舍利子"，此物现在济宁市博物馆收藏。在明代增建的两层内，发现铜佛两珠"一颗，"铜镜"一面，"水晶小瓶"一个，均已被博物馆收藏。

为赞美铁塔，历代文人墨客，留诗作赋。以下是明代曾启寓在铁塔寺留下的两首诗：

因病辞天仗，行寻宝殿开。
六龙扶辇去，五马驾　来。
落井皆因酒，浴流欲渡怀。
承恩方疗疾，侯吏莫相催。
寂历孤城外，高楼戊鼓鸣。
叶声霜后落，僧影月中行。
一榻禅房静，孤影客思清。
疏钟一百八，犹以上阳声。

## 2、墨华泉碧

"墨华泉碧"这一景观指的是任城浣笔泉这一独树一帜的园林建筑。它位于济宁浣笔泉路南首路西，此泉最初只是普普通通的一个地下泉眼。相传李白一家曾在此度过一段幸福的时光，许夫人同娇女平阳在泉边浣洗、淘米、戏水，李白则在泉边石几上书写诗章，顺手浣笔，斟酒小饮。平阳伸出小手捧起泉水，滴入砚台为父亲磨墨，许夫人出口成章评点丈夫的诗文。后人有诗曰："浣笔经千古，涓涓水自流。太白笔何在?即此泉水是。"据《全问通考》记载："浣笔泉在□□□□（济宁）东关外，去会通河不数步，出土中……泉分为大泉头池为八丈八尺八寸，小泉头池为五丈五尺。渠长五十六丈，筒长三百八十丈，会杨家坝至通心桥入运。"

据《济宁直隶州志》记载："浣笔泉"原名"墨华亭"，始建于明嘉靖五年（1526），由主事白旆在泉旁建一亭，以供宾客游览观光，凭吊古人。到了明万历二十六年（1598），主事胡瓒重修，浚泉池，砌石栏，建方亭，植柳竹，泉上榜书"墨华"，从此才有了"墨华亭"或"墨华泉"之称。同时，还于泉北筑堂三楹，以祀李白、贺知章二贤。故而明代文人潘承念在《墨华泉碧》一诗中曰："何如一勺墨泉水，天宝年来流到今。"以后，明末清初曾多次重修，到乾隆十五年（1750）知州席恒轩捐资修葺，在堂房旁边增建配厅、中筑门，并开凿了方、圆二池，皆曰"浣笔"，自此，"墨华亭"更名为"浣笔泉"。乾隆五十六年（1791），河督李公重修后堂，起层楼，楼上祀李白、杜甫、贺知章三公像，堂前仍建"墨华亭"，亭后放置了一块一丈多高峥嵘奇突的巨石，石上镌刻"小雷峰"三字，石旁还建有一舫形小屋，跨以小桥。这次重修竣工后，由漕使和琳作记、内阁学士翁方纲赋诗、运河同知黄易绘图，刻石镶嵌在堂内壁上，被称为浣笔泉的诗、文、画三绝，也成为"墨华泉碧"中的一大景观。1914年，清末翰林杨毓世、举人高为汉等人又重修"浣笔泉"，杨翰林并亲笔写了一副对联，上联为"谪仙乃以往诗人偶尔濡笔随作为千占亦事"，下联是"在我亦将来过客侧身怀古冀保存一线文波"。这使浣笔泉逐渐形成了一座楼、堂、亭、池、桥为一体的规模宏伟的园林建筑，成为流水潺潺、花木扶疏、柳荫竹翠、风光绮丽的名胜游览之地。新中国成立后，又先后进行了两次整修，在原址上凿池筑亭，修建正堂，种植花木翠竹，使浣笔泉以新的面貌迎接游人观光。

1986年，济宁市人民政府公布"浣笔泉"为济宁市重点文物保护单位。2013年，山东省人民政府公布为第四批省级文物保护单位。

### 3、西苇渔歌

"西苇渔歌"是一道美丽的自然景观，它位于济宁市西，现在任城区安居镇的汪营、胡营、刘营3村东边和西五里营村西边环抱区内，也就是原来的马场湖。据《济宁市郊区水利志》记载：元世祖至元二十年（1283），开挖由济宁至安山入济水（大清河）之济州河，沟通济、泗以便漕运。明成祖永乐九年（1441），再开会通河（元代称会通河和济州河，明代统称会通河）。由于"蜀山湖弃水，经湖东冯家坝流入济宁西部的沿运河洼地形成马场湖"。《济宁直隶州续志》也记载，马场湖在州西10里，周长约44里，水域540顷。当时，人们在这，"阔水乡植苇栽蒲，养鱼喂鸭。微风吹来，湖水荡起阵阵涟漪，芦苇摇摆起柔软的身躯，好像在轻歌曼舞。特别是夕阳西下时，炯波浩渺，渔歌阵阵，真是人间美景，所以人们也称这里为济宁"西湖"。明代崇祯年间，安居出了个徐标，做了兵部尚书，回家祭祖，畅游马场湖，兴致大发，写下了有名的《安居西湖记》，充分描述了马场湖"西苇渔歌"的风光景致。明清时期不少文人也来此一游，对"西湖"大加赞赏。如清代文人潘文估来此游玩即兴赋诗：

浅水平堤鹅鸭浮，柳村三五画家秋。

橹场咿哑月初上，短笛芦根何处舟？

1959年开挖京杭运河（济宁至梁山段），原来的马场湖已退水还耕，现在变成了万亩良田，呈现出"麦田千顷黄金浪，沃野百里稻花香"。不过，在这湖心地带，一些有心人又挖建了一个个养鱼池，盖起一栋栋鱼馆，成为济宁市任城区一个别致的餐饮小区。游客可乘车经济宁西外环路，直通鱼馆，品尝鱼鲜美味，别有风趣。

为使读者对昔日济宁西湖有更深了解，特将徐标作的《安居西湖记》摘录于此：

滨河有湖曰马场，古任城之西湖也。潴水济运，以防胶舟。万历年间，中丞潘公建斗闸三，坝口一，以备蓄泄。湖心最深处，俗谓之大坡底，犹渊潭叵测，经旱不涸，周围四十余里，广漾激滟，莫得其际，但见烟水茫茫而已。岿然水居者不一而足，里人喜渔，隐则卜筑于此，累土为垣，剪茅为屋，或率妇子，或携友人。芩管其中，而鹤汀一艇，芦渚一丝，则极快事也。朝则日出，烟消、鸢翔、鸭睡，有挹露之轻红、迎旭之浅绿；暮则反照，归鸭、落霞、孤鹜，有拖影之银汉、分光之玉绳；晴则野色芬菲，澄泫开鉴，天晴慢卷，草碧云舒，埒虢国之妆；雨则群岗欲暝，密树空蒙，菡苕浅珠，芡菱泻翠，恍西子之鬟。若夫四序递至，景候各殊，既物换而形胜，以观改而瞬变。每见沙暖蘋新，水融鱼跃，鸥鹭暗暗，或与鸣鸠啼莺，婉转相和；柳荫铺茵，凉生近浦，藕花张锦，香散远滩，采莲之曲，扣舷者喧焉如市；白露横空，红蓼接岸，兼葭中，征雁一声，菰蒲里，铁笛三弄，客此者动莼鲈之思；元霜粟冽，宿乌惊寒，深血迷漫，蓑翁独钓，虽景物哀飒，而隐隐鱼矶，淡烟数屡，亦发山阴之兴。至于微波忽动，曲织成文，如纤縠轻盈；泊而阳侯喷薄，浊浪排涌，又如神龙之出没；空明浩渺，一望皎然，如玻璃映射；倏而流光波荡，灼灼耀目，又如金蛇之闪烁。此则风姿月韵，流转于四时朝暮之间。然则之湖也，萃千山之秀，撮万有之奇，尽态极妍，洞心豁目，洞庭、彭蠡何多让焉'

### 4、获麟晚渡

"获麟晚渡"这一历史景观，是指位于济宁市城北20公里有"二济宁"之盛誉的长沟"获麟古渡"（今任城区长沟镇回林村）晚上的繁华景象。

据史载，春秋时期鲁哀公十四年（前481），鲁哀公带群臣到大野泽狩猎，叔孙氏家臣鉏商捕获异兽，献于哀公，问于孔子。子曰："麒麟，仁兽。"时年孔子71岁，正著《春秋》，因此绝笔。《春秋》只写到"西狩获麟"，鲁哀公回宫路经长沟，因此该地得名"获麟村"，现在名叫"回林街"。元代至元二十年（1283），兵部尚书李奥鲁赤主持开挖济州运河，长沟便成为有名的重镇。到了明朝永乐九年（1411），"南旺分水"工程，使汶水"三分下江南，七分朝天子"，又在南旺南北建节制闸，十里一闸，共38道。长沟获麟村亦建了节制水闸，名为"获麟闸"，也称 "获麟古渡"。这里一闸担京杭万里水运，内引外联，地位突显。更重要的是， "获麟古渡"就位于蜀山湖滚水大坝旁，滚水大坝不仅是调节水运的枢纽，而且还是护卫济宁州数万生灵的生命闸。由于白英修"水柜，，蓄水调节水运，开挖南旺湖、蜀山湖以济春运。其中蜀山湖就压在回林薛海一带。由于长沟地势比济宁古城墙还高，因此，蜀山湖就像挂在济宁州肩头的一袅水，一旦水大堤决，顺流而下，就会出现"一瓢湖水覆济州，数万生灵漂水中"的灾难，因而蜀山湖堤坝建设和"获麟闸"的维护就至关重要了。明、清两朝均在此设闸官衙门，修河护堤，经营水运，从而使长沟成为水旱两路繁华的商埠码头。河内百舸争流，樯桅如林，桨声纷纭。南言北语之声不绝，东声西音连绵不断。岸上车水马龙，商贾云集，市喧人嚣；茶坊酒肆，灯光流转；街中夜半更深，行人不断。当时文人凭借这一历史典故，名曰"获麟晚渡"，长沟也有了"二济宁"之称。曾有明代郡人潘呈念为"获麟晚渡"题诗七绝一首：

> 计程千里赴幽燕，一片征帆带远天。
>
> 枫叶芦花秋色里，舟人指点获麟川。

"获麟晚渡"还因"两山夹一庙"的"掉龙碑"、"黑风口"而名噪一时。

所谓"两山夹一庙"的"两山"，指的是获麟村内两个古老破屋的残垣断壁的山墙，中间野草丛生，槐柳争荫，狐兔争穴，鸟雀穿梭，自有一番天然野趣；"一庙"是指在两堵山墙间的"获麒观音庙"，明代兴建，清代重修，正殿三楹，硬山式烂不堪，殿内的壁画依稀可辨）。庙前有明代获麟修河碑和掉龙碑斜矗（现残存在村内）。当年获麟观音庙香火炽盛，四方商贾叩神焚香以求发财，善男信女云集拜佛以求平安，达官贵人捐资香火以求富贵。据说，明清皇帝路过这里时，也都来参拜观音娘娘。

"掉龙碑"相传是西天一青龙经蜀山湖，低头一看，碧波万顷，荷菱争艳，青苇浩荡，水衔蜀山，银鳞青螺，它看得目瞪口呆，竟自天而坠，变为"掉龙碑"。

"黑风口"传得神乎其神，其实是一条南北走向狭长的喇叭状胡同，在获麟

古渡东侧。站在北口，放眼便是水波荡漾的蜀山湖。据说这个胡同里狂风阵阵，风速极快，胡同北头蜀山湖岸边不敢站人。对着胡同的蜀山湖水面，菱荷不生，芦苇不存，昼夜水惊浪慌，飞鸟不向北来。夜半时分更是阴风嗖嗖，向南举脚难放，向北风吹拽衣。胡同北头湖边，草鹭惊飞，野狐悲鸣，水哭苇号，绿光幽幽，鬼影憧憧。身处其境，不寒而栗。由此，黑风口之名传遍南北。据说，清末年间有一济宁人在南方做官，有一个长沟商人在他辖地犯了法，被捕入狱。堂审时，听犯人说家在济宁长沟，原来是老乡，不觉动了恻隐之心，于是提笔判道 "流放到两山夹一庙、掉龙碑、黑风口，永不赦免"。别人认为判得不轻，其实是放他回家。

时光荏苒，"获麟晚渡"虽然不存在，但其当年的盛景和美丽的传说，仍一代代流传至今。

九、历史遗存文化

# 九、历史遗存文化

任城区辖域内历史遗存文化底蕴丰富，年代久长，范围较广，文物繁多，是研究历史发展的一座宝库。新中国成立后，有关文物单位和专家先后对境内文物进行过四次普查，发现远古遗址40处，古代墓群7处，名人墓葬10处，汉代石刻近千块，其中全国罕见的肖王庄汉墓出土的800题记刻石，共有4000个隶字，汉画像石有16块，汉碑被誉为"中国汉碑半任城"，古代建筑10处，收集馆藏文物1000余件。

## （一）古遗址

### 1、党堌堆遗址

党堌堆遗址位于长沟镇党庄北，东西两边为旱沟，中间高，四周低，呈缓坡状，高出地表约4米，东西宽40米，南北长50米，面积2000平方米，其文化层堆积2—3米。采集文物有鼎足、瓶口沿、盆口沿、红陶鼎、夹砂红陶鬶、壶等。遗址除部分受损外，基本保存完好，为大汶口文化遗址。1985年，公布为济宁市重点文物保护单位。

### 2、贾庄遗址

贾庄遗址位于李营镇贾庄村西，面积约3000平方米。文化层堆积较薄。暴露遗物有房迹、灰坑等，采集文物有鼎、石斧、罐、石凿、夹砂红陶鼎、足罐、壶口沿等，属于约公元前4500年—公元前2400年的大汶口文化，破坏较为严重。

### 3、琵琶山遗址

琵琶山位于济宁市任城区琵琶村的东部。由于该"山"西北宽，东南窄，形状如琵琶。故称"琵琶山"。

经考查，此"山"原是一个约有三十亩面积的大堌堆，岗势平缓，荒冢连绵，封土累累，松楸掩映，俨然是一座古墓群。这与济宁州志所记载"培楼逦迤"相一致，与传说的"陵丘"相吻合。1963年，山东省博物馆发掘了这一古墓群。发掘出的石斧、石铲、石镰、石锤等石器和一些陶器，确定为新石器时代的文物，属大汶口文化，距今6000多年。据史籍记载，任城一带在新石器时代为"教民渔猎"、"制嫁娶"的太昊后裔风姓东夷族有仍氏繁衍生息之地，"青帝太昊之遗墟"，堪称原始先民典型聚居处。

### 4、寺堌堆遗址

寺堌堆遗址位于唐口镇寺下郝村东。遗址封土高出地面5米，平面略成圆形，直径约100米，面积约8000平方米。遗址上原有寺庙。文化堆积约5米，内涵丰富，是多个时代的遗址，底部为龙山文化遗址，距今有4000多年，土质较松软，灰褐色，夹有红烧土块，出土文物有鼎、罐等陶片、骨器、石器。龙山文化层以上为岳石文化，距今3500多年，依次为商周文化层，秦汉、魏晋的叠压墓葬，汉代石椁墓打破文化层。最上是近代文化扰乱层。暴露遗物有灰坑和叠墓葬等，采集文物有石斧、石刀、石镰、纺轮、骨针、蛋壳陶、磨光黑陶片、鬼脸鼎足和绳纹鬲盆口沿等。遗址保存完好。1977年12月，公布为山东省重点文物保护单位。

### 5、城子崖遗址

原名乘邱故城遗址。位于长沟镇城子崖村内，面积4.5万平方米，文化层堆积较厚，属"亚"字形小城。采集文物有鼎足、蛋壳陶片等，为龙山文化遗址，保存较好。1985年，公布为济宁市重点文物保护单位。

### 6、义合遗址

义合遗址位于二十里铺镇义合村北。东西宽50米，南北长60米，面积3000平方米，遗址中心有4米高台基。文化层堆积3米，出土文物有石刀、陶罐、杯、鼎、鬲等残片。为龙山文化，保护较好。1985年，公布为济宁市重点文物保护单位。

### 7、郑家堌堆遗址

该遗址位于二十里铺镇十里铺村西。四周呈缓坡形，面积1—1.5万平方米，遗址中心高出地面约1米。出土文物有罐、鬲及汉代板瓦、筒瓦残片。为龙山文化遗址，南部因挖沙而受损，其他三面保存较好。

### 8、潘王营遗址

该遗址位于二十里铺镇潘王营村东北处，面积3000平方米，中心稍高。出土文物有陶杯、陶盘、陶罐、陶鬲残片。西部遗有灰坑、窑坑。为龙山文化遗址，保存较好。

### 9、葛亭遗址

葛亭遗址位于二十里铺镇葛亭村西部，地势平坦，面积约1万平方米。文化堆

积厚0.5-1.5米，出土文物有板瓦、筒瓦、瓮、盆、罐等陶瓷残片。为秦汉时期遗址，保存较好。

### 10、亢父故城遗址

该遗址位于喻屯镇城南张村北部。是秦代设置的县城，距今2200多年。

湾子村为故城中心，城南张村小学为故城西南角，村西北约500米为故城东南角，城后村南300米为故城东北角，顺河村东南100米为故城西北角，边长约1200米，大致呈方形，城垣痕迹依稀可见，西、南、北三面尚有护城河遗址。遗址为黄泛冲积地带，故城已为水田覆盖。文化层距地表约1.5—2米，出土文物有零星板瓦、盆、罐及残陶碎片。1980年，采集完整的罐、杯各一件，为汉代器物。1985年，公布为济宁市重点文物保护单位。1992年6月，升格列为山东省重点文物保护单位。

# （二）古墓葬

境内遗存的古墓葬多为汉代墓葬，其结构为砖石砌成，墓穴多为南北、东西方向，墓主多是帝王将相、达官名人等，如肖王庄汉任城王墓群、汉丞相灌婴墓等。也有不知名的一些墓群，只好以其坐落地区而命名。

### 1、南韩墓群

南韩墓群位于任城区长沟镇南韩村南，墓群东西宽50米，南北长80米，面积4000平方米。地表发现有汉代陶片，1990年，出土汉画像石。墓群局部被毁。

### 2、张山墓群

该墓群位于长沟镇张山村西山之上。1976年，出土汉画像石一块和汉代陶片。1988年3月，征集到出土汉代陶罐一个，罐体绘有花纹、人物图案，刻有"山阮下"陶文。在张山山崖上发现汉代悬棺。

### 3、黄楼墓群

该墓群位于任城区接庄镇黄楼村西南约300米处。20世纪50年代初期为封土堆，高约5米。70年代被夷为耕地，开挖出墓室多座，有石室、砖室。出土文物有汉代陶壶、鼎、罐、盆、铁剑、五铢钱和汉画像石一块。

### 4、陆桥墓群

该墓群位于任城区石桥镇陆桥村东北约300米处。墓室多为砖、石结构，部分已被破坏。1980年，收集到部分汉代釉陶壶、鼎、罐、铜镜、铜剑、五铢钱等墓群破坏较为严重。

### 5、城南张汉墓群

该墓群位于喻屯镇城南张村东南、蔡河北岸。原为建安七子之首的王粲墓，为东汉王氏家族墓群。1981年，文物普查时发掘汉画像石13块（国家一级文物）。坟墓封固完好。1985年，公布为济宁市重点文物保护单位。

### 6、状元墓

状元墓位于任城区金城街道办事处文胜街西，面积440平方米，高5米，呈半圆形，由土堆砌而成。是金朝泰和年间状元李演的衣冠冢，故称状元墓。据《金史》载："李演，字巨川，任城（济宁）人。泰和六年（1206）举进士第一，除应奉翰林文学，后赠济州刺史。"当李演因父病逝在家守丧之时，适值金代贞祐二年（1214），元兵南下围攻济州（任城），面对强敌，李演与济州刺史谋划防守之策，召集州人为兵，组织武装力量守城，与元军搏战三日，因战斗力薄弱，战败被俘，但李演宁死不降，慷慨就义。为表彰其功德，金朝追赠为济州刺史。李演在乡民遭涂炭之时挺身而出，深受当地百姓崇敬。相传元军退后，济州民众每人捧了一兜土，于州城西门外稍南，营造了规模很大的衣冠冢，以示纪念。金朝宣闻之，诏有司为其立碑旌表。状元墓前有石马、石羊、翁仲等石仪，1966年遭破坏。出土文物有铜锅、铜炉、铜风箱、案板等，现分别藏于山东省博物馆、济宁市博物馆。

## （三）古建筑

任城境内古建筑主要有寺庙、房舍、园林、桥梁等建筑物。如南张镇的凤凰台，李营镇戴庄天主教堂、苕园等。至今遗存的古建筑有：

### 1、寺庙教堂

(1)获麟观音堂

位于任城区长沟镇获麟村（今称回林村）内。明代兴建，清代重修。存正殿三楹，硬山式建筑。殿内绘有壁画，已模糊，外墙嵌有明、清石刻四块。

(2)三义庙

位于任城区长沟镇张山东村，建于清代嘉庆年间（1796—1820）。该庙用青砖青瓦建成，上书"三义庙"，旁书小字"清光绪十五年"。屋脊蹲有怪兽若干，东西南北皆有龙头。庙内原有刘备、关羽、张飞塑像，墙壁上绘有彩色壁画"桃园三结义"、"过五关斩六将"、"挂印封金"、"大战长坂坡"、"白帝城托孤"等三国故事。至今还有老年人在庙前烧香求雨的祭祀活动。

(3)薛屯关帝庙

位于任城区唐口镇薛屯村内。该庙坐西向东，存正殿三楹，硬山式建筑。以木制门柱雕刻的对联为佳，上联是"师卧龙友子龙龙师龙友"，下联为"兄玄德弟翼德德兄德弟"。对联以关羽的口气说出军师诸葛亮和义弟赵云，又以"三结义"的称谓说出大哥刘备和三弟张飞。

(4)东大寺

位于任城区古运河畔，始建于明洪武年间，是朱元璋为奖掖卓有战功的回族将领而修建的礼拜寺。清康熙年间扩建，乾隆钦赐重修。寺院前临古运河，后靠商业街。整体建筑宏伟壮观，结构严谨、庄重，高大巍峨，是典型的阿汉相结合的宫殿式古建筑群。占地6650平方米，建筑面积3324平方米，附属建筑分布在大殿周围。距今已有600余年的历史。东大寺年代久

东大寺

远，保护完好，具有很高的艺术欣赏及文化价值，是全国现存著名五大清真寺之一。

2006年6月，由国务院公布为全国重点文物保护单位。

大寺前共有三道门，即木栅栏、石牌坊、院门。刻有"清真寺"三个醒目大字的日月石坊，耸立在门前的院中央，使龙首式的前门显得更加庄严肃穆。进入前门，迎面是一座两层古色古香的"邦克亭"，亭高10.5米，画梁绘栋，名人题写的阿汉匾额悬挂亭外，亭两侧各有一座透雕滚龙柱擎起的牌楼及南北堂各六间。穿过邦克亭则是大寺的主体建筑礼拜殿，俗称大殿。

大殿，阿拉伯语称"麦思直代"，由卷棚、正殿、后殿(亦称后窑亭)组成一体，三个建筑的房顶前后互为勾连相接，形成庞大的内部空间。面阔28米，进深42米，最高点约31米，占地1000多平方米。其中卷棚面阔5间，进深3间，前列檐

柱12根，三面开敞，木栅栏隔挡，上悬阿汉文匾额13块，圆形阿文石碑4筒；正殿黄绿琉璃瓦房面，单檐歇山顶，琉璃图案装饰。殿内7间15栋，由28根粗两围的朱漆木柱支撑，前有20扇珍贵金丝楠木门窗做殿门。门窗高约5米，上边3米为窗形，由四方豆腐块组成，内有菱形花纹。虽经数百年历史沧桑，门窗仍完好如初，殿内可容纳1000多名穆斯林同时礼拜；后殿三层楼阁，顶层由六角伞盖形覆盖，次层四角形建筑为底座，底层由12根高大石柱三面支撑，房面黄绿琉璃瓦铺盖，铜鎏金凤摩宝顶在阳光照射下熠熠发光，使宏伟的大殿显得分外夺目。

大殿北为水房，建筑面积180平方米，为硬山式建筑，上覆六角凉亭，青砖绿瓦，四面女儿墙，顶饰绿色宝顶，挑角滚脊，油漆彩绘。前门两侧各立3米多高的记事碑，后门有回廊外延，旁有一棵近三百年的石榴树，枝繁叶茂，仍在开花挂果。大殿南为新建160平方米的碑廊一座，东西走向，明清建筑风格，两端四角亭，中为马鞍形仿古长廊，内立明、清及近现代碑碣20余块。东亭"御碑亭"，系明太祖御笔题写的"百字赞"碑。西亭"龙蹲亭"，内存乾隆下江南来寺游览休憩时坐过的一块青石，至今完好，故称此石为"龙礅"。两亭悬挂的匾额，由乾隆嫡嗣六世后人爱新觉罗·毓良先生补书。

望月楼位于大殿之后，实为独处的门楼，是穆斯林"斋月"期间登高望月的地方。楼为两层，重檐歇山式，斗棋罗列，砖木结构，顶脊山墙，均安装鸱吻、水鸟荷花图案的琉璃饰物。一对刻有明朝花纹的门枕抱鼓石分列门傍。高透雕凤戏牡丹石柱和凤戏牡丹琉璃墙饰，与前门龙柱、二龙戏珠八字墙遥相呼应，形成前龙后凤的特色装饰，整楼以精巧玲珑、独具一格久负盛名，堪称我国清真寺建筑之一绝。楼北设有沐浴室，南侧为教长居室，楼西为后门，面西，与围墙相接为牌坊式建筑，全木质结构，飞檐斗棋，滚脊挑角。上悬"古礼拜寺"红地金字大匾。两根石雕坊柱雕凿精湛，对舞的凤鸟有展翅欲飞之感，与前大门的雕龙抱柱相映成趣，寓"龙翔凤翥"的祥瑞意境。

东大寺因运河而建，因运河而兴，因运河命名（俗称顺河东大寺）。其建筑规模、建筑形式、文化底蕴充分显示了齐鲁文化、运河文化、伊斯兰文化在东大寺的交融统一。在国际上享有很高盛誉，中国伊斯兰教大师、经学教育山东学派创始人常志美，曾在此著书立说，设帐授徒。寺内十大景观（俗称十大古）在国内外有较大的影响，其名称分别是：运河靓影、日月石坊、前龙后凤、邦克颂远、红日冠顶、钟鼓不鸣、楠木红门、龙泉明井、安息石榴、西楼望月。寺内存有多件珍贵文物，如：明宣德大小瓷香炉、明手抄本《古兰经》、明天顺三年修寺芳名碑、阿汉

文字匾额(内含乾隆御笔)的楹联及明清以迄现代碑碣等。此外，后殿外墙上镶嵌着42块名人书写的阿拉伯文书法艺术碑刻，亦别具风韵，令人称奇。

(5)黄家街基督教堂

坐落在济宁市任城区黄家街的西首。2001年被公布为市级重点文物保护单位，是济宁市基督教三自爱国运动委员会、济宁市基督教协会所在地。

教堂始建于1925年，为古堡式建筑，北、西两面临街，坐东向西，砖石结构，红瓦屋面，门前石砌台阶，玻璃拉窗，造型美观大方。教堂主体长25米，宽14.4米，檐高8.5米；上有钟楼，下有地下室，原有合金钢钟一口（"文革"期间遗失）。顶层是一座六角形圆顶钟楼，高21米。堂内有连椅座位(含二楼阶梯座位)，可容纳700余人，东端设有讲台，左侧为乐器台，讲台后边为慕道友受洗的浸水池。

早在20世纪初，属于美南浸信会的差会，就派传教士李寿亭(平度人)来济宁，在黄家街南买了一处民房开始传教办学，其中三间北屋用作礼拜堂。后来又派王洪海牧师、美国传教士道哲斐、葛纳理夫妇、李约翰夫妇到济宁，又买了周围民房、空地，修建住房，礼拜堂由三间扩大到八间。1911年，正式成立了济宁基督教浸信会。葛纳理从1920年起先后在美国和中国信徒中募捐，于1925年建成黄家街基督教堂。并以此为中心吸纳信徒，由城内发展到城郊，邻近的泗水、邹县、嘉祥、巨野、郓城等县民众也加入信教队伍。

1938年初，日军侵入济宁。教堂周边群众、年轻妇女为躲避日军的暴行，纷纷到教堂避难，教堂为受难群众提供方便，保护了大批无辜群众免遭日军的杀戮、奸淫、侮辱。在日军对济宁进行狂轰滥炸后，人们发现在教堂东北角水塔一侧有一颗炸弹栽入地面未能爆炸，后被排除，人们虚惊一场，教堂幸免了一场毁灭性的灾难。

"文革"期间宗教活动被停止，教堂被手帕厂占用。1985年，落实宗教政策后，工厂迁出教堂，并对教堂进行修复，于1986年6月18日正式开放。黄家街基督教堂在历经沧桑近一个世纪后，其古朴典雅风范仍存。

2000年5月，济宁市基督教"两会"在教堂院内南侧建成集培训、会议、办公、住宿、车库为一体的综合教牧楼，楼高三层半，建筑面积1150平方米。经过维修和续建的黄家街教堂采用先进的光、电、声、像技术组织讲经、传教。目前新老建筑浑然一体，可同时容纳千余人做礼拜，成为济宁一带基督教义的布道中心和爱国爱教的宣传教育阵地。

2、声远楼

声远楼为铁塔寺内的建筑之一，在市博物馆院内，东邻"汉碑馆"，西伴"济宁铁塔"。据《济宁直隶州志》载，"钟楼乃胜国所遗"，始建于北宋中叶。后经元代至正十三年（1597）、明天顺四年（1460）以及清代乾隆、道光年间不同程度的修缮和1978年、2006年的大修延

声远楼

存至今，已有近千年的历史。楼建在高3.5米、宽15米、阔18米的台基上，外砌青石，上立碑碣，肃穆庄严。楼为十一脊十字顶正方形两层楼，下以12根方形石柱作外围的主要支架，内以四根通天木柱支撑着顶端的梁檩，上、下两层的四檐和周围补间均以斗栱承托。顶覆灰瓦，挑脊上饰有按序排列的鸱吻、飞禽、走兽等。正中顶端设有一头东尾西、昂首怒目、背驮宝葫芦的麒麟，俗称麒麟送宝。全楼雕梁画栋，朱甍映日，飞檐陡峭，风铎铮铮，堪称亭阁式建筑之典范。楼通高17米，楼内设木制楼梯可拾级而上。

楼上层悬巨型铁钟一口，高2.2米，壁厚0.2米，唇周长4.5米，重7.5吨，系宋代铸制。钟形古朴浑厚，撞击其声"运大化而张天声，发雷霆万物，铿訇江洋。上可以通乎九天，下可以彻乎九地"，音质浑厚而嘹亮，声传数里之外。楼因此得名"声远"。万历年间济宁道台龚勉（锡山）手书"声远楼"三字匾额，悬在二层檐下的正前方，字体雄浑，刚劲飘逸，特别醒目壮观。据清道光年间进士济宁名人许鸿馨《重建铁塔寺钟楼记》云："达洪音粲谷蒲牢，晨吼声激眛旦之霜，狮子宵吟响破黄昏之月"，"一百八声"，"唤醒五十四处，其为功也"。该钟为佛事活动时或逢水、火、兵、燹之灾作报警之用。声远楼历史悠久，楼内大钟稀世少见，具有十分重要的资料价值，1988年与所在的铁塔寺建筑群一起被国务院公

布为国家重点文物保护单位。

3、潘家大楼

潘家大楼位于任城区古槐路路西，是20世纪20年代北洋军阀潘洪钧的私邸，亦是济宁市区近代规模宏伟、结构新颖的一所豪华官僚宅第。

潘家大楼

潘洪钧，字子和，又名伯钊，河南鲁山人，保定讲武堂毕业，曾任军阀吴佩孚的中央第一旅旅长，驻防济宁。1921年，潘奉令出征湖南，与唐继尧部队作战获胜，发了一大笔战争横财，回济宁后兴建了私邸潘家大楼，富丽奢华。潘一生最信六爻，这座房子的大门原在北门大街路西朝东，按"八卦"的爻象定为"巽门坎主"，后改在院后街路北。

潘家大楼分为三进院落和东西两跨院，1925年建成，总占地3985平方米。大门面对十分讲究的砖石结构影壁一道，门外为八字粉墙。两个雕凿细致的青石圆雕石狮分列门楼左有。

第一进院为前厅院，置硬山式明三暗五北厅房五间，东西配厅各三间，北厅为过厅，是通往第二进院的通道。此门平时不开，需绕东便道的二道门而行，只有逢重大节日或举行仪式时方开此门。

第二进院为腰厅院，设七间硬山式楼房为北厅，厅设前厦，置护栏，楼上亦为上房院的南楼。东西各设五间配厅。

第三进院即上房院，也称群楼院，世称群楼，实则为四面结成一体的一座楼，为此宅的主体建筑，通高14.5米，其构造别致，十分讲究，按"八卦"序列主次排列。南楼（即二进院的北厅）及北楼七开间，分上、中、下三层，东西配楼各五间，均为二层，外部四面墙体相连，内部回廊相接，中间偌大的天井院落，是集会、演出的理想场所，在二、三楼游廊抚栏俯视，即可窥视全貌，其豪华设计可见一斑。天井顶部覆盖木质顶棚、藻井，四角各开天窗，雕梁画栋，独具匠心。楼之两端，即四角隅空间，均有耳房组成楼梯问通往一楼。三楼是全楼最高点，通高14.5米。三楼为七间。周设游廊，中无墙壁，全木结构，玻璃门窗，木构精雕细刻，民族风格突出，是民国年问珍贵的艺术制作。

东跨院有前、后厅各3间，连群房共27间。西跨院有潘的会客厅。前厅堂又跨西院，为潘的机要客房。南面临街处一列平房，系潘的马弁、侍从、仆役、轿夫、杂役人员的住所。大街路东设一兵营，为潘的卫队驻扎，西南隅有一间当时专供潘家私宅用电设的发电房。除此以外，在今西关体育场一带，还有一座潘家花园。

据说，潘意欲金屋藏娇，把他的八房姨太太均安排在大楼的二楼。但不久潘发现了一位姨太太与马弁（护兵）通奸的行为，盛怒之下将八房姨太太及其奸夫全部杀掉，埋于潘家大楼的后院，这就是济宁百姓所传说的"潘子和杀家"。潘因丑闻在济宁无法住下去了，适逢移防，就把他新建的潘家大楼卖给奉系驻济宁的军阀褚玉璞。由于战争频繁，潘家大楼曾被各个时期的军政要人轮番占据。新中国成立后，分别为中区公安局、任城区公安局、市商业局招待所使用。

目前，二、三进院落保存较好。

潘家大楼原有楼堂房舍180余间，是民国初期的私人官邸，其布局合理。

尤其保留至今的主体建筑群楼，更是匠心独具，楼内游廊周环，层层勾连，丹柱罗列，门扉一面，枋柱彩绘，画屏雕栏，疏朗有致，堪称典范，是集住宿、接待、演出、公务活动于一楼的大型艺术性建筑，对研究民国时期的建筑史有着十分重要的意义。2006年，被公布为省重点文物保护单位。

4、吕家宅院

吕家宅院位于任城区财神阁街路北，是吕德镇的私人住宅，现为任城招待所使用。

吕德镇，字静之，系晚清贡生，举孝廉方正，民国初为济宁县众议院副议长，是济宁城内具有雄厚经济实力的民族资本家。祖父吕福恒其时已富甲一方。

其父吕庆圻亦为贡生，曾是县议会议员，世居济宁

吕家宅院

城内财神阁街。吕氏朱门广厦，深宅大院，由财神阁路北通至文大街路西，楼房瓦

舍二百余问。吕家早年祖营商业，在金乡县开设"济义典"一处，资金雄厚，规模很大，至民国初已具有一百余年的历史。随后在济宁陆续扩大经营，开设"义茂"、"义亨"、"义源"钱庄三处，"义平"、"义盛"估衣店两处，"南义聚"、"东义聚"杂货栈两处，"义聚簏"、"义聚励"洋布、杂货栈两处。并与洋商"美孚洋行"订立合同，包销鲁西济、嘉、巨、郓各县的"亚细亚"煤油、"僧帽牌"洋烛，设立的专柜为"通义公司"，包销英美烟草公司的烟卷专柜为"义记烟公司"。又在小南门外设立"义昌蛋厂"，开办蛋品加工的出口工业。于民国十三年（1924）将西马道的"谦吉典"由李姓手中接盘过来，改称"同义典"，早年还有与王慕周合资经营的"豫丰典"等等。其时吕家已是工商兼营、土洋皆备，营业项目从典当、钱庄到做衣、杂货。

从进口"五洋"到出口蛋品。商号的设置，从接近北城的院门口以南到小南门外。二里长街的各店字号均以"义"字命名，统称为"义字号"。在济宁城关义字号的商店林立，遍及县城内外、运河南北，曾有"吕半城"之称。

吕家宅院当年建筑规模之大、用料之优良、工程之精巧，在济宁城私人住宅中可谓是佼佼者。当时宅院为三进院落，正宅大门三楹，高台阶上两扇红漆流丹朱门，照壁墙后面是前院会客厅。第二进院落为会见亲眷之处，院落穿堂三间，上房三间，东西配房各三间，均为硬山式建筑，顶覆灰瓦，前有廊，后有厦，正房两侧各设通道通往后院。第三进院落为楼院，有两层堂楼一座，上下均为五楹，重檐硬山式建筑。灰瓦罩顶，前廊后厦，两端各设耳厦；东西配楼各三间，与主堂搭配协调、和谐，西北处开辟一小花园，堆土砌石垒筑假山、凉亭，环境典雅、恬静，可惜后来被毁。院内植海棠、丁香、女贞等奇花异树。

吕静之自其父谢世后，继承了全部财产，但他身为官臣之裔，自幼饮甘餍肥，虽然位居十四座"义"字商店的全权财东，但他终日呼奴使婢，奢华逸乐，过着安富尊荣的生活，对于商业上的运筹毫无作为，以致大权旁落。各店经理、掌柜形成"诸侯分据"、"独霸一方"、各自为政的局面。由于吕静之不善躬亲管理，造成了各店主持人的割据中饱，加之时势所迫、军阀敲诈、通货膨胀等一系列原因，结果弄得一败涂地，全部商号一齐歇业倒闭。吕静之负债逃亡到天津，他的一切不动产由"债权团"处理。1940年，吕家宅院被反动组织"一贯道"道首张天然从"债权团"手中买下，当时还有房屋一百多间。由此，吕家宅院更姓为张，成为"一贯道"的活动阵地，全国各地信徒进进出出，一时热闹非凡。

1946年1月济宁解放以后，张天然畏罪逃亡四川，后自杀身亡，吕家宅院成为中共济宁市委驻地。1968年市委迁移新址，这里作为市委机关招待所，从此面貌更新。1985年餐厅建设时，曾在当时小花园里发掘出当年张天然出逃时埋在地下的玉器，现收藏于济宁市博物馆。

吕家宅院是清末民初的私人住宅，砖木结构，前后院布局合理，院院相通，主房与配房搭配协调、和谐，民族特色突出，传统风格浓厚，是研究清末民初民居的实物例证。2006年，被公布为省重点文物保护单位。

5、桥梁

（1）石桥

位于济宁市任城区石桥镇前石桥村村南古泗水之上。该桥始建于唐代，青石叠砌三孔拱桥，桥栏雕刻有花纹。横跨泗河，为任城县通往滕县的古道。明代初期，贾氏从济南附近五里村迁此定居，故因桥取村名石桥。现为石桥镇、前石桥村委会驻地。

（2）夏桥

位于济宁市任城区金城街道办事处西小光河之上，建成于清代道光年间中叶（约1835年），距今260多年。桥面宽6米，长14米，为拱形三孔石桥，桥面两侧各有栏杆13个，桥身两侧分别有两龙头、两凤尾，龙头朝南，凤尾朝北。因当时漕运发达，济宁直隶州知州组织民众在济宁西门外开挖小光河与运河沟通，以便漕运。但从西门向西无路可走，时任济宁州盐务道台主管夏氏，为官清廉，经常于州衙架锅施舍于民。在任期间，夏氏父母双亡，为尽孝道，择墓地于现在金城办事处西孟社区东，原称夏家林。为造福百姓和夏氏家族每年扫墓祭祖需要，夏氏出资在小洗河上建桥，故以姓氏而得名"夏桥"。20世纪80年代，济宁市政府出资维修此桥，将原有受损的雕花石护栏改修为钢筋水泥护栏，桥面无大修葺。由于常年受风蚀和雨水冲刷，已被有关部门列为危桥，禁止通行，给予保护。2001年，被济宁市公布为重点保护文物。

## （四）碑刻遗存

任城区境内现存石刻非常丰富，主要有汉画像石、各种碑、墓志铭、石雕等，其中以汉代画像石和汉碑最具特色，是国内罕见的国家一级珍贵文物。

1、汉画像石刻

汉画像石刻的产生与发展是与汉代社会经济、政治、思想相联系的。具有显著时代特点的石刻文化，从各个不同方面，透视和展现出雄浑博大、蔚为壮观的汉代

艺术世界。任城境内出土的汉画像石刻17块，数量之多，艺术之精，内容之丰，属国内罕见。常见的画面有三皇五帝、伏羲女娲、夏代禹桀、文王及十子、古代圣贤、孔子见老子、孔门弟子、周公辅成王、扁鹊针灸、忠臣义士、忠孝烈女、神话传说、车骑出行、楼阙燕居、恭迎谒拜、庖厨宴饮、乐舞百戏、博弈游戏、水陆攻战、胡汉战争、狩猎捕鱼、生产劳作、曲艺杂技、亭台水榭、飞禽走兽等等。刻法有浅刻、浅雕、浮雕等，形式不一，风格各异。展现了汉代社会生活、风尚习俗、儒学治国、经济发达、军事强大、科技发展的广阔画卷。可以说是汉代社会的一个缩影，是研究汉代社会历史、艺术文化的"百科全书"。

2、汉碑

任城区的汉代碑刻分为碑、刻石、墓记等几类，大都是东汉时期的。这些文字石刻是汉代的人们表功、记事、追颂死者或祭祀神灵等重要行为的实物见证，是研究汉代历史文化、书法艺术的实物资料。

（1）景君碑

为任城景氏三碑之一，全称"汉故益州太守北海相景君铭"，简称"景君碑"。东汉汉安二年（143），立于济宁城南景村景君墓前。大约在元代天历年间（1328—1330），对汉碑保护有杰出贡献的梁九思将其移入济宁州学。1929年，济宁县教育局局长王大恕集资建小金石馆，将其移入。现存济宁市博物馆汉碑室。

景君碑高223厘米，宽78厘米，厚19厘米。圭首，有圆穿。碑额刻篆书"汉故益州太守北海相景君铭"2行12字，字径6厘米。碑阳刻隶书行文17行，满行33字，字径3厘米。主要叙述了墓主人的姓氏、籍贯，颂扬其德学才能、功绩勋业，对他的死表示哀悼。东汉时门生宗党之风盛行，门生故吏集资立碑极为普遍。景君碑碑阴刻字4列20行，前三列，每列18行，刻集资立碑的门生故吏、亲友的官职和姓名，之下又刻"行三年服者八十七人"，最后一列，两长行通贯全碑上下，刻四言韵语18句。

景君碑

根据碑文的记载，景君不知其名，是任城景氏族人，他克己治身，刚柔相济，能文能武，兴利惠民，历任大司农、元城（今河北大名县东）宰、益州郡（治所在今云南晋宁县东北晋城镇）太守、北海（治所在今山东昌乐县西）相。景君在北海相任期内，功绩卓著，深受当地百姓爱戴。他死后，"农夫释末，商人空市，随舆饮泪"，乡党故吏悲哀，有87人穿三年孝服并守墓三年，反映了景君生前威望极高。

景君碑书法规整，雄健古雅，是汉隶的典范之作，为后世学习汉隶的范本。书体虽为隶书，但仍存篆意，曳脚处以篆佐成尚处于篆书向隶书的转变过程中。

康有为评价此碑"古气磅礴盖和帝以前书皆有篆意"。景君碑是研究汉隶难得的实物资料，同时该碑在研究汉代官制、礼仪制度、丧葬习俗方面均有重要的参

（2）郑固碑

全称为"汉故郎中郑君之碑"，是东汉郑固的墓碑，立于东汉桓帝延熹元年（158），现藏济宁市博物馆。

郑固碑碑首呈圭形，有圆形穿，穿的直径为2厘米。碑额刻篆书两行："汉故郎中郑君之碑。"碑的右下角残掉，残断部分目前镶在该碑南侧的墙壁上，人们称之为"德字残碑"或"郑固残碑"。郑固碑残高196厘米，宽80厘米，厚21厘米。碑文书体为隶书，共15行，每行19字，字径3厘米。残石现存19字。碑文保存较好，字迹较清晰。

据碑文记载，郑固，字伯坚，性情温和，崇尚儒家人伦，注重个人品德修养，颇得时人赞誉。他在20岁左右就在本郡供职，并历任诸曹掾史、主簿、督邮、五官掾、功曹等职，延嘉元年（158）二月官至郎中，四月二十四日因病去世，享年42岁。

据考证，郑固碑原立于汉代任城县（今济宁市）郑氏家族墓地（原济宁师专）。郑氏家族为汉代任城县的望族，见之于文献及文物资料者已有若干郑姓人物。

郑固碑

金元时期，郑固碑被移入任城文庙，当时碑的下部已残，并被土掩于地下。据《济宁直隶州志》记载，清雍正六年（1728），济宁人李化鹏在济宁文庙泮池左侧掘土得残石一块。乾隆四十三年（1778）六月，定海人兰加瑄在济宁文庙取土时，将郑固碑掘出，经对照，方知雍正年间所出残石为郑固碑右下角残掉部分。民国十八年（1929），济宁县教育局局长王大恕在铁塔寺集资建房五间，将济宁文庙郑固碑等散置汉碑移入，名为小金石馆，俗称汉碑室。1985年，交由济宁市博物馆管理。

郑固碑书体端庄典雅，具有结体内敛中紧、横画左右开张的特点。清金石学家万经评价其"笔法坚劲"。翁方纲评其"密理与纵横兼之，此古隶第一"。杨守敬称"是碑古健雅洁，在汉隶亦称佳作"。它与景君碑成为后世学习汉隶的范本。

3、任城县桥亭记碑

刻立于唐开元二十六年（738），简称"桥亭记碑"。此碑由清人张昭移至济宁州学戟门之下。民国十八年（1929），济宁县教育局局长王大恕于铁塔寺东侧建房五间，名为小金石馆，该碑与汉碑八种均移入其内。1985年起，交由济宁市博物馆管理。

该碑圆首，青石质地，高230厘米，宽78厘米，厚14厘米，除下部几字稍有残损外，其余均保存完好，字迹清晰。撰文者游芳及书丹者王子言，生平事迹无法稽考。碑文中所提任城县（今济宁市城区）尉裴迥，为河东人，《唐书·宰相世系表》称其官至员外郎。碑额为篆书，刻"任城县桥亭记碑"。正文为隶书，书体端庄遒丽，书势轩昂，神韵飘逸。书者虽不见经传，但其书法艺术的高妙却为后世墨客所称道。清代金石学家王昶称之为"唐碑之佳者"。宋代以降，《金石录》、《山左金石志》、《济宁州志》、《金石萃编》等金石著作都曾对该碑进行过著录、考释。《桥亭记》碑为山东现存最早的唐碑之一，它详细地记载了任城周围的环境风貌，同时叙述了为迎接唐玄宗封禅泰山路过济宁而精心修筑的桥、亭。该碑所述桥、亭地望，以往金石著作多有推测，笔者认为多有不妥。明清学者多认为桥亭所在之阳门桥在今兖州市城东，今称之为金口坝，金口坝筑于金代，以坝代桥，唐代亦为泗河之干流，而碑文称阳门桥"跨泗之别流"，此为谬之一。唐代任城县往东不及10公里便是瑕丘县境，今金口坝为瑕丘县东境，而碑额直接题为"任城县桥亭"，任城至泗河干流间隔一行政区域，此为谬之二。据史载，隋文帝时，泗河泛滥至大野泽，任城正处在大野泽的东缘，换言之，今济宁市以西至菏泽为古之大野泽。因此，泗水泛滥当由"别流"过济宁西去至大野泽，阳门桥正位于泗水"别流"之上。碑文称桥亭周围景物一概以"河南"，或"水之阳"作为方位标

尺，故阳门桥之河为东西流向，而金口坝泗河干流为南北流向，与桥亭无涉。笔者认为，阳门桥当在唐代任城县近郊，因碑文有"流古墉而却倚"之句，是说"别流"从古城下流过。近几年的考古调查证明，唐代任城县之南有东西向的河道旧迹，故该碑原立于斯地，即今济宁市南郊。

《桥亭记》碑对研究唐代任城城市发展及唐代书法艺术成就无疑具有重要价值，是一份珍贵的原始资料。

4、僧格林沁剿捻碑

俗称"僧王碑"、"征寇纪略碑"，全称为"御前大臣科尔沁扎萨克和硕博多勒格台忠亲王征寇纪略"碑，刻于清代同治九年(1870)。原立于济宁僧格林沁祠内，1971年起，移置济宁市博物馆的汉碑室珍藏。碑青石质地，长方形，高112厘米，宽120厘米，厚15厘米，由于多次移位，加之字径小，刻划浅，约十分之一的刻字已模糊难辨，幸碑文早有著录，故知全碑内容。该碑镌刻于清代同治九年(1870)五月，是由清军粮台委员济宁人许勤业口述，候选训导贡生王春藻撰文，值济宁僧格林沁祠建成启用之时立石。碑文内容均是对僧格林沁剿捻活动的赞美之词。全碑以6000多字的长篇，详细叙述了僧格林沁自咸丰十年(1860)十一月至同治四年(1865)，历时五年，"率众七千人"，以济宁为根据地镇压捻军等农民起义的情况。

僧格林沁(?-1865)，蒙古族，清末将军，博尔济吉特氏，科尔沁左翼后旗人。道光五年(1825)袭封郡王，咸丰五年(1855)晋封亲王，故后人俗称其为僧王。

碑文记载，僧格林沁自咸丰十年(1860)十一月进驻济宁，历经五年，与捻军交战的区域涉及今山东、河南、安徽、河北、江苏、湖北六省，重大战役计20多次。碑文对每次战役的时间、地点、参战双方的兵力、人物、作战形式均进行了准确的记载，其中还夹叙了其镇压捻军起义的同时镇压各地小股农民起义军的情况，诸如东昌黑旗军宋景诗、淄川刘德沛、邹县文贤教、宋继鹏、曹州郭秉均、东明董志信、商丘郜姚氏、安徽秦州苗沛霖等农民起义军等。其交战的捻军包括张洛行所属刘玉渊、赖文光等大部军队。

该碑虽是僧格林沁的"功烈碑"，其中多是溢美推崇之辞，并对农民起义横加污蔑、贬损，但也从反面反映出捻军与清朝统治者势不两立，英勇斗争，动摇了清朝统治者的根基。碑称捻军"悍不可挡"，"贼踪飘忽，凶狠异常"，显示了农民起义军的威力及不甘忍受屈辱的顽强斗争精神。在僧格林沁作为钦差大臣带领清军剿捻的过程中，农民起义军毫不畏惧，进行了顽强的抵抗，许多时候还主动出击，

多次包围清军，先后击毙翼长全顺，都统格绷额、伊兴额，总兵官滕家胜、何建鳌、额尔经厄等清军将领。同治四年（1865）三月二十四日夜，起义军在曹州西北的吴家店野外将僧格林沁军包围，翌日凌晨将这位不可一世的清军将领击毙，并大卸八块投入麦田，大长了农民起义军的志气，在民间播下了抗清的火种，其斗争业绩将永垂青史。

碑文口述者、书写者许勤业是僧格林沁的随军粮台委员，是其近臣，他经历的战争、战役等史料无疑是确切的，剔除其文中的阶级偏见，该碑文对于研究我国的农民战争史、中国近代史均具有重要的史料参考价值。

5、三义庙碑

三义庙碑立于任城区长沟镇张山村．现有赵新房珍藏。该碑立于清代嘉庆二十五年（1820）孟夏。碑的上部中书"大清"两个大字，上有纹饰，中间有一太阳，中书"日"字，两侧各雕有一只朱雀，属"阳刻"手法。上浅刻祥云若干朵，清铜钱一枚，有草装饰两边，山石兰草绘于中。取《易经》寓意："二人同心，其利断金；同心之言，其臭如兰。"其碑文：

重修三义庙金装神像碑记

庙以三义庙者，盖谓三人以义合也。当汉之末，三人意气相投，誓同生死，友谊之笃，真所谓冠古今而独步。为交友者法乎其后。岁月既深，风雨日损，庙貌倾颓，行道之人莫不绝伤。有来顺朱君者，触目伤情，善念顿生，乃众损财重整旧制，以肃观瞻，洵一时之善地。及今二十余载，神彩复又残缺，画亦晦晦难辨。口口口口庙口口烈奖劝人心之意也。于是结社一道，将所积财绘尊神，图殿壁而为之焕然一新焉。功既口口口口口口口口文以记口口口口口。

古任城西北乡人2本庙主持口口口

嘉庆二十五年岁次庚辰孟夏上浣，古立。

石碑右刻总领会首张法等捐资人共计六十有余。

6、能公墓碑

德国神甫能·方济格的墓碑，立于清光绪二十三年（1897），原与德国神甫韩理加略墓碑并排立于济宁市戴庄教堂神甫院内，1986年入藏济宁市博物馆。

能公墓碑为长方形，高188厘米，宽80厘米，厚21厘米，圆首挑尖，边缘处装饰宝瓶、番莲图案。碑额刻四个楷书大字——能公之墓。碑文用中、德两种文字书写，上为中文，下为德文，碑文如下："能司铎，圣名方济格，系德国人士。生于公历一千八百五十九年六月十一日，即中历咸丰九年五月十一日。光绪十年九月来

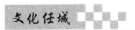

至中国，在阳谷、郯城、汶上等传教二十一年。光绪二十三年十月初七日夜间与韩司铎同为主牺牲于巨野县磨盘张家庄堂内，得寿三十八岁。"落款为"巨野县魏瑶桢拜题"。

墓主人能·方济格与韩理加略均为德国神甫，当时是济宁鲁南总堂的神职人员，他们在1897年11月1日去巨野县磨盘张庄传教时，住在了张庄德国神甫薛田资的卧室内。薛田资等德国传教士在当地以传教为名，勾结地方恶势力，横行乡里，欺压百姓，无恶不作。当地民众恨透了教堂的不法教士，故晚间冲入教堂杀死能、韩二人，这就是轰动中外的"巨野教案"，又称"曹州教案"。案发后，清政府迫于德国人的压力，命巨野人出资发丧，并命张庄人等为其披麻戴孝，将其二人葬于济宁戴庄教堂神林内，巨野知县魏瑶桢为其墓碑题记，该碑即为当时所立。

"巨野教案"是德国帝国主义长期以来在山东进行侵略而导致的中德矛盾激化的结果。德国殖民主义者却借此为其蓄谋已久的侵略计划找到了借口。早在教案发生的前一年（即1896年），德国皇室召开御前会议，正式决定：寻找机会"占领胶州湾"。"巨野教案"正是德国盼望已久的侵略机遇。案发后，德国外交部表示，"要以极严厉的，必要时并以极野蛮的行为对付华人"。1897年11月10日，德国舰队由上海开往胶州湾。14日，以上操练为名，正式在青岛登陆。

由于清政府采取不抵抗的投降主义方针，致使德军在短短半年时间里就占领了整个胶州湾地区。

德军占领胶州湾后，向清政府提出"急速照办"的六项要求及"租地照会"的五条要求。腐败的清政府虽不甘心情愿，但仍然乖乖地接受了德国提出的全部不合理要求，发布了数次上谕。上谕包括四项内容：(1)各地务必保护在华的外国教会；(2)惩办巨野教案的滋事者；(3)处理山东一批官员；(4)赔偿教会及德国军队损失数十万两白银。1898年3月6日，清政府被迫签订了丧权辱国的《中德胶澳租界条约》，主要有三方面的内容：(1)租借青岛及胶州湾，即胶澳南北两口租与德国，租期为99年，此间归德国管辖，中国无权治理。海平面百里之内准许德船过调，该范围如有司法诉讼之事，应先与德国商定。(2)德国有权在山东修筑铁路，并有权集股。(3)山东全省办事之法，凡山东境内开办各项事务，如开矿、招商、办厂、聘用外国管理及技术人员、借用外国资本、进出口贸易项目等，德国享有优先权。

条约的签订，使"巨野教案"终结，逮捕了与此案有关的9人；山东巡抚李秉衡及兖沂曹济道道台、曹州镇总兵、巨野知县等一批官员被免职或被治罪；山东全境从此沦入德国的势力范围，丧失了主权。山东人民陷入了封建主义和外国殖民主义的双重压榨之下，生活在水深火热之中。更为严重的是，《条约》的签订，引起了世界各国列强瓜分中国的狂潮，中华民族面临空前危机。

本来是一起涉外民事案件，却给中国人民尤其是山东人民带来了如此深重的灾难，这将带给中国人民永久的思考。

"能公之墓碑"是巨野教案的物证，是中国人民尤其是山东人民遭受帝国主义侵略压榨的耻辱见证。

## 车马出行画像石

此石长236厘米，宽45厘米，厚31厘米，青石质。两面有画像，正面分两层，上层刻五铢钱币纹，钱币之间用线连成菱形，中间部分画面残泐。画像共刻十四人，八马，四车，皆左行。左面三轺车前行，皆一主一御者，右一轺车，左上方榜

题"此太守"应为主车。主车前一肩旌导骑骑吏随从。车马出行图周围凸起条纹带分隔，下方用绳纹装饰。另一面画像是东汉时期常见的菱形、垂幛等几何纹饰。按照画像石的题材内容主要分为社会生活、历史故事、神鬼样瑞，几何花纹等四大类。其中车马出行图属于社会生活类，它是汉画像石中最常见的图像之一。据统计，中国馆藏画像石约4000余块，其中车马出行图像就有600块之多，仅山东武氏墓群石刻中就有三十多处车马出行图像。出行行列中有轺车、辎车，骈车，安车，斧车等各种形式的车辆，驾车的马从一匹到四匹不等，骖騑俱齐，更有驺骑导从，辟车伍佰，前迎后送，展示了封建贵族的排场和威仪。车骑出行场面的大小，既反映了高低等级差别，也反映了人们对死后的追求。汉画像中的车马出行图大致分为两类：一类是表现墓主人生前的仕途经历，如武氏墓群石刻前石室中、长清孝堂山石祠横贯三壁上部的"大王车"出行图；另一类表现的是墓主前往祠堂接受祭祀的情形，如山东沂南北寨汉墓中车骑出行图。太守车马出行图应是表现墓主人生前的

仕途经历的内容。

然而，为什么在汉画像石中会出现如此大量的车马出行图呢？这与当时的政治经济、生活方式及占主导地位的文化思想有很大的关系。在汉代车是一种出行仪仗，是身份的象征，只有官员才能乘坐马车，因此，规定："贾人不得乘车"。这使能据而判断画像石中各组车马出行图中的主人的大致身份，而也就是墓主人身份。但因若干墓主的官位曾有升迁，因此有的祠堂或墓葬里车马出行图不止一幅。而那些生前没有乘坐马车资格的不是官员的巨商富贾们，则希望死后能享受这样权利，可以让自己或者亲人到冥界能够得到官位，坐上马车，过上"食太仓"的生活。这其中也包含了当时人们的一种祈望。尤其是东汉晚期，那些有钱有势的富豪丧葬逾制，奢华过礼，礼制王法对他们已很难约束。在这种情况下，没做官者照样可以乘车，即使生前没有机会乘车，死后可以用图像的方式象征一下，到阴间也弄辆车坐坐，表明自己非寻常之辈。

总体看来，车马出行图的盛行有其必然性，也有偶然性。当时社会经济的繁荣，使汉画像石艺术的产生和发展有了一定的基础；人们生活水平的提高，也为厚葬风气的盛行提供了物质的基础，使其发展有了一定的必

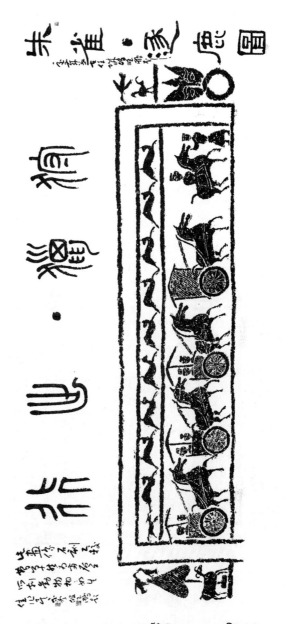

太守车马出行图

然性。另外，统治阶级炫耀国力与权贵富豪炫耀身份的虚荣不谋而合。这些因素的共同作用促成画像石中车马出行图的盛行。

该石雕刻技法为凸面阴线刻，时代为东汉晚期，对于研究汉代车马制度和汉画艺术发展有重要的实物价值。

## 赵氏托孤画像石

汉画像石产生于汉代，是两汉时期丧葬文化的产物，具有重要的历史、文物和科学研究价值。它的重要特点是以形象化的方式生动具体地记录了汉代社会风貌，通过艺术形式再现了当时的物质文化和精神文化的方方面面，为后人研究汉代社会政治、经济、军事、思想意识和文化艺术提供了重要资料。

"赵氏托孤"画面用斜线纹作为边框，用凸线纹分上下两层。上层刻三只象犬的瑞兽，左面两只皆回首相互咬对方尾，右一只面左作奔跑状，似乎奔来参战。图最右面刻一柏树。下层画面有一厅堂，内有三人，右面一人抱一婴儿，欲双手把婴儿交给左面一人。左一人正从纺织机前起身欲接过婴儿。这幅画面表现的是春秋末年发生在晋国的"赵氏托孤"故事。《左传宣公二年》、《史记赵世家》有载。

"赵氏托孤"题材画像石，目前全国发现共三石，该石是保存最为完整、画面最为丰富，故事内容中的纺织场面，在全国出土的近20块纺织画中，也是较为精美的，它对于研究两汉时期人们的丧葬观念、精神信仰、生活习俗和社会状况等方面具有重要的文物价值。

## 泗河捞鼎画像石

"泗河捞鼎"故事在汉代民间曾广为流传，由于故事发生在彭城附近，从地缘关系上说同鲁中南毗邻，所以在鲁中南的济宁画家石表现了这个只具有传奇色彩的历史故事。

自三代以来九鼎被视为传国之宝，是国家权力的象征，与鼎相关的词语包含深厚的历史文化底蕴。九鼎归属不仅表明王权交替，也象征着天命所归。那么画像石中为何表现秦皇费心捞鼎呢？原因在于

其中一只鼎已沉没于泗水中。《史记·封禅书》两次提起此事，均说宝鼎沦没，禹收九牧之金，铸九鼎，皆尝享上帝鬼神。遭圣则兴，鼎迁于夏商。周德衰，宋亡社亡，而鼎没于泗水彭城下。《史记·秦始皇本纪》"正义"说："禹贡金九牧，铸鼎於荆山下，各象九洲之物，故言九鼎。殷至周郝王十九年，秦昭王取九鼎，其一飞入泗水，余八入秦中。"九鼎既然象征天下和天命所归，秦始皇一统天下，却没有得到完整的列鼎，自然是美中不足的事，所以千方百计打听失踪宝鼎下落，他在巡行郡县时来到彭城泗水，不惜代价进行打捞。关于秦始皇泗水打捞鼎故事，见于《史记·秦始皇本纪》记载：秦始皇继位二十八年，也就是统一天下两年之后，他东巡郡县，先后登封峄山，泰山、之罘、琅邪，刻石纪功，以颂秦德。"始皇还，过彭城，斋戒祷祠，欲出周鼎泗水。使于人没水求之，弗得。"这次打捞宝鼎可谓兴师动众，在打捞之前沐浴斋戒，祈祷神灵佑助，而后使数千人入泗水搜索，结果一无所获。另据北魏郦道元《水经注·泗水》记载：泗水南迳彭城县故城东。周显王四十二年，

泗河捞鼎与鼎立画像石拓本

九鼎沦没泗渊，秦始皇时而鼎见于斯水。始皇自从结合三代，大喜，使数千人没水求之，弗得，所谓鼎伏也。亦云：系而行之，未出，龙齿啮断其系。此事还见于东汉王充《论衡·儒增篇》记述："始皇二十八年北游至琅邪，还过彭城，斋戒祷祠，欲出周鼎，使千人没泗水之中，求弗能得。"王充也认为秦国并未真正得到九鼎，应该在秦昭王时由于王室动乱而失踪，否则秦始皇不会费尽心机在彭城附近泗水中打捞。

画像石捞鼎场面中，在鼎升离水面时有龙出现，正在齿啮绳索，导致鼎系绝断而宝鼎复又沦没，这个画面同《水经注》所说一致。郦道元认为在啮鼎系"当是孟浪之传耳"，意即来自于民间传说。根据画像所表现的具体内容，可以断定，这个颇带传奇色彩的历史故事在汉代便已广泛流传，汉代工匠在制作画像石时不是以史实为依据，而是采自于当时民间流传的故事。

# 昆仑开明兽画像石

此石长210厘米，宽32厘米，厚30厘米。

画面分三部分：从左到右，第一部分为一人一虎；第二部分表现九头人面兽，躯体巨大，作奔驰状，巨兽腔部伸出九颗人头，平行排列，皆为长颈；第三部分为两长尾瑞兽和二龙一虎。

九头人面兽为传说中昆仑山神兽，即开明兽。据此《山海经·海内西经》的记述："海内昆仑之虚，在西北，帝之下都……面有九门，门有开明兽守之，百神之所在。"该经又说："昆仑南三百仞。开明兽身大类虎而九首，皆人面，东向立昆仑上。"神话中的昆仑山是天帝之间设在下界的别都，也是天梯所在，登天者进入阊阖天门。

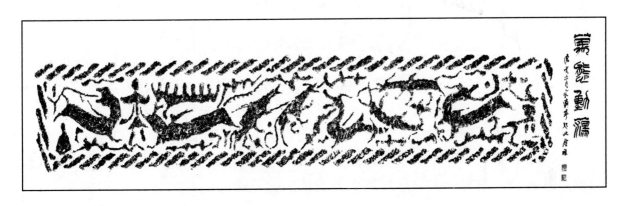

# 建鼓舞、厅堂人物和赵盾献剑画像石

此石长230cm，宽25cm，厚19cm。画面用宽10cm菱形线分三格，从右至右分别为建鼓舞、厅堂人物与赵盾献剑画像。

建鼓舞在山东画像石中最为常见，画面中往往同其他舞蹈共存，常伴有杂技等表演，组成综合性的百戏场面。这幅图中央为建鼓，楹柱高矗贯穿鼓身，柱下为卧虎座，上有横木，两侧饰有翘而下垂羽葆，楹柱顶部有伞盖，建鼓左右各有一名伎人，双手持鼓槌轮番敲击鼓面，并且作出舞蹈动作。

厅堂人物画面。汉代是中国建筑史上重要的发展阶段，大一统的政治格局和开拓自信精神，形成了汉代建筑的大气、豪放、厚实、高尚的风格。汉代地面木结

构建筑虽然不复存在，但是根据画像石中的资料，依然可以领略到汉代建筑基本风貌。画面中央为二层楼，二层主人执剑端坐，屋顶左方有一凤鸟欲展翅飞翔，楹柱旁还有一犬和虎守卫，楼下卫士二人执戟肃立两旁。赵盾献剑描写的是，春秋末年晋国发生的故事。赵盾为晋国权臣，史书又称赵宣子。据《左传·宣公二年》和《史记·赵世家》记载：晋襄公死后、晋灵公即位，赵盾因拥立之功而操持国政。晋灵公即位后，日益骄横淫逸，他建造华丽雕墙高台，经常令侍从在台上飞弹击打路人，借此开心取乐。还经常借故杀人。赵盾劝谏晋灵公改正过错，推行善政，晋灵公非但没有悔改之意，反而讨厌赵盾多嘴多舌，于是便派刺客暗中行刺。刺客不愿下手，便头撞槐树自杀。晋灵公依然耿耿于怀，他又设下筵席，召赵盾前来饮酒，暗中埋伏甲士相机动手。半酣之际，晋灵公对赵盾说："我听说你随身佩剑锋利无比，何不递上来让我欣赏一下。"赵盾起身，双手捧着剑正要献上时，

他的家臣提弥明急忙走上前来提醒："赵盾，酒足饭饱之后应该马上离开，为何当着君主面拔剑。再说，臣下奉侍主君宴，酒过三杯失礼。"晋灵公见此计未成，就让预先准备好的獒犬扑上去欲咬死赵盾，提弥明奋力保护赵盾，杀死恶狗，最后，赵盾在灵辄的帮助下逃离晋国。

画像中三个人物跪地献剑者为赵盾，中间右手托鹰，左手拄剑，神态趾高气扬的就是晋灵公，右方一人欲起身阻止赵盾献剑的是提弥明。

## 孔子见老子画像石

《史记》及《礼记曾子问》等许多古籍中多记孔子见老子的故事：

春秋末年，自小勤奋好学的鲁国孔丘，在他三十多岁的时候，已经成为鲁国一个有学问的人。贵族孟僖子临死之前，特地把自己的两个儿子（孟懿子和南宫敬叔）叫到眼前，嘱咐他们向孔丘学习。孔丘早就听说京都洛邑有个博古通今且又拥有许多资料的老聃，想去求救。他把这个想法告诉了自己的弟子南宫敬叔，他们将此要求告诉了鲁昭公，很快便得到国君的允准，决定西行求教。临行前，鲁昭公还给了他们一辆车子和一个驾车的仆人，支持他们这次长途求师。

洛邑是周王朝多年来经营的一个统治中心，自公元前770年平王东迁后，便成

为周朝的国都，这里不仅是周王朝政治统治中心，而且有大量的文物瑰宝、简册档案，是整个周期的文化荟萃之地。当时管理这些图书档案的守藏史老聃（即老子）是当时一位年高德劭、博学多闻的长者，尤其是他所掌管的文物典籍，更是外面见不到的宝贵资料。老子听到鲁国孔丘专程前来虚心求教，十分高兴。他令僮仆将道路打扫干净，套上车，亲自到郊外去迎接客人。《孔子见老子》画像石把他们会见的情景生动地展现出来。左面头戴高冠，身着长袍的孔子，手捧一只雁，作为拜见老子的贽礼。右面的老子亦高冠长袍，挂着曲足杖，拱手相迎。其后三人手的车上方刻"孔子车"三字，车上是一个着冠之人，应是南宫敬叔。据记载，老子此时已经年迈，比起三十多岁的孔子来，阅历、水平都较高，孔子在老子的盛情接待下，饱览了一些书籍简册，满载而归。临行前老子对孔子进行了谆谆嘱咐，孔子心领神会，把老子的主张比作自由自在地乘风上天，使人无法捉摸的龙，十分玄妙和高超，体现出孔子虚心学习的态度。孔子与老子的这次会见成为古代学术史上的一段佳话。

## 铺首衔环画像石

何谓铺首？据《说文》解释："铺首，附著门上，用以衔环者。"也就是说此物安装于门扉上，是门的附件之一。铺首和门环为两个部件，铺首是门环的底座，形状大体为兽面，其鼻下或口部通常穿以圆环，所以又称作铺首衔环。古代宅第大门多为双扇，因而铺音常成对附着于左右门上，其作用既可牵环关闭门户，又便于来访者以环扣门。另外，它还具有装饰门户作用以及巫术御凶功能，古人常借此捍卫门禁，辟除不祥。出现在汉画像石上的

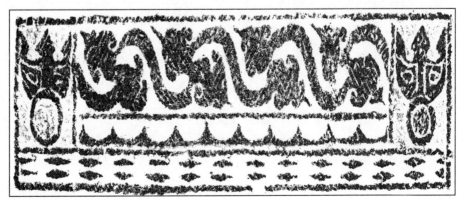

铺首衔环，多为官宦、豪强地主宅第画像，其宽敞大门上往往饰有成对铺首衔环。

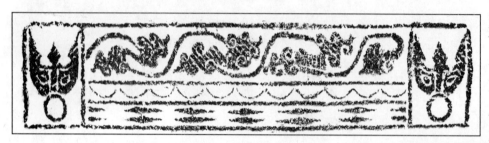

另外，铺首衔环常出现在门上。汉代视死如生的观念严重，建造的墓室常模仿生前的住宅，尤其是砖室墓，石室墓或砖石混合墓，往往设有墓道、墓门、藻井以及多间墓室，其墓门部位常安装铺首衔环。汉画像石墓发现的铺首衔环，通常刻在墓门石上，墓室过梁或立柱部位间有铺首图像。或单独占据画面，或左右成对，中间伴之以其他物像，巫术色彩极为浓厚，在表现宅院，祠庙建筑的图像中，常饰于门扉位置。济宁画像石中的铺首衔环是常见题材，基本都是兽面形，面目狰狞威猛，头

部形状为通常所说的山字形或三叉戟形。将铺首安排在墓门或墓室内，也是借此守御阴宅，辟除游魂野鬼入侵，确保墓主地下安宁。

## 六博画像石

汉画像石中最常见的游戏内容为六博。六博的历史悠久，东汉许慎《说文》载："古者乌曹作博。"《世本·作篇》也说"乌曹作博"。乌曹是夏桀的臣子，距今三千五百多年了。司马迁《史记·殷本纪》说帝武乙荒淫无道，制作了一尊人形偶象，把它叫做"天神"，然后"与之博，令人为行"。《论语·阳货》载："子曰：饱食终日，无所用心，难矣哉！不有博弈者乎？为之，犹贤乎已。"孔子认为博弈是有益的活动，比那些饱食终日，无所事事的要好。不过，因六博争道而引起的大的重大历史事件就有多起。春秋时代，宋缗公与大夫南宫万因六博发生争

吵，被南宫万提起六博棋盘砸死。《史记·宋徽子世家》："湣公与南宫万猎，因博争行，湣公怒，辱之，曰：'始吾敬若；今若，鲁虏也。'万有力，病此言，遂以局杀湣公于蒙泽。"西汉时期，吴王刘濞的儿子同孝文帝的儿子（后来的景帝）下棋，因为争道，皇太子用棋盘砸死了吴太子，为吴楚七国之乱埋下了怨根。《史记·吴王濞传》"孝文时，吴太子入见（刘贤，字德明）。得侍皇太子饮博。吴太子师傅皆楚人，轻悍，又素骄，博，争道，不恭，皇太子引博局提吴太子，杀之。"

博戏，六博为二人投骰行子，以筹计数，因棋艺简单易学为社会各阶层喜欢。战国时期六博活动盛行各国，《列子·说符》记载了大梁叫虞氏的富先，在路口高楼上设置枰局让行人上楼击博。《史记·苏 秦列传》："临菑甚富而实，其民无不吹竽、鼓瑟、击筑、斗鸡、走狗、六博、蹋鞠者。"汉代人多喜此戏，许多人迷恋到"投琼著局，终日走博子"的地步。从出土文物中，我们可以清楚的知道六博棋具的情况，湖北云梦睡虎地11号秦墓中曾发现了六博棋局，其博局接近方形，长32厘米、宽29厘米、高2厘米。局面阴刻道纹、方框和4个圆点。同出漆黑的棋子12颗，6颗为长方形，另6颗为方形，并有用半边细竹管填以金属粉制成的长约23．5厘米的署6根。长沙马王堆三号汉墓曾出土一套博具，其中有木版制成的方形博局，黑、白色长方形棋子各六枚。直食棋二十枚，算筹四十二支，十八面形的木质骰子一枚，上刻数码从一至十六。以上资料可以看出，一套完整的六博棋，应包括棋局、棋子、鱼、箸，另外还有博筹，

《颜氏家训·杂艺》所载，"古为大博则六箸，小博则二茕，"可知博戏又分大博、小博。西汉及西汉以前的博法为大博，此法以杀"枭"为胜。《史记·魏世家》："王独不见夫博之所以贵枭者，便则食，不便则止矣。"《正义》云："博头（骰）有刻为枭鸟形者，掷得枭者，合

食其子，若不便则为余行也。"枭为鸱鸟，有勇猛的意思，《史记·留侯世家》"且太子所与俱诸将，皆尝与上定天下枭将也。"《后汉书·张衡传》注："枭犹胜也。犹六博得枭则胜。"徐州睢宁汉画像石六博图的上方，刻一鸟，应该是枭。"大博"博戏时两人对坐，六箸十二子，每人六子，一大五小，大为枭棋，小为散

棋。双方通过掷骰行棋以获筹，然后决胜负。棋依曲道而行，行棋过程中，时遇争道，双方都可吃掉对方的棋子。吃掉对方的枭棋，即可取胜。《楚辞·招魂》中有"菎蔽象棋，有六簙些；分曹并进，遒相迫些；成枭而牟，呼五白些。"遇到了枭棋要高呼出来，画像石中可以看出，赢家双手向上前举，似乎在拍手叫好，输家两手摊开，表现出无可奈何的样子。今各地西汉出土之博骰，无作枭形者，博骰称枭之原因仍不明，大博的具体来法，仍然是迷。

六博最初是一种带有比赛性质的娱乐活动，后来逐渐发展成一种赌博手段。在中国，随着六博赌博化趋势的加强，在博法上原先六筹得胜的计算容量，已远远满足不了博徒心理的需要。人们的注意力及胜负判断已主要集中在掷箸（即掷采）这一步骤上，侥幸心理与求财动机如影随形，"博"与"赌"渐渐沾合结为一体。这样一来，失去了大众化的六博在汉代以后逐渐呈衰势，进入晋代后便销声匿迹了。在国外，随着汉代"丝绸之路"的开辟，六博戏也传了出去。东晋、十六国时已传至印度。不过，在隋唐以后，传至国外的六博戏也逐渐地消失了。

## 孔子六艺——射画像砖

"六艺"是指二千五百年前，我国古代伟大的思想家，教育家，"至圣先师"孔子，教授弟子们的六种教学科目，即："礼、乐、射、御、书、数。"称"六

艺"。孔子创办私学，培养弟子三千，精通六艺者七十有二。"射"乃中国古代六艺之一，孔子在《论语》中说过："君子无所争，必也射乎，……。"因此，"射"不但是一种体育活动，更是一种修身养性培养君子风度的方法。

　　射是指射箭技术的训练，旧石器时代晚期，人们已发现了弓箭。弯弓射箭既为了狩猎，也为了和其他部族争夺生活领地。而后者的需要随着时间的推移，越来越重于前者。射在西周的国学和乡学中都是重要的科目，据古籍记载，当时的射，已

有"五射"。而且西周的射训练已练习更多的礼的内容，要求学者不仅在思想上要有明确的志向和目标，在形式上也要会平礼节仪式的要求。学习者既要掌握严格的射技能，又要养成良好的军体道德。这是西周的创建，它体现了奴隶制度等级观念的发展，也促进了军体训练的程式化。西周射御训练的尊礼，对我国形成重视军体道德的优良传统有一定影响。

　　五射是古代举行射礼的五种箭法，即白矢，参连，剡注，襄尺，井仪。射不仅作为军队作战技能，到了周代发生了变化，从军队训练演变为一种普遍性的人民活动，被纳入礼仪之内，这使得射成为孔子私学教育的内容成为可能性。

# 中国汉碑半济宁——黄肠石刻

任城王墓---萧王庄墓群一号汉墓为第六批全国重点文物保护单位。墓群原有土冢九个，现仅存四个（编号M1—M4）。以往文物调查发掘资料表明，这此土冢即为东汉任城国王及其配偶的墓葬。1992年，济宁市文物局对一号汉墓进行了抢救性发掘，进而修复开放，再现了汉任城王陵寝地宫的壮丽景观。一号墓已被盗掘，但墓葬结构尤其是大量黄肠石题记，为研究汉代诸侯王葬制与书法艺术，提供了十分重要的实物资料，因而引起了文物界书法界的重视。

一号墓所用石材包括题凑石墙、顶石、封门墙、各室边石、棺床边石约4500余块，其中暴露在墓室内可观睹的题记刻石计782块，约有4000余个单字。据修复石墙顶情况估计，埋压在封土和石墙内的约是可见者的5倍左右，这么多题刻，在我国已知汉基出土刻石中数量最多的，实为我国汉墓考古史上的空前发现。

题凑石墙皆用方石块除（拐角处）单道砌垒，石块边长近1米，厚25厘米左右（不少石块上刻"尺"字，即1汉尺，约合23.5厘米，由此推知方石的边长4汉尺）。《后汉书• 礼仪制下》载"大丧"，司空择土造穿，太史卜曰……方石治黄肠题凑便房如礼。石墙石块均打制规整，大小基本划一，即文中所说的方石，可见东汉时题凑已用方石制作，如两汉"黄肠题凑"之礼制。以往洛阳邙山东汉帝陵中也出土过这种石块，有的铭刻"黄肠石"其作用应与黄肠木相类似。因此，我们说黄肠石当指帝王墓出土的石块，一些中小型汉墓出土者不能笼统称之。

该墓黄肠石题刻大都在方石的侧面（即厚度面），少有在平面上的，大多数为直接刻，少有先书后刻或朱书者，每石题刻为1—10字不等，以4—6字为多，铭刻内容大多为当时石工和送石者的地名和人名，少有数字、尺寸等。文字排列不外乎以下4种形式。

1. 地名、人名联句，如"梁国己氏魏贤"、"金乡陈能"、"梁国薄马卯"、"梁国宁陵许文"、"鲁国戴元"、"任城段伯"等。

2. 地名、人名字联句如须昌沐孙有大石十五头等。

3. 纯地名或人名，如"梁国己氏"、"东平无盐"、"东平须昌"、"富成"、"张吉"、"时生"、"元于昌"、"王交"、"李季"等。

4. 数字或尺寸，如"十八"、"尺"、"尺一"、"九寸"等，它们大都刻在带字石上，少有单纯者。这4种形式分别构成了各项题刻字数的多寡。

　　铭刻地名与《后汉书·郡国志》相对照，其中包括任城国及相邻的封国、郡、县名25处，计有任城国的任城县，东平国及所属富成、无盐、须昌、东平陆、章县、鲁国及所属鲁、邹、蕃、薛、文阳县、梁国（郡）及所属睢阳、宁陵、下邑、薄、己氏县、山阳郡及所属金乡县、高平侯国，沛国的滕（公丘）县，较远的县侯国2处，有常山国的都乡侯国，上党郡的高都县。这27处地名，对考证东汉地方行政制度区划提供了重要的实物资料，同时也成为推断墓葬年代的佐证之一。

　　汉任城王墓题刻众多，黄肠石均来自不同地方，题刻出自50余位书刻匠之手，故书刻风格的多姿多彩。现依其书法作风，可将题刻作品分为四大类。

　　1. 整 类工：这类作品讲究字的笔划、结体和行气的整体统一，字体较规整。如"东平陆唐子"、"东平无盐"、"邹祭尊石治章"、"邹石治章"、"鲁武央武"、"鲁柏仲"、"时生"等。

　　2. 意 类率：这类作品雕刻随意，笔画不计长短，笔势左右开张，结体或纵或横，即随字形而变，以横势为多，自然活泼。如"富成曹文"、"富成徐仲"、"山阳高平钟生"、"金乡陈能"、"金乡韩光"、"薛公伯当"、"马初"、"金 初治"、"鲁柏元仲华"、"金山乡吴伯石"、"鲁中武"、"高都石"等。

　　3. 谨 类拘：这类作品字体较小，雕刻生疏，笔画拘谨或增笔或减笔，字间无顾盼。如"鲁国文阳张鱼石"、"薛颜别徐文"、"平陆孙少"、"鲁石工伯华"等。

　　4. 飘逸类：这类作品似经过书丹，用笔精到，有波挑笔画，线条有张力，结体宽博，笔势开张，飘逸波笔尤其如此。与简牍中的作品较为相似。如："须昌沐孙有大石十五头"、"伊意"、"无盐逢"、"孙 、""下邑"等。

　　另外题刻繁笔字中，出了个别简写字，与文字相同的作品相比，它们或取字的偏旁，或简单勾勒成字酷似今天的文字或字母。如"金乡马初"中的"乡"字简写成"阝"或"卩"，"富成曹文"中的"曹"字简写象"乙"，它们是否在当时民间通行不可得知，但对繁笔字尝试变革，这一点是可以肯定的。

　　汉代书法从战国发展而来，西汉时期既存在着多种书体。《汉书·艺文志》曰汉初有六体；《说文·序》说有八体，实际上只有大篆、小篆、隶书三种不同的字体。目前考古资料表明，大篆在汉代已基本不用，小篆亦非秦时的风貌，用途也很少。隶书是汉代新兴使用的字体，它由战国古隶直接发展而来，在西汉初期完成对篆书体势改造后，其基本框架既已确立，后来随着笔画的丰富，隶书分为草书

隶书、美术隶书、通俗隶书、典型隶书四大类型，其中汉代实用、现在常见的主要为通俗隶书和典型隶书两大类型。

汉任城王墓题刻四类作品，其中前三类皆为无波挑隶书，整体特点是笔画朴实、径直，用笔率意，结体或纵或横，依其自然，写法简捷、通俗，充满活泼之趣。是汉代民间较为实用的隶书。赖非先生把它们称之为通俗隶书，笔者十分赞成。因而这三类题刻作品，应属通俗隶书类型，而飘逸类作品，作者似受过一定的隶书书写基础训练，波挑、占画、结构均有章法可循。作品于洒脱中见稳健，艺术创作上有不少成功之处，应属典型隶书类型。但较汉碑之典型隶书有明显的差别。汉、碑隶书具有鲜明的波挑笔画，用笔婉转精致，笔意丰富，笔势飘逸，结体多取横势，法度森严，艺术性较强，是官方多使用的字体。该墓题刻这类作品不及汉碑，应属民间的作品。

汉任城王墓年代为东汉和帝时期，时间正处在隶书鼎盛时期的瓣段，黄肠石题刻充分表现出本时期有特点。定县北庄汉墓黄肠石题刻与该墓最为相似，均是东汉通俗隶书之典型作用。有时题刻地名人名完全相同，则属神奇的巧合。如"鲁柏仲"、"鲁田仲文"，其中前者是柏元、仲华二人名的省写，表明鲁国的三位工匠曾先后为两国王建墓。

汉任城王墓题记刻石，数量众多，弥足珍贵，对探讨研究汉代隶书诸方面具有重要的意义。主要表现在隶书类型和文字演化方面，至于它的艺术性则远不如该方面的意义那样突出。正如书法家赖非先生所说："济宁汉任城王墓黄肠石题刻，劲直率真，为汉代通俗隶书之典型。魏晋真书笔苍势宕，概出于此类。探文字书艺之演变，其契机当在民间作品中"。

## 附：汉文化研究成果论文

# 任城石椁画像中"泗河捞鼎图"解析

济宁市汉任城王墓管理所　　胡广跃

椁是古代墓葬中围在棺外的外棺。《礼记檀弓上》："椁周于棺"。《说文》卷六上："椁，葬有木椁也"。段玉裁注："木郭者，以木为之。周于棺，如城之有郭也"。文献记载证明，棺椁是中国古代最基础的一种埋葬方式。石椁则是木椁的替代，石椁最早出现于春秋战国时期，但带有画像的石椁最早出现在西汉的武帝时期。在画像内容方面，主要有辟邪和升仙成分的题材，从最早期石椁到晚期石椁，其题材内容有着比较大的变化。早期主要是来自木椁的几何形纹饰，后来增加了明显辟邪意味的墓树和财富象征并隐含着贿赂地下神明的璧纹、墓阙式的门、灵魂出窍的鸟及其玉璧、柏树和鸟、建筑、人物、动物等组合，再后来流行建筑以及守护的武士门吏等人为的保卫力量，之后是神仙类的人物，古圣先贤以及地下生活理想的社会图象等等，其中"泗水捞鼎"等历史题材在石椁画像中比较少见。现以山东济宁市任城区出土"泗水捞鼎"石椁画像石并对其作出解析，不当之处，请方家正之。

## 任城区出土"泗水捞鼎"画像石概况

任城区文物所现存一块"泗河升鼎"画像石。该石一九九六年发现于任城区安居镇西李村，是一座石椁墓的侧石，画像石长2.79米，高0.91米，厚0.15米，青石质，保存完好如初。因破坏严重，墓葬形制和出土文物不明。该画像石画面共分三格，左为"车马出行"，右为"泗河升鼎"，中间为"主人端坐"，四周饰以菱形纹。"车马出行"图中为一轺车，一主一御者，前后各二导骑和二骑马随从；"主人端坐"为双阙单檐厅堂，中间主人凭几端坐，左一人躬身，右一人负物站立；"泗河升鼎"画面内容共有驷马驾车、桥梁、七个人物及一鼎一龙等。描述了绳索咬断，砸断桥梁的生动情景，画面构图疏朗，刻面凝重醒目，形象质朴，凿刻细腻，刀工洗炼，对于研究汉代建筑、雕刻、绘画具有很大价值。

# 文献中对"泗水捞鼎"的记载

自三代以来九鼎被视为传国之宝，是国家权力的象征，与鼎相关的词语包含深厚的历史文化底蕴。关于铸造九鼎的传说始于夏禹，《尚书·禹贡》和《史记·夏本纪》记载，大禹奉帝舜之命"以开九州，通九道，陂九泽，度九山"。功成之后，舜将王位禅让于禹。但《禹贡》和《夏本纪》并没有明确记载禹铸九鼎之事，这件事见于《左传·宣公三年》记载：楚子伐陆浑之戎，遂至于洛，观兵于周疆。定王使王孙满劳楚子。楚子问鼎之大小轻重焉。对曰："在德不在鼎。昔夏之方有德也，远方图物，贡金九牧，铸鼎象物，百物而为之备，使民知神、奸……桀有昏德，鼎迁于商，载祀六百。商纣暴虐，鼎迁于周。"这是说野心勃勃的楚庄王陈兵于周都洛邑，表面上打听九鼎的轻重，而暗藏觊觎之心。文中颂扬夏禹为有德古帝，利用九州所贡之金，铸成九鼎，使天下百姓明辨是非，畏天命而远奸佞。所谓铸鼎象物，就是将九州具有代表性的山川大势以及奇异名物用图像形式分别铸在相应的鼎身上，以此昭示九州一统，敦化百姓，警示不用命者。九鼎归属不仅表明王权交替，也象征着天命所归。那么汉画像石刻中为何表现秦始皇煞费苦心捞鼎呢?原因在于其中一只鼎已沉没于泗水中。《史记·封禅书》两次提及此事，均说宝鼎沦没："禹收九牧之金，铸九鼎。皆尝亨上帝鬼神。遭圣则兴，鼎迁于夏商。周德衰，宋之社亡，鼎乃沦没，伏而不见。""秦灭周，周之九鼎入于秦。或曰宋太丘社亡，而鼎没于泗水彭城(今徐州市)下。"《史记·秦始皇本纪》"正义"说"："禹贡金九牧，铸鼎於荆山下，各象九州之物，故言九鼎。历殷至周报王十九年，秦昭王取九鼎，其一飞入泗水，余八入于秦中。"《史记·孝武帝本纪》也记载："禹收九牧之金，铸九鼎，皆尝享上帝鬼神。遭圣则兴，迁于夏商。周德衰，宋之社亡，鼎乃沦伏而不见。"

九鼎既然象征天下权力和天命所归，秦始皇一统天下，却没有得到完整的列鼎，自然是美中不足的事，所以千方百计打听失踪宝鼎下落，他在巡行郡县时来到彭城泗水，不惜代价进行打捞。关于秦始皇泗水捞鼎故事，见于《史记·秦始皇本纪》记载：秦始皇即位二十八年，也就是统一天下两年之后，他东巡郡县，先后登封峄山、泰山、之罘、琅邪，刻石纪功，以颂秦德。"始皇还，过彭城，斋戒祷祠，欲出周鼎泗水。使千人没水求之，弗得。"这次打捞宝鼎可谓兴师动众，在打捞之前沐浴斋戒，祈祷神灵佑助，而后役使数千人人泗水搜索，结果一无所获。

另据北魏郦道元《水经注·泗水》记载：泗水"南迳彭城县故城东。周显王四十二年，九鼎沦没泗渊。秦始皇时而鼎见于斯水。始皇自以德合三代，大喜，使数千人没水求之，不得，所谓鼎伏也。亦云：系而行之，未出，龙齿啮断其系。"此事还见于东汉王充《论衡·儒增篇》记述："始

皇二十八年，北游至琅邪，还过彭城，斋戒祷祠，欲出周鼎，使千人没泗水之中，求弗能得。王充也认为秦国并未真正得到九鼎，应该在秦昭王时由于周王室动乱而失踪，否则秦始皇不会费尽心机在彭城附近泗水中打捞。这块画像石捞鼎场面中，在鼎升离水面时有龙出现，正在齿啮绳索，导致鼎系绝断而宝鼎复又沦没，画面同《水经注》所说一致。郦道元认为龙啮鼎系"当是孟浪之传耳"，意即来自于民间传说。根据画像所表现的具体内容，可以断定，这个颇带传奇色彩的历史故事在汉代便已广泛流传，汉代工匠在制作画像石时不是以史实为依据，而是采自于当时民间流传的故事。

## "泗水捞鼎"的象征意义

刘邦编造了"龙啮断其系"使秦始皇泗水捞鼎"弗得"的故事，旨在灭秦兴汉。

泗水发源于原鲁国东南的丛山中（现泗水泉林），向西流经瑕丘（山东兖州北），又折向南，经胡陵（山东鱼台县东南），过沛县东流经彭城（徐州）北郊……。从秦都咸阳到彭城之间，既有渭水、洛水，又有睢水，偏偏传说秦始皇到彭城泗水捞鼎，那么，究竟是为什么呢？

不难推想，最初编造此谎言之人，也许对渭、洛、睢水流域的地理、习俗乃至社会风物并不熟悉，而对彭城泗水一带的各种情况了如指掌，才选定了距咸阳二三千里之遥的彭城泗水。如此看来，此人大约生活在彭城的泗水一带。

　　把原本不曾发生过的离奇之事，编造成一个让天下都信以为真的故事，必然有其主旨。当然认真审视这则传说后，不难发现，此传说的核心不在于讲述秦始皇捞鼎，而是重在强调"龙"，"啮断其系"和"捞鼎弗得"。《说文》载："龙，鳞虫之长，能幽能明，能细能巨，能短能长，春分而登天，秋分而潜渊。"《广雅》曰："龙，君也。"《仪礼》载："君，至尊也。"龙，可上天入地，威力无穷；呼风唤雨，无所不能。刘邦生活过的地方，曾经为楚国疆域，龙受到楚国人的普遍尊崇。

　　秦始皇暴虐成性，天怒人怨。龙啮断其系，使秦始皇捞鼎"弗得"，是苍天对他的惩罚，也预示着秦王朝的气数将尽，王权和江山社稷也将失去。龙将代之而起，讨伐暴君，摧枯拉朽，扭转乾坤。这个传说的编造和传播，同时也反映了当时黎民百姓崇龙和笃信鬼神的思想。

　　只要把上述分析连接起来，就会惊奇地发现"秦末、泗水、龙"这样一些字眼。可以这样说，最早编造这个"传说"的主旨，就是要宣告天下："秦末泗水龙"将要从水火中拯救黎民百姓，开创新宇！那么，这个"秦末泗水龙"到底是谁呢？

　　在秦汉史料中，虽然查找不到明确的记载，表明某某人最早编织了这则因"龙啮断其系"、使秦始皇捞鼎"弗得"的神话，从史料的记载再结合刘邦为神龙转世的身份，进而推想：这条"神龙"就是秦末曾经当过沛县泗水亭（今沛县城东）长的刘邦！

　　司马迁在《史记·高祖本纪》写道："高祖，沛丰邑中阳里人，姓刘氏，字季。父曰太公，母曰刘媪。其先刘媪尝息大泽之陂，梦与神遇，是时雷电晦冥，太公往视，则见蛟龙于其上。已而有身，遂产高祖。"

　　这段文字，以不同的文化形式，反映了刘邦为神龙转世。刘邦这种尊贵的身份，易为当时人们所笃信。有了这个神奇的外衣，刘邦的影响力自然得到了提高。

　　刘邦成年后，在秦都咸阳服徭役时，曾看到过秦始皇隆重出行的场面，遂感叹地说："嗟乎！大丈夫当如此！"虽只一句话，却表现了他不甘心碌碌无为，期望有大作为的豪迈精神和雄心壮志。后来又有人给其相面说"贵不可言"，因此增强了他日后会为人杰的自信心。

　　秦始皇36年（公元前211年），刘邦任沛县泗水亭长时，奉命押送刑徒去骊山修墓，因"徒道多逃亡"，按秦法，"失期，法皆斩"，"亡亦死"。（《史记·陈涉世家》）面对生死攸关的严峻情势，刘邦当时不但没有惊慌失措，反而"止饮，夜乃解纵所送徒"。这个现象不符合常理。

刘邦此举看是反常，其实不然，正是他有预谋、有谋略地利用此计策收买人心。树有根，水有源。刘邦所在的沛县，战国后期为楚地，他和此地区的人们，深受楚国崇龙和祭祀鬼神之风的熏陶。在此危机的时刻，巧妙地利用了楚人对龙及鬼神的迷信并祭起了这一神通广大的"法宝"，编造了"斩蛇"的神话，即赤帝子（暗喻刘邦）杀白帝子（系指秦始皇）并很快在"愿从者十余人"中传开；于是，"诸从者日益敬畏之"，果然达到了他预期的目的。

这个斩蛇神话的编织，虽然使刘邦走向了与秦相抗衡的道路，但毕竟才刚迈开第一步。为了保存"火种"，他不得不率领诸从者由丰西泽到芒砀山隐藏等待时机。至于秦始皇说过："'东南有天子气。'于是因东游以厌之"的记载，其实秦始皇东游并非去厌压"天子气"，而是去祭祀名山大川和用游历来"以示强，威服海内。""东南"方，既与刘邦之家乡所处的方向相合；所谓的"天子气"与后来吕后说刘邦上方"常有云气"相呼应，应该是刘邦假借秦始皇之口，说自己有"天子气"而隐匿，即暗喻其有帝王之气。据文献记载，许多远古帝王和起事者都是在初期阶段都为自己制造了"神奇事件"，当帝位确定或起事后就很少有奇闻发生；刘邦、项梁和陈胜等就是如此。通过《秦始皇本纪》和《高祖本纪》的记载可以发现：刘邦在秦始皇东游前编造了自己有"天子气"，紧接着在秦王向东游历途中，又发生了秦王捞鼎并有龙啮断鼎系的传言。这不是一种巧合；"东南"方的"天子气"与捞鼎时出现"龙啮断其系"事件更不是孤立的，正是继刘邦有了"神龙转世"、"赤帝子杀白帝子"的身份，而引发的结果，所以只有刘邦才是"秦始皇泗水捞鼎"流言的编造者。也只有刘邦，才与啮鼎系之"龙"的身份相吻合。其中赤帝子杀白帝子，更能证明此传言是把矛头对准秦始皇，是在暗中向秦王挑战；但是也不应排除刘邦于沛县正式起义前就散布此传说，即在秦二世时期。

秦始皇36年，刘邦就在"诸从者"的辅佐下，编造了自己一系列的神奇身份，因此出现"沛中弟子多欲归附"，并进行了非正式的起事。但是，刘邦的影响力和兵马实力等方面，与强秦相比都相去甚远。他立志推翻秦朝，但如何进行运筹帷幄、夺取王权而主宰江山社稷，不能不说是刘邦此时最大的心病。

此时的刘邦少不了和谋士进行一番密谋策划，于是一个象征着"君权神授"的更加合理、更加令官民虔诚信奉、更加具有号召力的隐含刘邦取代秦始皇为真龙天子的"传说"出笼了，那就是：秦始皇在彭城泗水打捞周鼎、被神龙啮断其系、打捞"弗得"的所谓"真实"故事，像插了翅膀一样在秦泗水郡以及周边各郡乃至全

国传播开了。

刘邦及其谋士编造并传播这则故事的要害是：一，鼎是立国重器，秦始皇没有九鼎，焉能继续称帝？泗水捞鼎，鼎又沉没，系指秦始皇横征暴敛，民不聊生，是天将亡秦的征兆；二，龙把系鼎之绳咬断，使鼎沉没，表明龙有这个能力使秦失去鼎（王权）。龙成为反抗秦朝带头神的化身，龙不仅可以使秦失去王权，更能够从秦的手中夺得王权。如果说楚庄王问鼎有些莽撞，刘邦此举则是高深莫测。

沛县泗水亭距彭城不足百里，刘邦就是此传说的直接受益者，就是泗水中的龙。正是其不断利用"神龙"作文章；果然，刘邦的反秦兵马日渐壮大，攻城略地，所向披靡，终于在公元前206年推翻了秦朝。公元前202年刘邦称帝，从而掀开了我国历史上最为强盛的封建王朝辉煌的一页。

"泗水捞鼎"画像石的墓葬形制、雕刻技法、年代以及墓主人身份

济宁一带发现的石椁墓主要分布在任城、嘉祥县、汶上、微山、兖州、邹城、鱼台、梁山等地，主要分为单室石椁墓和双室或多室并列石椁墓，石椁采用预先加工的石板扣合而成。石椁四面用四块石板围裹而成，左右两侧壁是长方形大石板，两端挡板为正方形，底部留存有铺地素面石板。在长方形侧板两端内侧刻凿凹形槽，挡板两端凿刻成楔形榫，与两侧板采用插入式扣合。"泗河捞鼎"画像石，从其长宽度、雕刻技法、画像内容以及画像石两端凿刻成的楔形榫等分析，应为石椁墓的构件之一——石椁侧板，这种扣合方法在济宁地区石椁汉墓中比较常见，与济宁师专、兖州徐家营石椁画像墓、邹城卧虎山汉画像石墓、微山岛汉墓、肖王庄石椁画像墓的扣合方法基本一致。

"泗水捞鼎"画像石雕刻技法以阴线刻为主，间用凹面阴线刻，这两种雕刻技法具有明显的地域性特点。线条刻画有力、流畅；刻画的人物比例协调，显得稳重、古朴；人物与动物具有动感。同时，物象主体部分采用麻点纹加以装饰，又增强了观赏效果。画像的布局和艺术风格与济宁师专石椁画像墓相比较具有继承性，特别是画像采取分三格的构图方法，每一格代表一种完整的内容具有明显的一致性，同时亦与徐家营石椁画像墓、微山岛汉墓和邹城卧虎山汉画像石墓画像的布局和艺术风格相类似。但总体看来，"泗水捞鼎"画像石雕刻技法较前述汉墓更成熟一些。综合加以分析，推测画像石墓"泗水捞鼎"画像石的年代当在西汉晚期。

墓主人身份。石椁墓主要集中分布山东中南部、河南东部、江苏省北部和安徽省北部等地区，1998年至2000年山东省文物考古研究所发掘鲁中南中小汉墓1676座，从出土文物和墓葬形制分析一般为家族墓地。汉代家族墓地反映的汉代基层社会状

况——汉代家庭结构，从西汉初到东汉中期是以"五口之家组成的小家庭为主的，这是商鞅变法以来，"民有二男以上不分异者，倍其赋者"和"令民父子兄弟同室内息者为禁"的法令，迫使家庭分析简化的结果。因此我们断定"泗水捞鼎"画像石墓墓主人为西汉晚期平民墓地（小家庭）中的一员。

# 结　语

济宁一带是汉画像石出土最为集中的区域之一，虽然任城汉画像石出土数量相对较少，但其石椁形制、刻凿纹饰、题材内容却具有一定的代表性，应引起我们的关注。特别是"泗水捞鼎"画像石对于研究济宁地区汉画像石墓的结构及图像特征提供了实物资料，同时又进一步丰富了汉画像石的历史故事题材和主题内涵，这对于我们研究汉画像石具有一定的意义。

# 任城王墓题记刻石探析

胡广跃　高成丰

　　任城王墓（萧王庄墓群）位于济宁城北，原有土冢九座，现存四座，编号为一至四号墓，民间俗称"九女（米）堌堆"[1]。为东汉任城国王及其后妃的墓葬群。"九女（米）堌堆"原为济宁城北一大景观，当时松柏成林，如山如丘。所以，明代靳学颜著《九冢诗》[2]，对九堌堆作了生动描述。《济宁县志·卷一疆域略》有"九女堆，在县北五里，凡九堆，七在西，二在东，参差相向，或以为檀道济筹量沙所筑……"的记载，所记方位距离与现在方位大体吻合。1977年该墓群被公布为"山东省文物重点保护单位"。2006年被国务院公布为"全国文物重点保护单位"。

　　1992年，一号墓被发掘，出土陶器、漆器、玉器、铁器、铜器等文物近200件。此外，在墓室周围"题凑石墙"[3]、封门石墙、封顶石及后室棺床石块上，还发现大量题记文字，根据统计刻有题记文字的石块约有782块，单字4000余字[4]，为目前汉代考古发掘中，出土汉代题刻最多的一座墓葬，其历史、文物、书法、艺术等价值，在全国出土题记刻石中占据着重要地位。

## 一、任城王墓一号墓发掘概况

　　一号墓位于萧王庄墓群西北济宁市传染病医院西院内，当地群众称为"大堌堆"，是现存封土规模最大的一座墓葬。由于遭盗掘破坏严重，1992—1994年，济宁市文物局对其进行了抢救性发掘和修复。墓葬座北向南，封土为覆斗形，高12米，底径约60米。墓室由墓道、耳室、甬道、前室、后室、回廊、"题凑石墙"等部分构成，南北长15.89米，东西宽15.9米，高8.35米，墓底距地表3.3米。墓道在墓室南部，南北残长22.8米，其中后部东西两侧各设一耳室。墓门为三道墙封堵，第一道和第三道用长方形条石封堵，中间一道，除了用长方形青砖墙封堵外，还设有一道木门。门内甬道通前室，甬道设有券顶。前室为横长方形。后室位于前室之北，平面近方形，中间用石块铺设大棺床。前后室皆为砖室券顶，后室三层券砖东西方向发券，前室两层券砖南北方向发券，券顶以上皆用石块封顶，券顶及封顶石已坍塌，仅保存有部分券脚。回廊四面绕于前后室。回廊外侧为题凑石墙，平面呈"凸"字形，高8米，宽1米。石墙多数由长宽约95厘米，厚23-25厘米的方石垒砌而成。少数石块长95厘米，宽45厘

米，厚23-25厘米。（图一：一号墓平、剖面图）

　　该墓墓室极为宏大，为山东迄今发掘的最大的东汉砖石结构券顶墓。室内用大砖砌墙分前后室，其后室墙壁厚达1.45米，前室东西两侧除使用两层券砖南北方向发券外，中间部分还使用了藻井。外墙及顶用方形或长方形的石材砌成，使整个墓室被包围在一个巨大的石室内。在墓室周围题凑石墙（黄肠石）、封顶石的侧面及后室棺床石、墓室铺底石的正面上镌刻着大量题记文字，仅内面可观睹的刻石就有782块。从坍塌的封顶石上、拆除的封门石以及暴露的后室棺床石的题刻情况看，垒压在石墙内的题记则远远超出可见者。题记刻石之多，在同类汉墓中是空前的，为目前全国汉墓考古资料所仅见。

　　据《后汉书·光武十王传》记载，任城国自章帝分封，迄汉末禅位，历136年，共五代王。一号墓墓主人为东汉任城国始封王孝王刘尚，在位18年（公元84-101年）。其为东汉开国皇帝刘秀之孙，东平国始封王宪王刘苍之次子[5]。

　　二、任城王墓题记刻石内容及相关问题
　　题记内容包括东汉任城国及周围的封国郡县名，工匠（或送石者）人名，还有尺寸、编号、指向标、画像等内容。一般按竹简书写习惯，竖刻在正方形或长方形石块侧面，少部分刻在石块的叠压面。每块石块字数最少一字，一般3—5字，最多十一字。主要有：

　　（1）、工匠或送石者籍贯姓氏人名，如"邹石治张"、"金山乡吴伯石"、"富城曹文"、"山阳高平钟生"、"蕃张尉"等；（图二）

　　（2）、石块尺寸、编号、指向标记等，如"尺一"、"尺"、"九寸"、"十八"、"↑"、"十"等；（图三）

　　（3）、刻官吏名或其它，如"邹祭尊石治张"；（图四）

　　（4）、刻治石作坊名称，如"金乡匠斋"；（图五）

　　（5）、是刻鱼的画像，如南壁甬道以西南墙石上有阴线刻鱼图和"蕃张尉"鱼图组合等。（图六）

　　另外，还有类似今天的广告词，如"无盐石工浩大"、"须昌沐孙有大石十五头"等。（图七）

　　从铭刻地名与《后汉书·地理志》所载相对照，其中包括了当时汉代国名和郡县名27处。计有任城国的任城县，东平国所属富城县、无盐县、须昌县、东平陆（平陆或大平陆）县、章县，鲁国及所属鲁县、邹县、蕃县、薛县、文阳县，梁国（郡）及所属睢阳县、下邑县、宁陵县、鄢县、谷孰县、薄县、己氏县，常山国的都乡侯国，上

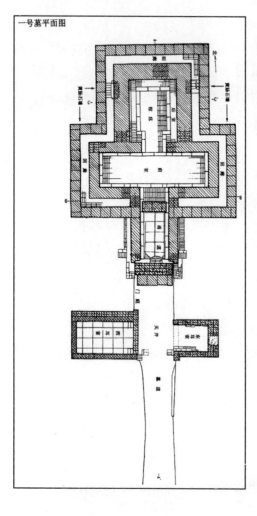

一号墓平面图

党郡的高都县，沛国的滕（公丘）县，山阳郡及所属金乡（金山乡）、高平侯国等。

由于这些题记刻石内容涉及地名较多，所以按国别（或郡别）进行分类为：任城国11石，鲁国205石，东平国201石，梁国（郡）21石，常山国1石，上党郡1石，沛国9石，山阳郡56石。对于那些不能划分到国别或郡别类别里的题刻，都归到其它类，主要为尺寸、编号、指向标符号、人名、画像等，共238石。（详见题记刻石分类表）

题刻内容除涉及任城国及周围较近封国外，还有较远的梁国（河南省商丘一带）、沛国（江苏沛县一带）以及常山国（河北）、上党郡（山西）。这与墓主人的生前地位与显赫的家庭背景有关。刘尚的父亲刘苍，在明帝时拜为骠骑将军，位在三公之上。明、章二帝都很尊崇他。明帝于永平元年（58年）封刘苍二子为县侯。刘苍死于建初八年（83年），章帝乃分东平国，封长子刘忠为东平王，次子刘尚为任城王。先后封五女五男为公主、列侯。和帝时，封刘苍孙六人为列侯，一人为亭侯。安帝永宁元年（120年），又封苍孙二人为亭侯。[6]

题记刻石中官职和匠斋的出现，证明这些石材可能部分出自官营手工匠之手或者为将作大匠的官工石作所凿制。关于题刻人名、地名、尺寸和编号的原因，除了便于工程施工外，可能涉及到当时为了保证工程工期和质量，预防出现"豆腐渣"工程和便于追究和查找责任人。因此，建墓石材都应该有题记，至于目前找不到题记内容的石材，应是一部分题记叠压在石墙里面，另有一部分为朱书，只是因时间久远或许其它原因早已脱落殆尽。

三、任城王墓题记刻石的价值和意义

（一）、通过对题刻内容的研究为考证墓葬年代及墓主身份提供了重要的实物资料。

我们从一号墓出土文物组合、器形特征、银缕玉衣片及墓葬形制来推断墓葬年代

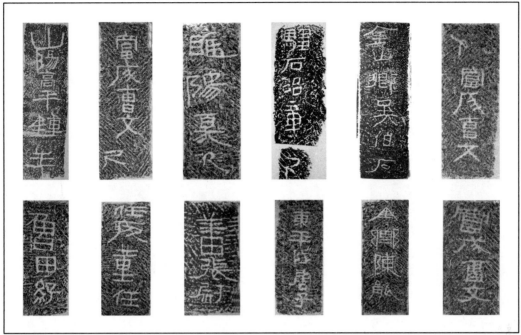

图二

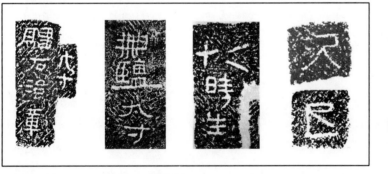

图三

图四　　图五

图六

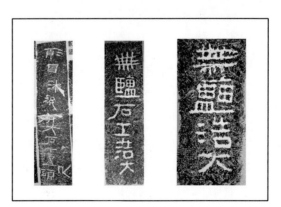

图七

图八

图九

及墓主身份，同时铭刻内容也是推断墓葬年代及墓主身份的重要材料。一号汉墓题记刻石内容与北庄汉墓（7）部分相同，雕刻技法，书法风格极为相似。尤其是两墓皆有"鲁柏仲"、"鲁田仲文"题记，（图八）书写风格也极为相似。同一个人名地名，出现在不同区域而墓葬形制相同的题凑石墙上，说明两座墓葬年代应相距不远。

在"题凑石墙"西墙和东墙拐角处第三层分别刻"梁国已氏魏贤"和"梁国已氏"，南墙、东墙等有多处题刻有"梁国宁陵许文"、"梁国薄马卯"。（图九）据《后汉书•郡国志》记载，已氏县，西汉属梁国，东汉属济阴郡。《后汉书•孝明八王传》载，梁节王畅"建初四年（公元79年）徙为梁王，以陈留之郾宁陵，济阴之薄、单父、已氏、成武凡六县益梁国。……永元五年（公元93年）削成武、单父二县。"从上文得知东汉初，原属陈留的宁陵，济阴郡的薄县、已氏县，都归梁国食邑。本墓题刻有"梁国宁陵许文"、"梁国已氏魏贤"、"梁国已氏"，可证明墓葬年代上限应在建初四年（公元79年）畅徙为梁王的时间。《孝明八王传》又载，削二县后，畅曾上疏"乞裁食睢阳、谷孰、虞、蒙、宁陵五县，还余所食四县——不许。立二十七年（公元98年）薨。"可知梁国此时共有九县，这恰与《后汉书•郡国志》梁国所裁"九城"相吻合，并且"裁食"五县名均在其中。也许因已氏县短时属梁国，所以《后汉书 郡国志》中把它划入济阴郡中。而已氏县不在的情况说明，最迟在永元五年后的畅上疏之年，已氏县已不属梁国。该墓铭刻"梁国已氏"，可证墓葬年代的上限不会早于建初四年（公元79年），下限应在永元五年（公元93年）至十年（公元98年畅薨）之间的已氏县改属前后，即章帝和帝时期。这正与北庄汉墓的年代（公元88年）接近。而这个年代正是《后汉书光武十王传》中记载的任城国始封王孝王刘尚的在位时间（公元84-101年）。

从墓石铭刻地名看，不仅有当地任城国和山阳郡的部分县名，而且还有周围的鲁国、东平国、梁国、沛国，乃至较远的上党郡、常山国的大部分县名，这么多远方派工匠或送石，来为死者建墓，工程浩大可想而知，在汉代只有王侯和皇亲勋贵才具有如此的特权和殊荣。

（二）、"题凑石墙"同"黄肠题凑"，它的发现对研究汉代墓葬结构和墓葬制度有重要的意义。

"黄肠题凑"一词，最早载于《汉书·霍光传》颜师古注引苏林曰："以柏木黄心致累棺外，故曰黄肠。"其后，《后汉书·梁商传》注引《汉书·音义》释为："以柏木黄心为棺，黄肠也。"根据汉代礼制，"黄肠题凑"为帝王陵墓中的重要组成部分。但经朝廷特赐，个别勋臣贵戚也可使用(8)。目前，考古发掘出土的"黄肠题凑"墓，分别为石家庄市北郊西汉初年赵王张耳墓(9)，北京大葆台西汉中期燕广阳顷王墓(10)，江苏高邮天山西汉晚期广陵王或王后墓(11)，这三座墓题凑结构是用柏木层层平铺叠垒，题凑四壁所叠筑的枋木（或条木）完全与同侧椁室壁板呈垂直方向，若从内侧看，四壁都只见枋木的端头，称为题凑。黄肠则因用剥去皮的柏木，以木色淡黄而得名。

"题凑石墙"或"石材题凑"(12)墓大都出现在东汉初年为西汉"黄肠题凑"藏制演变产物，如定县北庄汉墓，墓葬形制结构与一号墓同，是一座以石材为题凑的大型砖室合葬墓(13)。两墓皆用一米见方石块垒砌石墙，石材琢制规整，大小长宽厚度基本相同，其作用与题凑木相类似。郭玉堂《洛阳出土石刻时地记》云："汉黄肠石，刻永建阳嘉年号，出土处在洛阳城东北三十里邙山岭上耀店村后沟村三十里铺村象庄村一带……其刻黄肠字样者仅见一二，亦有朱书者。"邙山岭一带为东汉帝陵区域，黄肠石的出现表明与史书记载的葬制相符，黄肠题凑墓在东汉时建筑材料发生了变化，以石材取代木材。《后汉书·中山简王焉传》载：刘焉墓（北庄汉墓）在建造过程中"发常山钜鹿郡柏黄肠杂木，三郡不能备，复调余州郡工徒及送致数千人……"显然，当时建墓所需黄肠杂木三郡不备的情况下，遂用砖石材代替，故征发各地工匠送石者数千人。从一号墓众多的人名、地名和墓葬建筑规模的情况来看，当时建墓时，也应征发各地工匠送石者，其规模和数量应不少于北庄汉墓。由此说明，"题凑石墙"是由"黄肠题凑"演变而来的。

（三）、题记内容涉及东汉时期封国郡县，对研究当时行政区划和历史地理等，提供了重要的实物资料。举例说明，如"山阳高平钟生"刻石，该石长宽约95厘米，厚23厘米。

《汉书地理志》载："山阳郡，故梁。景帝中元六年（公元前144年）别为山阳国。武帝建元五年（公元136年）别为郡。"天汉四年（前97年）以山阳郡为昌邑国。昭帝元平元年（公元74年）国除，为山阳郡。王莽时曰巨野。东汉仍为山阳郡，治所昌邑（今金乡西北）。

高平地望在今微山县两城镇，相传这里有两座城，故称两城。《后汉书郡国志三》：山阳郡辖高平，本注曰"侯国"。故橐，章帝更名。《后汉书光武十王列传》，明帝永平"二年（59）年，以东郡之寿张、须昌，山阳之南平阳、橐、湖陵五

黄肠石题记

县益东平国"。李贤注："南平阳，县，故城在兖州邹县也。橐，县，一名高平，故城在邹县西南。《水经注泗水》："——《地理志》山阳之属县也，王莽改曰高平。应劭曰章帝改。按本志曰，王莽改名，章帝因之矣。"

从上述文献可知，两城镇的方位在邹县（现邹城市）西南，与李贤注相合。两城镇一带即西汉的橐县，东汉的高平故城。橐县在西汉初及宣帝时两度封为侯国，王莽时改为高平，东汉章帝时仍"因之"。明帝永平二年（59年），高平由山阳郡划归东平国后又成为侯国。

东汉时何人封于此？书无详载。据《后汉书 伏湛传》伏湛于建武三年（27年）封为阳都侯。六年（30年）徙封不其侯（故城在今即墨西南），传爵位至重孙伏晨。"晨尚高平公主"[14]。章帝建初七年（82年），曾封刘苍五女为县公主，但未提及所在地名。"汉制，皇女皆封县公主，仪服同列侯。其尊崇者，加是长公主，仪服同藩王。诸王女皆封乡、亭公主，仪服同乡、亭侯。肃宗（章帝）唯特封东平宪王苍、琅邪孝王京女为县公主。——其皇女封公主者，所生之子袭封为列侯皆传国于后。乡、亭之封，则不传袭。"李贤注："冯定，获嘉公主子，袭封或嘉侯；冯奋，平阳公主子袭封平阳侯。此其类也。"[15]。高平县既益东平国，东平王刘苍之女封为县公主，其中一公主就可能封在高平县。故《东观汉记》有伏晨尚高平公主的记载。高平既为县公主，当然可以传爵于子。所以《郡国志》说高平为侯国。

如上述推论正确的话，任城王刘尚与高平公主应为姐弟关系，其封王时间（公元84年）比高平公主就封时间晚两年。按刘尚封王时间，平阳公主派工匠钟生为其建墓的话，距高平由山阳郡划归东平国的时间（59年）相差25年左右。工匠钟生仍按高平归属山阳郡时，把自己的姓名籍贯题刻在石材上，于是有"山阳高平钟生"题刻。

（四）、一号墓因题记刻石众多，书写风格多样，被誉为汉代的"文字库"，对于研究中国文字发展，演变和书法艺术史有重要的实物价值。

一号墓题记刻石前一般不经过书丹，而是由石工捉钻子镌凿。因刻者众多，故风格多样。按其风格，可将题记分为率意、工整、拘谨、飘逸四大类[16]。为东汉民间常见的实用性文字，它代表了当时民间书写主流。

一号墓题记刻石除了按其书写风格分为四类外，题刻中还出现了特殊字体：（1）简化字或异体字，如"题凑石墙"北墙石上刻有"富城曹文"中"曹"写为"乙"；东墙 "金乡马初治"中"乡"写为"B"；南墙"金乡马初"中"乡"写为"P"；北墙"腾无乡"中"乡"写为"P"；封顶石"金山乡栾和石"中"乡"写为"P"，"栾"写为"亦"等。（图十）

（2）反刻字，如 "须昌"、"邹石治章"中"石"、"邹祭石治章九寸"中"九寸"、"任城夏侯儒"中"任城夏侯"、"鲁国文阳张鱼石"中"石"、"田仲文"、"生珥石"中"生"、"石"、"陈能"、 "平陆孙少"中"平陆"等。（图十一）

（3）篆书余韵字体，如"尺蕃张尉"中"张"、"尺"、"蕃营前"中"营"、"睢阳夏次"中"次"、"梁郡马卯"中"卯"、"邹石治张"中"石"、"薛祝次"中"次"、"富长"中"富"等。（图十二）

（4）楷书萌芽，如 "薛公伯当"中"伯"、 "薛戴伯"、 "梁郡马卯"中
"马"、"鲁央武"中"武"、"武伯"等。（图十三）

汉代书体从战国发展而来，西汉时期存在着多种书体，《汉书·艺文志》说汉初有
六体，《说文序》说有八体，第八体即为隶书。隶书是汉代实用的书体，可分为典型
隶书、通俗隶书两大主要类型[17]。典型隶书笔画有明显的波挑，用笔婉转精到，结
体多取横势，法度森严，如《礼器碑》、《乙瑛碑》等，而通俗隶书用笔率意自然，
笔顺径直，无波挑，结体多取纵势书写简捷通俗。一号墓题记刻石作品，应属汉代通
俗隶书类型。

通俗隶书大体经过了萌发、发展和鼎盛三个阶段。战国中期至西汉初期通俗隶书
是书坛上的主角，在书写上变篆书的圆折为方折，变弧线为直线，结构上变长圆为横
方。西汉武帝至东汉初期是隶书的发展时期，其特征主要表现在丰富笔画这一中心内
容上。通俗隶书除个别字的笔画保留篆意外，其基本笔画均是朴实、率意、径直、无
波挑的，结体方正自然无成法。从东汉章帝起至汉末，是隶书发展的鼎盛期。此期典
型隶书发展最为快，用笔周到，波挑分明，更加庄重飘逸。通俗隶书依然保持着笔画
朴实、劲健、率直和无波挑的特点。一号墓题记刻石，正处在汉代书法鼎盛期的初级
阶段，这些题刻作品无不充分表现出此时期的特点。

一号墓题刻，因处在汉代书法鼎盛期的初级阶段，上述四种分类中的特殊字体应
是隶书走向成熟的过渡阶段必然产物，尤其是大量出现楷书萌芽字体，预示着隶书走
向成熟并向另一种字体演变的信息。正象著名学者赖非先生所说：一号墓题记刻石中
蕴含着大量的楷书因素，她使人们明显察觉到一股较强的变革力量，看到楷书成长的
步伐。楷书的用笔、结体正是由通俗隶书的用笔、结体酝酿而成的，它们与带波挑的
典型隶书有相互影响、相互促进的关系，但楷书绝不是由典型隶书直接发展而来的。
因此，从这点上说，一号墓题记刻石的价值，则更多表现在文字演化史方面。通过这
批资料的观察与分析，可以明显的看到，隶书向楷书转化的动力和契机在东汉民间书
法作品中。至于他们的艺术性，则远不如它们在文字发展史上的意义那样突出[18]。

注释：

（1）当地民间传说是北宋末年穆桂英重葬战死在天门阵的九名女将或当时因战争需要而堆的九个
假粮草堆。详见本人拙作《九米（女）堌堆的传说与萧王庄墓群》，《神州民俗》2009第2期。

（2）靳学颜(1514－1571)，字子愚，号两城，济宁人。《明史》有传。嘉靖十四年进士，授南
阳府推官，以廉平称。累迁山西巡抚。应诏陈理财事务，凡万余言。人为工部侍郎，改吏部侍郎。因不

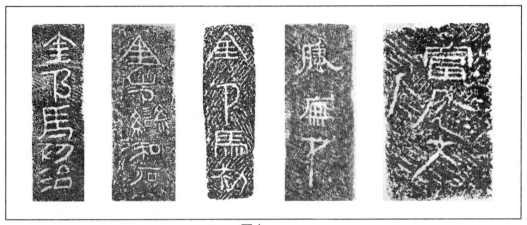

图十

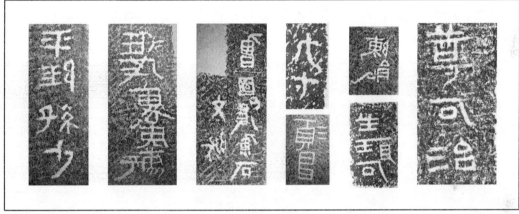

图十一

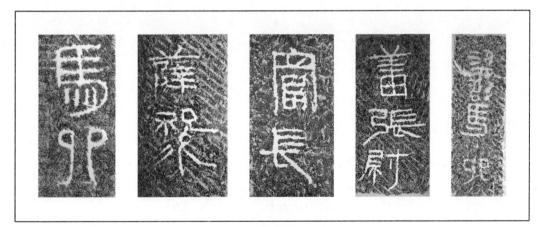

图十二

满首辅高拱专横，谢病归。著有《靳两城先生集》。著有《九家诗》曰： 虹梁袅袅带荒陂，青冢垒垒似九疑。 石马有魂嘶夜雨，金凫无羽泛洪池； 当年应下牛山泪，落日空留挂剑枝。 试一投祠向漠漠，白杨无数起悲思。

（3）李如森：《汉代丧葬制度》，吉林大学出版社，1995年3月。第八章第一节，310-311页，84页。

（4）济宁市文物管理局：《山东济宁市萧王庄一号汉墓》，《考古学集刊》第12期，中国大百科全书出版社。

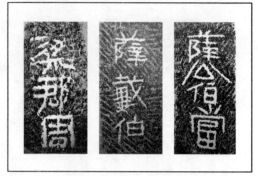

图十二

（5）《后汉书 光武十王传》，中华书局，1965年。

（6）同注（5）

（7）河北省文化局文物工作队：《河北定县北庄汉墓发掘报告》，《考古学报》1964年2期。

（8）李如森：《汉代丧葬制度》，吉林大学出版社，1995年3月。

（9）石家庄市图书馆文物考古小组：《河北石家庄市北郊西汉墓发掘简报》，《考古》1980年第

## 任城王墓刻石分类表

| 编号 | 国别 | 题记内容 | 数量 | 注释 |
|---|---|---|---|---|
| 1 | | 富成曹文尺 | 44石 | 东平国富成县；尺，指石块厚度为一尺 |
| 2 | | 富成[曹文]寸 | 1石 | 寸，一般指九寸。在汉代一尺等于十寸 |
| 3 | | 平陆孙少尺 | 8石 | 东平陆县，属东平国 |
| 4 | | 无盐尺 | 20石 | 无盐县，属东平国 |
| 5 | | 无盐逢尺 | 9石 | 东平国无盐县，"逢"应为人名或姓氏 |
| 6 | | 无盐素尺 | 5石 | 东平国无盐县，"素"应为人名或姓氏 |
| 7 | | 无盐九寸 | 1石 | 东平国无盐县，"九寸"指石块厚度 |
| 8 | | 无盐素九寸 | 1石 | 东平国无盐县 |
| 9 | | 富成徐仲尺 | 16石 | 东平国富成县；"徐仲"指为人名 |
| 10 | | 须昌九寸 | 1石 | 东平国须昌县 |
| 11 | 东平国 | 须昌尺 | 13石 | 东平国须昌县 |
| 12 | | 东平须昌 | 3石 | 东平国须昌县 |
| 13 | | 平一 | 2石 | 东平，"一"为编号 |
| 14 | | 东平无盐成尺 | 4石 | 东平国无盐县，"成"为人名或姓氏 |
| 15 | | 须昌张尺 | 2石 | 东平国须昌县，"张"为姓氏 |
| 16 | | 东平陆唐尺 | 3石 | 东平国平陆县，"唐"为姓氏 |
| 17 | | 无盐石工浩大 | 1石 | 东平国无盐县石工赞美词 |
| 18 | | 章尺 | 26石 | 东平国章县 |
| 19 | | 无盐浩大 | 2石 | 同17 |
| 20 | | 须昌沐孙有大石十五头 | 1石 | 东平国须昌县，"沐孙"为人名 |
| 21 | | 九寸须昌孙子石 | 2石 | 东平国须昌县，"孙"为姓氏 |

| 编号 | 国别 | 题记内容 | 数量 | 注释 |
|---|---|---|---|---|
| 22 | 东平国 | 尺须昌孙子石 | 2石 | 东平国须昌县，"孙"为姓氏 |
| 23 | | 九寸平陆唐子 | 2石 | 东平国平陆县，"唐"为姓氏，石厚度"九寸" |
| 24 | | 富成徐也 | 3石 | 东平国富成县，"徐也"为人名 |
| 25 | | 东平无盐 | 1石 | 东平国无盐县 |
| 28 | | 大平陆孙少尺 | 1石 | 东平国平陆县 |
| 29 | | 富成房付英尺 | 1石 | 东平富成县 |
| 30 | | 尺须昌石 | 1石 | 东平国须昌县 |
| 31 | | 东须 | 1石 | 东平国须昌县 |
| 32 | 梁国 | 睢阳夏次 | 4石 | 梁国睢阳县，"夏次"为人名 |
| 33 | | 梁国宁陵许文 | 2石 | 梁国宁陵县，"许文"为人名 |
| 34 | | 梁国已氏魏贤 | 1石 | 梁国已氏县，"魏贤"为人名 |
| 35 | | 梁国已氏 | 1石 | 梁国已氏县 |
| 36 | | 谷孰平一文石 | 1石 | 梁国谷孰县 |
| 37 | | 梁国鄢共郡 | 1石 | 梁国鄢县 |
| 38 | | 下邑 | 2石 | 梁国下邑县 |
| 39 | | 梁国孔 | 1石 | "孔"为姓氏 |
| 40 | | 梁国薄马卯 | 2石 | 梁国薄县，"马卯"为人名 |
| 41 | | 梁郡周 | 1石 | 梁郡即梁国混称 |
| 42 | | 梁郡马卯 | 1石 | 梁郡即梁国混称 |
| 43 | | 梁国潘元 | 1石 | "潘元"为人名 |
| 44 | | 睢阳 | 1石 | 梁国睢阳县 |
| 45 | | 梁国 | 1石 | |
| 46 | 山阳郡 | 金乡马初 | 9石 | 山阳郡金乡县，"马初"为人名 |
| 47 | | 金乡张吉 | 2石 | "张吉"为人名 |
| 48 | | 金乡马初治 | 1石 | 同45 |
| 49 | | 金乡韩光金乡兰 | 1石 | 山阳郡金乡县，"韩光"为人名 |
| 50 | | 金山乡石 | 1石 | "金山乡"即为金乡县 |
| 51 | | 张吉 | 8石 | 人名 |
| 52 | | 金乡田季 | 1石 | "田季"为人名 |
| 53 | | 金乡韩光 | 10石 | "韩光"为人名 |
| 54 | | 金乡陈能 | 2石 | "陈能"人名 |
| 55 | | 陈能 | 11石 | 人名 |
| 56 | | 田季 | 2石 | 人名 |
| 57 | | 金乡匠斋 | 4石 | "匠斋"为治石作坊 |
| 58 | | 马初 | 1石 | 人名 |
| 59 | | 金山乡栾和石 | 1石 | 同49 |
| 60 | | 金山乡吴伯石 | 1石 | 同49 |
| 61 | | 山阳高平钟生 | 1石 | 山阳郡高平侯国，详见上文第（三）部分 |

| 编号 | 国别 | 题记内容 | 数量 | 注释 |
|---|---|---|---|---|
| 62 | 任城国 | 任城段伯 | 5石 | 任城国任城县，"段伯"为人名 |
| 63 | | 任城夏侯儒 | 3石 | 任城国任城县，"夏侯儒"为人名 |
| 64 | | 任城夏（侯）伯尺 | 1石 | 任城国任城县，"夏（侯）伯"为人名 |
| 65 | | 任城委弟 | 1石 | 任城国任城县，"委弟"为人名 |
| 66 | | 任城董任 | 1石 | 任城国任城县，"董任"为人名 |
| 67 | 常山国 | 都乡周九 | 1石 | 都乡侯国，属常山国 |
| 68 | 上党郡 | 高都石 | 1石 | 属上党郡，高都县 |
| 69 | 鲁国 | 薛公伯当 | 29石 | 鲁国薛县，"伯当"为人名 |
| 70 | | 薛颜伯 | 1石 | 鲁国薛县，"颜伯"为人名 |
| 71 | | 薛颜别徐文尺 | 15石 | 鲁国薛县，"颜别"、"徐文"为人名 |
| 72 | | 蕃张尉尺 | 26石 | 鲁国蕃县，"张尉"为人名 |
| 73 | | 鲁石柏元仲华 | 8石 | 鲁国，"柏元""仲华"为人名 |
| 74 | | 鲁武央武 | 1石 | 鲁国，"武央武"为人名 |
| 75 | | 鲁央武 | 8石 | 为"鲁武央武"简称 |
| 76 | | 邹石治章尺 | 20石 | 鲁国邹县，"章"为姓，"治章"为章治 |
| 77 | | 田文 | 1石 | 鲁国田文 |
| 78 | | 蕃营前 | 2石 | 鲁国蕃县，"营前"为人名 |
| 79 | | 薛颜别尺 | 23石 | 鲁国薛县，"颜别"为人名 |
| 80 | | 鲁田仔 | 1石 | 鲁国，"田仔"为人名 |
| 81 | | 鲁国文阳张鱼石 | 6石 | 鲁国文阳县，"张鱼"为人名 |
| 82 | | 鲁田文P | 2石 | 鲁国，"田文P"为人名 |
| 83 | | 鲁戴元 | 3石 | 鲁国，"戴元"为人名 |
| 84 | | 薛徐长九寸 | 1石 | 鲁国薛县，"徐长"为人名 |
| 85 | | 鲁工严仲问石 | 1石 | 鲁国，"严仲问"为人名 |
| 86 | | 薛黄纪尺 | 1石 | 鲁国薛县，"黄纪"为人名 |
| 87 | | 邹祭尊石治章尺 | 2石 | "祭尊"官职名，犹祭酒，以酒祭祀或祭奠。古代大飨宴时酹酒祭神的长者。《仪礼·乡射礼》："获者南面坐，左执爵，祭脯醢。执爵兴，取肺坐祭，遂祭酒。"汉贾谊《新书·时变》："骄耻偏而为祭尊，黥剿者攘臂而为政。"宋王应麟《困学纪闻·小学》："滴水李氏云，古印有文曰祭尊，非姓名，乃古之乡官也。《说苑》载乡官，又有祭正，亦犹祭酒也。"考古发掘中亦屡有"祭尊印"出土。"章"为姓氏 |
| 88 | | 薛颜别尺徐 | 1石 | 同70 |
| 89 | | 薛当 | 1石 | 同68 |
| 90 | | 鲁国戴元 | 1石 | 同82 |
| 91 | | 当 | 1石 | 同68 |
| 92 | | 鲁柏元 | 1石 | 同72 |

汉文化研究成果论文

| 编号 | 国别 | 题记内容 | 数量 | 注释 |
|---|---|---|---|---|
| 93 | 鲁国 | 仲华伯 | 1石 | 同72 |
| 94 | | 邹石尺 | 2石 | 同75 |
| 95 | | 鲁柏仲 | 3石 | 同72 |
| 96 | | 邹治章 | 1石 | 同75 |
| 97 | | 薛颜别伯当 | 1石 | 同78 |
| 98 | | 文阳张鱼石 | 1石 | 同80 |
| 99 | | 鲁孙子石 | 1石 | 鲁国，孙子石 |
| 100 | | 鲁田文 | 1石 | 鲁国，田文石 |
| 101 | | 鲁田 | 1石 | 同102 |
| 102 | | 鲁田和 | 1石 | 鲁国，"田和"为人名 |
| 103 | | 鲁仲华 | 1石 | 同72 |
| 104 | | 薛徐仲尺 | 1石 | 鲁国薛县，"徐仲"为人名 |
| 105 | | 薛戴高尺 | 1石 | 鲁国薛县，"戴高"为人名 |
| 106 | | 薛 | 1石 | 薛县 |
| 107 | | 别 | 2石 | 薛颜别 |
| 108 | | 邹祭石治 | 1石 | 为"邹祭尊石治章"简称 |
| 109 | | 薛祝次九寸 | 1石 | 鲁国薛县，"祝次"为人名 |
| 110 | | 薛颜别佚尺 | 1石 | 同78 |
| 111 | | 薛戴伯尺 | 2石 | 鲁国薛县，"戴伯"为人名 |
| 112 | | 薛徐仲尺一 | 1石 | 同104 |
| 113 | | 薛徐长尺 | 1石 | 同83 |
| 114 | | 薛未元 | 1石 | 鲁国薛县，"未元"为人名 |
| 115 | | 张尉 | 1石 | 人名 |
| 116 | 其它 | 鱼（图） | 1石 | 画像 |
| 117 | | 朱文 | 1石 | 人名 |
| 118 | | 田仲文 | 3石 | 人名 |
| 119 | | 司马 | 1石 | 人名 |
| 120 | | 段武 | 2石 | 人名 |
| 121 | | 尺 | 46石 | 指石块厚度为一尺 |
| 122 | | 周夷 | 15石 | 人名 |
| 123 | | 须文尺 | 13石 | 人名 |
| 124 | | 武伯 | 11石 | 人名 |
| 125 | | 武伯文 | 1石 | 人名 |
| 126 | | 伊熹 | 8石 | 人名 |
| 127 | | 七 | 1石 | 编号 |
| 128 | | 张文 | 2石 | 人名 |
| 129 | | 共小 | 2石 | 人名 |
| 130 | | 乐尺 | 1石 | 人名、尺寸 |

215

| 编号 | 国别 | 题记内容 | 数量 | 注释 |
|---|---|---|---|---|
| 131 | | 时生 | 17石 | 人名 |
| 132 | | 焦阳 | 9石 | 人名 |
| 133 | | 九寸 | 4石 | 尺寸 |
| 134 | | 王交治 | 1石 | 人名 |
| 135 | | 王交 | 13石 | 人名 |
| 136 | | 张伯 | 3石 | 人名 |
| 137 | | 田 | 1石 | 姓氏 |
| 138 | | 告尺 | 1石 | 人名、尺寸 |
| 139 | | 委已四 | 2石 | 人名 |
| 140 | | 周伞尺 | 1石 | 人名、尺寸 |
| 141 | | 十八 | 1石 | 编号 |
| 142 | | 十八田 | 1石 | 编号，姓氏 |
| 143 | | B | 1石 | 符号 |
| 144 | 其它 | 元于昌 | 20石 | 人名 |
| 145 | | 李季 | 14石 | 人名 |
| 146 | | 张文 | 2石 | 人名 |
| 147 | | 高 | 1石 | 姓氏 |
| 148 | | 富长 | 4石 | 人名 |
| 149 | | 杜石 | 5石 | 姓氏 |
| 150 | | 生玼石 | 6石 | 人名 |
| 151 | | 成 | 1石 | 人名 |
| 152 | | 大 | 2石 | 人名 |
| 153 | | 重达 | 1石 | 人名 |
| 154 | | 李酉 | 1石 | 人名 |
| 155 | | 刿光 | 1石 | 人名 |
| 156 | | 十 | 1石 | 编号 |
| 157 | | 孙子石尺 | 2石 | 姓氏 |

1期。

（10）北京市古墓发掘办公室：《大葆台西汉木椁墓发掘简报》，《文物》1977年6期。

（11）《江苏高邮发掘一座大型汉墓》，《人民日报》1980年7月18日。

（12）俞伟超：《汉代诸侯王与列侯墓葬的形制分析》，《先秦两汉考古学论集》，文物出版社，1985年。

（13）济宁市文物局：《汉任城王墓题记刻石精选》，赖非先生《序言》部分。

（14）《后汉书 伏湛传》，中华书局，1965年。

（15）《后汉书 皇后记附皇女》，中华书局，1965年。

（16）同注（13）

（17）赖非、王思礼：《汉代通俗隶书类型》，《汉碑研究》，齐鲁书社，1990年。

（18）同注（13）

# 济宁汉画像石概述

高成丰

济宁市任城区汉文化博物馆

**内容提要：**济宁是山东省发现和保存汉画像石最多的地区，也是全国汉画像石的重要集中分布地之一。不仅出土量大，保存多，而且发现最早。据不完全统计，目前济宁市全区已清理发掘的汉画像石墓约80座，收集和出土的汉画像石总数约1600余石。这些画像石几乎分布在济宁所有十二县市区，以嘉祥、微山、邹城、曲阜最多，占全市总数量的三分之二还多。本文对济宁全区汉画像石的特点、历史背景，分布时代分期和画像题材和艺术风格等方面进行了概述。

**关键词：**济宁　画像石　背景　时代分期　题材风格

济宁是山东省发现和保存汉画像石最多的地区，也是全国汉画像石的重要集中分布地之一。不仅出土量大，保存多，而且发现最早。北魏郦道元《水经注》中就有金乡鲁峻和祠堂石刻画像的记载，宋代金石学家欧阳修、赵明诚等都曾亲临鲁地，探查研究武氏祠石刻画像，并将成果收录到各自的著作中，清代黄易、翁方纲等遍访济宁，查访保护了不少汉画像石刻，尤其是黄易对武氏墓群石刻的发掘与保护，引起了世人对画像石重视和关注，新中国成立后，文物工作者通过考古、调查发掘，收集出土了一大批汉画像石。据不完全统计，目前济宁市全区已清理发掘的汉画像石墓约80座，收集和出土的汉画像石总数约1600余石。这些画像石几乎分布在济宁所有十二县市区，以嘉祥、微山、邹城、曲阜最多，占全市总数量的三分之二还多。关于本地区的汉画像石，以往有不少学者曾报道研究过，也出版过一些图集，但对全区汉画像石的面貌特点和发展脉络等方面，尚缺乏系统的研究。为此，笔者试对济宁全区汉画像石的特点、历史背景，分布时代分期和画像题材和艺术风格等方面进行探讨。不当之处，请学界同仁赐教。

## （一）济宁画像石墓的历史背景

公元前206年，汉朝建立后，在中央仍承秦朝的三公九卿制，在地方则实行州、郡、县和诸侯封国制度。西汉时，地方行政建制为郡（国）县两级制，郡国为地方最高行政机构，东汉实行州、郡（国）县三级制，郡国成为地方中层行政机构。西汉时期的济宁地区，既有郡、县，又有封国境内设置治所的有一郡三国，跨济宁境的有二郡一国，分别为山阳郡、东郡、东海郡、鲁国、东平国、任成国，所含县与侯国17个。由此，体现了孔孟之乡、邹鲁之地在最高统治者的眼中，非同其他地区的重要地位。

汉代是济宁地区经济发展的兴盛时期，随着汉王朝统治基础的日益巩固，特别是西汉前期实行了"休养生息"和"大一统"的政治经济政策，极大地促进了社会经济的发展。据《史记·平淮书》载，"汉武帝时，国家无事，非遇水旱之灾，民则人给家足，都鄙禀庾皆满，而仓库余货财，京师之钱累万，贯朽而不可校，太仓之粟陈陈相因，充溢漏积于外，至腐败不可食。众庶街巷有马，阡陌之间成群。"出现了整个封建社会少有的经济繁荣和社会富庶景象。汉代济宁自然条件优越，人民"重厚多君子，好稼穑"、"俗俭啬爱才，趋商贾"（1），经济发展处于全国领先地位。社会生产力空前提高，科学技术不断改进创新，农业和手工业尤为发达。农业、手工业的发展，极大地促进了商业的繁荣。地主庄园经济，又对封建经济产生了巨大影响。固而济宁现代经济文化生活丰富多彩，呈现出封建社会富庶文明的景象。

两汉是济宁地区历史上的又一个文化发达时期，这里的汉代先民们，不仅继承了先秦邹鲁文化的传统，二期而将其发扬光大，在"罢黜百家，独尊儒本"的大环境下，使经济文化，思想文化，文学艺术等方面得以较快发展，并达到了空前繁荣，在济宁乃至中国历史上产生了积极影响。

济宁汉画像石就是在经济、文化、政治和思想及社会风气下等社会背景下产生和发展起来的。

**二、济宁画像石的分布、时代和分期**

济宁汉画像石在各县（市）区的分布情况大致是：任城区约380石，分布在原济宁师专、安居镇李村、市电力二处、古槐办事处喻屯镇城南张、亢父故城、肖王庄、电器二厂、长沟镇张山、贾庄、黄楼等地。

嘉祥县约230石。分布在武氏祠、齐山、匐子村、洪山、宋山、花林、瞳里村、嘉祥村、狼山屯、徐村、五老洼、西焦城、刘村洪福院、焦城村、杜家庄、城内小学堂、蔡氏园、郭家庄、秋胡山、峪屯、华林村、高庙、商村、程家村、隋家庄、郗家庄、吴家庄、吕村、洪家庙、七日山、南武山、纸坊镇敬老院、仲村、仲东村、十里铺等地。

微山县共480余石。分布在两城、微山岛、薄梁、昭阳、沟南、陈庄、独山岛、火山、黄山村、郗山村、青山村、谢桥村、西渡口村等地。

邹城市约220石。分布在黄路屯、王屈村、独山村、郭里、西郭村、下镇头、大

故县村、羊场、南落凌、石墙村、邹城师范学校、八里河、王石村、金斗山、前营大闫庄、田家庄、柳下邑、簸萁掌村、高李村、高庄、羊山、龙水、七里铺、稻洼村、野店、大束村、小东章村、庙户营、邹城面粉厂、南陶城、十里铺、县城乐关、西颜庄、卧虎山等地。

曲阜市约160石。分布在南辛、梁公林、董庄、孔林、徐家村、张家村、旧县村、西颜林、于家村、大峪村等地，另有20世纪50年代两城镇出土的一批画像石也收藏于曲阜。

汶上县约18石。分布在先农坛、老县城、曹村等地。

鱼台县约20石。分布在武台、鱼台县城西北部等地。

梁山县约20石。分布在茶庄、百慕山、后集、路庄等地。

金乡县约38石。分布在春城堌堆、羊山、胡集等地。

兖州市约30石。分布在农机校、徐营等地。

泗水县约20石。分布在县境内西南部。

上述各地出土或发现的汉画像石，以嘉祥武氏祠、嘉祥宋山小祠堂、微山两城镇数量最多。武氏祠有44石（11），宋山小祠堂40石（12），两城镇有400余石（13）

现根据画像纪年，墓葬和同堂建筑形制，随葬器物等因素，并参考相关研究成果，试对济宁画像石作一个大致的年代界定，主要分为：西汉早期、西汉中期、西汉末至王莽时期、东汉早期、东汉中期、东汉晚期，共六期。

第一期画像石以邹城龙水画像石墓（14）和微山岛石椁墓（15）出土画像石为代表。本期墓葬形制为简单的石榜墓，单室竖穴。石材粗糙，画像简单，以石材自然面，稍作平整。出土陶器组合为鼎、盒、方壶，多有彩绘修饰，器形呈战国至西汉早期的特点；墓中出土仅为半两钱而无五铢钱。石椁画像，首先在头部、足部的堵石上出现圆璧、柏树，继而扩展到左右椁板上，左右椁板上以三角和菱形几何纹居多，一般多为同心圆对角线和穿璧纹，画面分三格，无边框。

第二期画像石以济宁师专16、17号西汉石椁墓（16）、微山两城18号墓（17）为代表。济宁师专16号，单室竖穴石椁墓，出土陶器以鼎、盒、壶、罐为组合，器形沿袭战国至西汉早期的风格，无明器；出土五铢钱为武、昭、宣帝时期的特点。微山两城18号墓，单室竖穴，出土陶器组合为鼎壶，呈西汉早中期特点，五铢为武、昭、室帝时期的特点。两墓画像石特点：雕刻技法为阴线刻，画面分三格。开始有边框，打制平整，画面粗糙，未经打磨，画面一般刻在石椁室里面，亦有刻在石椁外面。画像仍以几何形的装饰图案为主，以平面化穿插和交织为主要表现形式。开始出现人物活动场面，有简单的乐舞，车马、狩猎等图案，建筑物呈正面平视图，人物表现亦是图案化。边饰纹样有简单的直线和斜线组成的几何阴线纹。

第三期，以济宁师专4、10号墓（18）济宁肖王庄西汉1、2号墓，微山微山岛（19），沟南，邹城南落陵、羊场，梁山等诸处画像石为代表。天凤三年（16年）汶上路公食堂画像是地区年代最早有题记画像石，早年出土，地点不详，现藏山东省博物馆。济宁师专4、10号墓，出土陶器为壶、罐组合，铜钱有磨郭、剪轮五铢。画像石开始出现凹面线刻，画面人物活物面增多，较师专16号墓出土的明显进步，济宁肖王庄西汉1、2号墓，画像石风格与师专4、10号墓完全相同，尤其是1号墓画像中的长袖舞造型与师专10号墓的如出一辙。微山微山岛（包括沟南）、傅村，邹城南落凌、羊场诸处画像石，画像人物众多，反映现实的内容丰富。整体风格与济宁出土的近似，但雕刻技法不同。济宁的大都凹面雕刻，而这里的大都阴线刻，应属地域上的差异。微山岛画像石原报告定为西汉末至东汉早期（20），观其特点与济宁安居新莽时期画像石相似（21），其年代下限应提前至新莽时期为宜。而第三石画像中得"丧礼图"，与沟南的一块中格画像完全相同。由此推知，沟南画像的年代下限也在新莽时期。

本期画像石特点：雕刻技法以凹面线刻为主，仍有不少的阴线刻。画面仍分三格，画面人物活动增多，人物增加，人物皆平面罗列，姿态仍图案化，只能看出大的动态，细部无具体刻画，楼阙还是剪影式的正视图图。画像反映现实的内容有所拓宽，如肖王庄西汉1号墓画像中的"战争凯旋图"和微山岛画像中得"丧礼图"。反映历史故了的内容开始发现，如微山岛画像中的"泗水捞鼎"和"孔子见老子"等。不少画像的空白处往往填充飞鸟。边饰纹样往往刻意装饰，如肖王庄1号墓在界格之间和边框的角隅加有并列的菱形图案。整体看，本期画像疏朗、活泼、富有情趣。

第四期，带有纪年画像石有：永元8年（96年），鱼台永元食堂画像；延平元年（106年），曲阜阳三老食堂画像。本期石椁墓为主，以嘉祥五老洼（22）、嘉祥村、徐村、纸坊、十里铺、洪山村（23）为代表，石椁并列多室增多，个别已向大型多室墓发展。墓葬地上开始流行祠堂建筑。嘉祥五老洼多室墓系用汉画像石材，建造的魏晋墓。这批画像石已开始分层，边饰发达，车轮的前后纵深关系已有所表现，较前期有明显进步，但仍用凹面线刻技法。画像第三石刻有"丁卯"、"十一日"字样，据此原报告推测为孺子婴居摄二年（7年）或明帝永平十年（67年）（24），即西汉末期或东汉早期的作品。微山岛万庄画像石风格亦与嘉祥的相似，层饰纹样为复合式，原报告推定为东汉中期或略早（25），似为东汉早期偏晚的作品。

本期画像石特点：雕刻技法以凹面线刻为主，并有极少的凸面线刻和平面线浮雕。画面表现形式突破以往的分格，开始出现按不同内容分层，一般2——4层，有的还利用楼层来划分层次，如五老洼第三石、瞳里村画像石，分层非常巧妙。画像少数

图案开始表现出前后纵深关系，如五老洼第一石第二层中后车隐约可见另外一个（里面）车轮。而前车辆只见一轮，这与以前的车轮刻画是一样的。画像内容丰富，除反映现实生活以外，历史神话的明显增多。边饰纹样亦较发达，一般式2——4重不同的组合，如洪山村第2石边框有4重，纹样分别是斜线纹、斜线菱形纹、三角纹、水波曲线纹和垂幛纹，显得非常厚重，华美。整体看本组画像稳重、疏阔、有距度。

第五期：东汉中期，大致相当于和帝至后帝时期。画像石墓，一般为多室墓。本组画像所表现的前后纵深关系愈明朗化，并且发现了人物四分之三侧面刻画，神画内容亦较前组增多。某些散存的画像刻有明确纪年，为世代提供了重要依据。微山两城以往出土的37石中，其中2石刻有"永和二年"、"永和四年"纪年。这批画像石无论雕刻技法、画像内容还是艺术风格，大都相同或相似，相对年代应在纪年或其前后。画像特点尽管与武氏祠石刻有某些相似之处，但整体风格迥异，明显存在先后关系。以微山两城诸画像石为代表，其特点是：雕刻技法以弧面浅浮雕为主，物像起伏处略呈弧面。画像承袭了第四期许多特点，并把纵深关系的表现较多应用到画面中，这首先表现在人物、马匹的重叠、遮挡和树技的处理上，如两城永和四年画像，右起第三位侍立以堂柱遮住一半身体，而永和二年画家，则把连理树缠绕的盘枝之纵深关系刻画的很清楚。在人物表现上突破以前的正面和正侧面，出现四分之三侧面刻画。其次表现在车辆二车轮的明显增多上，如两城大多画像石同层画面中全部车辆均作双车轮刻画，骑吏马匹均重叠。构图上追求饱满，空白处飞鸟、怪兽填充更多，而飞鸟的表现往往是局部的，如永和四年画像，堂上右边框内只露出鸟头颈部分（。画像内容承继了前期的特点，但神话的题材明显增多。边饰纹样趋向简单率化，一般是2—3重较窄的阴线、水波组合。整体看，本组画像饱满、富丽、细致。

第六期画像石的年代大体在恒灵帝之间的东汉晚期。灵帝以后，本区画像石呈衰落趋势。本期画像中的车轮等图像，几乎全部体现出前后纵深关系，不少图像或整幅画面均采用三度立体空间来表现，人物四分之三侧面刻画较成熟，画像题材更广泛。本期纪年画像或墓共4处，年号皆在恒帝年间，而武氏诸祠堂分别建于桓灵帝之间，均为画像石年代的推定提供了重要依据。从雕刻技法和艺术风格看，宋山第一批、第二批（包括许安国祠堂纪年者）一部分、南武山、齐山、甸子村诸处画像与武氏祠的基本相同，均属桓灵帝时期的作品。宋山第二批画像石有的为凹面线刻，梁山纪年墓（26）为凹、凸面线刻，刻画皆欠精细，应为恒帝偏早的作品，济宁城南张画像风格虽与武氏祠相似，但雕刻技法为弧面线浮雕，相对时间可能略晚，曲阜旧县画像石与徐家村的（包括藏堂纪年者）很相似，应为桓帝末至灵帝时期的作品。

本期以嘉祥武氏祠、宋山（27）、齐山，济宁城南张诸画像石为代表。其特点是：雕刻技法以平面浅浮雕为主，少有弧面线浮雕，间有极少的凹、凸面线刻和阳线刻。往往几种技法并用，雕刻技法的多样化，主要反映在地域上，大体说来，济宁以西多平面浅浮雕，济宁以东乃至鲁南多弧面浅浮雕。本期画像在表现形式上往往车辆、庭院和一些大幅画像均系用三度立体空间来表现。整列成对的车轮全部用这种方法。曲阜旧县村的一幅"庄园图"，由外向内，双阙、大门、三进院落重深，立体感较强；武氏祠的"水陆攻站图"采用鸟瞰俯视和散点透视的方法，描绘了一幅车骑兵马在桥上桥下、桥左桥右，还有桥上远处激烈壮观的交战画面，给人纵深远近的三度空间透视感。画像中出成对或多对的马匹骑吏、步卒和个体人物的重叠、遮挡关系皆较前组突出。武氏祠一幅"荆轲刺秦王"，一人被荆轲遮住全部身体，只露出头和臂。人物四分之三侧面刻画亦较前组成熟。在题材内容上可谓是丰富多彩，反映自然天文现象的大量出现，如武氏祠的"北斗七星图"。当时人们推崇的追求的、祈祷的、想象的思想道德、迷信观念和物质文化生活均充分表现出来。本期画像生动、写实、繁缛、豪放、精致，代表了汉画像石的最高水平。

### 三、济宁画像石画像题材和艺术风格

济宁汉画像石数量众多，内容丰富，每幅画面空间虽然有限，但画面之外令人想象的空间很大。综观所有图像，突出显示出如下几大特色：

（一）题材内容广泛。济宁画像石取材十分丰富，从历史到现实，从天上到地下，从人界到仙境，从民间到官场，从社会生活到神话传说，从瑞禽瑞兽到世间百物，确实"图画天地，品类群生。杂物奇怪，山神海灵"。"千变万化，事各缪形。随色象类，曲得其情"。主要有：（1）豪家世族生活，包括建筑、讲经、加冠、出行田猎、宴乐、丧葬、执笏、持节、佩剑、执金吾、拥慧、执盾、材官蹶张、奴婢、武库等；（2）远古神话和历史故事，包括伏羲、女娲与盘古，西王母、东王宫，羲和、常羲，羿射十日，嫦娥奔月，皇帝战蚩尤，虎吃女魃、神荼、郁垒，雷公、河伯，孔子见老子、二桃杀三士，狗咬赵盾，赵氏孤儿，伯乐相马、豫让刺赵襄子、荆轲刺秦王、老莱子娱亲等；（3）神仙、祥瑞、辟邪，包括鹿车、龙车、鱼车、羽人、应龙、飞廉、麒麟、神龟、黄龙、凤凰、人面兽等；（4）乐舞百戏，包括建鼓、鞞鼓、鼗鼓、铙、钟、簴、竽、排箫、琴瑟、建鼓舞、踏鼓舞、长袖舞、七盘舞、冲狭、飞剑跳丸、弄壶、倒立吐火、蹴鞠、角抵戏等；（5）天文图像，包括日月、日月同辉、苍龙星座、北斗星、蚩尤旗等这些图像跨越了漫长广袤的时空界限，向后人展现了在史书中无法直观的场面物像，为后人了解、研究汉代历史提供了既难得而又富有价值的资料。

（二）表现手法多样。汉画像石属于石刻艺术，汉代石匠在不同规格石面上雕刻

作画，有的石面加工平整，有的则略作加工。工匠们往往根据石面具体情况、画像内容以及个人的技艺来处理画面，借助不同的雕刻技法表现图像内容。济宁画像石雕刻技法多样，主要运用阴线刻、凹面线刻、减地平面线刻、浅浮雕、高浮雕等技法，透雕作品极少。在构图形式上大都采用散点透视法，或平视横列，或斜视横列，或鸟瞰散布，不受美术透视规律限制。画面空白之处，往往填刻一些较小物像，在画面布局和物像组合上亦无过多羁绊。由于石工个人技艺有高低之分，所以画像也显示出参差不齐的水平。高水准的作品能够比较准确地表现物像内容，画面富有层次感，线条流畅，形象生动，比较讲究比例。水平低的作品，画面处理粗糙，缺乏层次感，线条拙滞，不能准确表现画面内容。透雕作品极具表现力，立体感和动态感强烈，由于技艺难度高，所以数量极少。高浮雕和平面浅浮雕作品具有较强艺术感染力，因为剔地较深或在磨平的石面雕刻物像，加工细致，画面清晰，细部层次起伏明显，所以画像富有美感。线刻作品取决于石面处理情况，如果石面加工平整，线条则流畅生动；石面粗糙，线条则朴拙，物像显现一种古朴之风。弧面浅浮雕大都对石面略微加工，所以石面不够平整，所表现的物像虽不及平面雕工整细腻，但具有粗放古拙之美。以上几种雕刻形成不同艺术风格，各有千秋，相辉互映。

（三）丰富的想象力。济宁画像石有许多画面表现神话传说和游仙题材，这些素材来源于流播已久的传说，在民间根深蒂固，妇孺皆知，当它以一种新的艺术形式出现时，自然能够产生共鸣效应。尤其是祈求福祉吉祥的图像，似乎更能迎合世俗观念，引发人们关注。神话的产生乃是联想的结果，没有丰富的想象力，便没有引人人胜的神话。那一幅幅神异谲诡的画面，充分展示了天界和仙境奇妙神异的景象：浮动萦绕的祥云，翩翩飞翔的羽人，人头蛇躯的伏羲、女娲，巡行于天际的雷公雨师，高居于玄圃台的东王公、西王母，娱戏于阊阖天门的瑞禽瑞兽，金乌三足而仙狐九尾，大雀人首而神兽九头。透过这些光怪陆离的画面，我们仿佛听到了天籁之音，看到了生命的永恒。人们凭借想象的翅膀，在虚幻缥缈的时空中徜徉流连。在这些画面中，天地间的距离仿佛缩短了，人和神之间的距离拉近了。这也许就是画像作品的艺术魅力，如果失去丰富的想象，就不可能产生如此强烈的感染力。

（四）浪漫主义色彩。浪漫风格的体现，往往同丰富的想象相互交融而密不可分。任何一种艺术形式，如果没有令人想象的空间，没有大胆的艺术发挥，自然会导致作品趋于平淡而无亮点。以西王母题材画像为例，汉代画工、石工为我们虚拟了一个无纷无争、无忧无虑的奇妙世界，使不食人间烟火的神界充满了人情味。在这个远离尘世的地方，高山白云间充满了生机，霄窕之野漾溢着欢乐，仙苑里各种名物都富有灵性。在这里，人与自然、人与动物达到了完美的结合，彼此和谐相处，亲密无间。各

种飞禽走兽一改搏噬相残本性，在西王母的感召下和平共处。凶猛的龙虎竟驯服地甘当西王母御坐，憨态可掬的蟾蜍踽踽跃跃为西王母献舞，欢快的青鸟在西王母身边争献仙草珍果。西王母与东王公比肩厮守，相伴到永远。在这里，死亡对于人们已不再可怕，升天者可以骑凤鸟、乘腾蛇飞跃险阻，直上昆仑仙境每幅图像都令人惊讶，引发遐思，似乎冥冥中的神灵正挥动魔杖，引导人们步入如梦如幻、如烟如雾、出神人化的境界。

（五）艺术夸张手法。夸张手法适当而又合理的运用，会使艺术作品锦上添花，不但扩大了想象空间，而且使作品更富有意趣，具有更大的吸引力。不少画像运用了整体夸张和局部夸张相结合的手法，以此加强作品的艺术感染力和对视觉的冲击力。例如某些升仙画面，由人间和天上两部分组成，人间部分仅占整幅图像三分之一，而天上部分则占据了三分之二，其中回旋萦绕的祥云布满空间，笼罩大地，仙真灵异掩隐在流动的云海之中。画面中静态的人间和动态的玉宇形成了强烈的对比，意在突出天堂胜于人间的理念。有的图像中异兽千寻，数倍于其他动物；巍巍天门拔地而起，高耸于霄汉。画像中凡表现主神或墓主的场面，主要人物均身躯高大，体态雍容，居于尊位，而侍从则躯体较小，处于从属位置。这些夸张手法的运用，意在突出特定环境中的典型物像或典型人物，往往收到意想不到的艺术效果，令人瞩目，体味无穷。

自西汉中期至东汉末年，济宁画像石发展延续了约三百年，最终趋于销声匿迹。有关汉画像石衰落原因，一些研究者认为：时代精神的转换、造价高昂的费用、社会习俗和社会心理的变化以及长期脱离权力文化的支持，促成了汉画像石的衰落。这些固然是画像石衰落的原因，但最根本的原因是战乱。东汉末年烽火连天，天下大乱，导火线则是黄巾起义，使中原尤其鲁南成为重灾区。据《后汉书.皇甫嵩传》载：钜鹿人张角奉事黄、老道，畜养弟子，"十余年间，众徒数十万，连接郡国，自青、徐、幽、冀、荆、扬、兖、豫八州之人，莫不毕应……所在燔烧官府，劫略聚邑，州郡失据，长吏多逃亡。旬日之间，天下响应，京师震动。"此后各地纷纷举事，"并起山谷间，不可胜数"。《后汉书·袁绍传》："黄巾十万焚烧青、兖，黑山。"《后汉书·刘虞传》："青、徐士庶避黄巾之难归虞者百余万口。"《后汉纪后·汉孝灵皇帝纪》："自黄巾之后，盗贼群起，杀刺史、二千石者，往往而是。"《后汉书·陶谦传》："初平四年，曹操击谦，破彭城傅阳。谦退保郯，操攻之不能克，乃还。过拔取虑、睢陵、夏丘，皆屠之。凡杀男女数十万人，鸡犬无余，泗水为之不流。"此后，这一带又是曹操、刘备、袁术、吕布交锋之地，兵连祸结，常年动乱。画像石大约就是在这段时间内，逐步废止了。

**注释：**

（1） 班固．汉书·地理志，上海：古籍出版社，1986：516

（2） 梁家勉主编．中国农业科学技术史稿，北京：农业出版社，1989：页码：45

（3） 司马迁．史记·河渠书，上海：古籍出版社，1986：177

（4） 班固．汉书·地理志，上海：古籍出版社，1986：518

（5） 班固．汉书·贷殖列传，上海：古籍出版社，1986：477

（6） 班固．汉书·成帝纪，上海：古籍出版社，1986：393

（7） 李步青．山东藤县发现铁范，考古，1960；7：23—25

（8） 山东省文物考古研究．曲阜鲁国故城，济南：齐鲁书社，1982：65

（9） 班固．汉书·贷殖列传，上海：古籍出版社，1986：475

（10）班固．后汉书·宦者传，上海：古籍出版社，1986：433

（11）朱锡禄．武氏汉画像石．济南：山东美术出版社,1986:页码

（12）蒋英炬．汉代的小祠堂—嘉祥宋山汉画像石的建筑复，考古,1983；8:页码

（13）微山县文物管理所．山东微山县近年出土的汉画像石,考古,2006；2:页码

（14）济宁市文物考古研究室、邹城市文物局．邹城龙水汉墓群发掘简报，资料未发表，1993：30

（15）微山县文物管理所，山东微山县微山岛汉代墓葬，考古，2009；10：21—48

（16）济宁市博物馆．山东济宁师专西汉墓群清理简报，文物,1992;9：页码

（17）微山县文管所．山东微山县西汉画像石墓，文物,2000；10:页码

（18）胡广跃．山东文物丛书·汉画像石卷．济南：山东友谊出版社，2009：49

（19）王思礼．山东微山县汉代画像石调查报告，考古，1989；8：

（20）王思礼．山东微山县汉代画像石调查报告，考古，1989；8：

（22）朱锡禄．嘉祥汉画像石．济南：山东美术出版社，1992：

（23）朱锡禄．武氏祠汉画像石．济南：山东美术出版社，1986：

（24）朱锡禄．嘉祥五老洼发现一批汉画像石，文物，1982;5：

（25）王思礼等．山东微山县汉代画像石调查报告，考古，1989;8：

（26）菏泽地区博物馆．山东梁山东汉纪年墓，考古，1988;11：

（27）嘉祥文管所．山东嘉祥宋山发现汉画像石,文物，1979;年9：

图书在版编目（CIP）数据

文化任城 / 胡广跃 高成丰编著. --西安 ： 三秦出版社,2013.3
ISBN 978-7-5518-0466-0


Ⅰ．①文… Ⅱ．①胡… Ⅲ．①区（城市）－文化史－济宁市 Ⅳ．①K295.23

中国版本图书馆CIP数据核字(2013)第076198号


出版发行：三秦出版社

社　　址：西安市北大街147号　邮编：710003
电　　话：（029）87205121
经　　销：全国新华书店
印　　刷：山东新海彩印厂
开　　本：889mm×1194mm　1/16
印　　张：14.75
字　　数：31千字
版　　次：2013年10月第 1 版
　　　　　2018年12月第 2次印刷
印　　数：1-20000册
标准书号：ISBN 978-7-5518-0466-0
定　　价：168.00元